应用型本科规划教材

大学应用文写作教程

DAXUE YINGYONGWEN XIEZUO JIAOCHENG

◆主　编　石秋仙
编　者　杨小林　浩　岭
周雍雍　石秋仙

ZHEJIANG UNIVERSITY PRESS
浙江大学出版社

前　言

高等教育承担着为社会培养高等技术应用型人才的重任。提高大学生的应用写作能力，可以帮助他们适应社会需求，应对工作的需要。应用文写作是一门技术性很强、应用十分广泛的课程，掌握常用文种的写作知识和文体规范并且运用其解决工作与生活中的实际问题，是高校学生应具备的素质之一。

本书根据高等教育教学的需要，按照实用性原则，旨在培养学生的实际写作与动手能力，以满足社会对高素质应用写作人才的需求。在编写过程中，编写者做出了以下几个方面的努力与创新：

一、适应时代的需求。根据实用性的原则，将常用文体进行了重新审订，删除当今社会不再常用的文体，如新闻部分的“特写”，而将社会需求越来越大的一些礼仪类文体及“申论”等内容充实进来。

二、创新性强。在编写过程中，所有参编人员认真阅读大量资料，融合自己的教学经验以及国家的相关文件和规定，奉献最新知识与成果，提供大量最新例文，很好地体现了学科的最新发展和时代特色。

三、文种齐全，适应教学需求。按照文种的分类来划分章节，内容既“实用”又“够用”。教师可以根据高等教育教学目标的要求，结合学生的专业及实际需求，自主选择不同的文种有所侧重地进行教学。

本书编写分工如下：杨小林负责编写第一章，周雍雍负责编写第二章，浩岭负责编写第三章、第四章，石秋仙负责编写第五章、第六章、第七章。全书由石秋仙统稿。

本书在编写过程中参考并借鉴了同行的研究成果与资料，选用了一些典型的例文，在此表示诚挚的谢意。

虽然我们尽了很大的努力来编写这本教材，但编者水平有限，加上时间仓促，难免会存在一些不足。恳请各位专家、读者、同行批评指正，以便及时修改，不断完善！

编　者

2009 年 8 月

目　录

第一章 行政公文

第一节 行政公文的含义、特点、分类和作用

一、行政公文的含义和特点

(一)行政公文的含义

广义的公文,是指党政机关、群众团体、企事业单位在处理各种公务中形成的具有法定效力与规范体式的应用文书,或称文件。它从属并服务于这些依据宪法和有关法律建立起来的机关或社会组织,是这些具有法定地位的机关与组织行使职权和实施管理的手段和工具。狭义的公文,专指行政公文,即国家行政机关在行政管理过程中形成的具有法定效力与规范体式的应用文书。

这一含义表明,行政公文是行政机关依法行政和进行公务活动所形成的公文,不包括党内公文,也不包括外交、军事、司法等部门因工作的特殊性质使用的专用公文。行政公文在作为发文主体的具体行政机关的职权范围内具有法定效力。这首先是由行政机关的法定地位决定的:它代机关立言,体现机关意志、意图和主张,以实现办理公务、实施有效管理的目的。同时行政公文的文体、文面格式和版面形式都有统一的要求和规定,有统一的编排形式和规格。各级机关与组织制发文件都应当按照规定的体式办理,不能随心所欲,另搞一套。

行政公文的文种根据国务院于 2000 年 8 月 24 日发布,于 2001 年 1 月 1 日起施行的《国家行政机关公文处理办法》规定共有 13 种,即命令(令)、决定、公告、通告、通知、通报、议案、报告、请示、批复、意见、函、会议纪要。由于行政公文文种和党内使用的公文文种多数重合,因此,我们在具体介绍公文写作的

特点方法时，自然也包括了党内公文的写作。

（二）行政公文的特点

行政公文是机关公务活动中各级机关与组织行使法定职权、实施有效管理的重要工具，是一种特殊的文字形式，它区别于其他文章和图书资料，具有自身的鲜明特点。

1.行政公文有法定的作者

所谓法定的作者，就是指依法成立的各级行政机关、组织或代表这些机关、组织的领导人。多数公文都以机关或组织的名义制发。在特殊情况下，以机关领导人个人名义签署发布的公文，是以他所在机关法定领导人身份行使职权，并非以私人身份行事。必须说明的是，以领导人名义发文，在个人名字前都应冠以机关名称与他的职务。至于机关内部承担公文起草的文秘人员，不能视为公文的法定作者。这一点与报纸杂志上的署名文章相比较，作者的概念是不同的。

2.行政公文有法定的权威

行政公文的法定权威性，是由它作为机关喉舌的重要地位决定的。也就是说，公文可以代表机关发言，代表制发机关的法定权威。因此，公文的内容也就成为各级机关、组织开展工作的法定依据。这与自由写作、文责自负的文学作品和学术论文不同——文学作品、学术论文的主题内容、学术观点，人们可以接受，也可以反对；而公文的内容则根据隶属关系和职权范围，必须理解、接受或办理。

3.行政公文有特定的效用

行政公文是为了解决现实生活中出现的问题和矛盾而制作和发布的，或传达意图、颁布法规，或联系事项、商洽事务，或交流情况、传播经验、推动工作。公文始终是面对现实，为现实服务的。但公文所具有的特定效用是有一定的时间性的，公文一旦完成了它的现实使命，就将转化为档案保存，对今后的工作仍然起查考、凭证的作用。

4.行政公文有规范的体式

行政公文有统一规范的体式，这在国家有关部门发布的关于行政机关公文处理的一系列规范性文件中，都有明确的规定和统一的要求。制发公文是一件极其严肃、重要的工作，公文体式的规范，有利于维护公文的法定性、权威性和严肃性，也便于进行公文处理。任何机关、团体、企事业单位制发公文都应当按照规定的体式办理，不能各行其是。

二、行政公文的作用

（一）法规依据作用

行政管理工作需要制定各种行政法规和规章，并以文件的形式发布。这些规范性文件一经发布，便作为各项行政管理工作和活动的规范与依据，具有法规的约束作用，任何社会组织或个人都必须依照执行，不可违反。

（二）领导指导作用

各级行政领导机关和业务主管部门通过制定和发布各种有关公文，如决定、计划、意见、通知等，来领导和指导下级机关或下级业务部门的工作。下级机关或业务部门按照上级的部署、意见和决策进行工作。

（三）宣传教育作用

行政公文是依法行政的工具，是各级行政机关执政为民、贯彻党的方针政策的具体表现。其本身就是一种对广大干部群众思想政策方面的宣传教育，而且较之新闻传媒更有权威性和宣传效力。

（四）联系沟通作用

各机关单位在处理日常事务工作中，要靠公文进行上下左右的联系和沟通。公文在同一系统的上下级机关、平级机关以及不相隶属机关之间，都能起到沟通情况、商洽工作、协调关系、处理问题的公务联系作用。

（五）凭证和记载作用

行政公文反映了制发机关的意图和要求，具有法定的行政效力，收文机关办理时以此作为凭证和依据。行政公文还是机关单位现行公务活动的记载，在完成了它现行的作用以后，将立卷归档，成为档案，所以又具有记载和史料的作用。

三、行政公文的分类

常见的行政公文的分类，主要是从行政公文的来源、行文关系、性质与作用等方面来划分的。根据不同的标准，行政公文可以分为不同的小类。

以行政公文的来源为标准，可分为外发公文和收来公文。外发公文是指本机关撰制向外部机关发送的公文。收来公文是指本机关收进外部机关制发的公文，包括上级机关、下级机关、同级机关和不相隶属机关的各种来文。

以行文关系为标准，可分为上行文、平行文和下行文。上行文是下级机关向所属的上级机关的行文，如各省、自治区、直辖市人民政府给国务院的报告、请示等。平行文是同级机关或不相隶属机关之间的行文，如省、自治区、直辖市人民政府之间、一个省的厅与厅、局与局之间的函。再如学校和企业、教育局和镇人民政府之间是不相隶属关系，在相互联系或协商工作时，也用“函”来行文。下行文则是上级机关对所属的下级机关的行文，如市人民政府对所辖的区、县人民政府的决定、通知、通报、批复等。下行文是上级机关对下级机关实施领导的重要工具。一些面向群众的公告、通告等文件，也是下行文。

以公文的性质作用为标准，可分为指挥性公文、公布性公文、报请性公文、知照性公文、记录性公文等。指挥性公文是上级机关对下级机关或群众发出的用以领导和指导工作的公文，主要有命令(令)、决定、意见、批复、通知等。公布性公文就是行政机关和部门面向社会，通过新闻媒体或张贴等形式发布的公文，主要有公告、通告等。报请性公文是下级机关向上级机关汇报工作、反映情况、请示问题时所使用的公文，主要有报告、请示等。知照性公文是机关单位发布的需要周知或遵守，以及各机关单位之间联系工作、通报情况所使用的公文，主要有通知、通报、函等。记录性公文是各机关、组织用以记载会议精神和议定事项以备查考和贯彻的公文，主要有会议纪要。

常见的公文分类还有：按文件的缓急程度分，有急件和平件。按保密要求分，有保密文件和非保密文件。按公文制发机关的性质可将公文分为法规文件、行政文件和党的文件等。

四、行政公文的文种

任何事物都有自己的名称。行政公文作为国家行政机关行使职权和实施管理的工具，因制发目的和要求的不同也有自己的名称。如命令、决定、通告、通知、请示等都是行政公文的名称。这些名称统称为文种。

现行国家行政机关所使用的文种，是国务院对旧的公文文种进行调整，于2000年8月24日正式发布，于2001年1月1日起施行的《国家行政机关公文处理办法》(以下简称《办法》)中规定的13种。这13种行政公文是：

(1)命令(令)；

(2)决定；

(3)公告；

(4)通告；

(5)通知；

(6)通报；

(7)议案；

(8)报告；

(9)请示；

(10)批复；

(11)意见；

(12)函；

(13)会议纪要。

我国各级党政机关中正式使用的公文名称，除了国务院发布的国家行政机关使用的13种外，1996年5月3日中共中央办公厅正式发布了《中国共产党机关公文处理条例》，规定了党的机关公文种类14种。同《国家行政机关公文处理办法》相比，少了“命令”、“公告”、“议案”、“通告”四种公文，多了“公报”、“决议”、“条例”、“规定”、“指示”五种公文。

第二节 行政公文的格式和行文规则

一、行政公文的格式

格式即规格式样。行政公文的格式不是随意确定的，它是由国家有关部门颁布的规范性文件所规定的。统一和规范公文的格式，是为了准确、有效地拟制、传递和存贮公文信息，提高公文处理的效率，任何机关单位在拟制公文时都应当按照这些规定执行。行政公文的格式包括文面格式和用纸、印装格式。

(一)行政公文的文面格式

公文讲究文面格式，这是公文在形式上区别一般文章的重要标志。《办法》第十一条规定：“公文中各组成部分的标识规则参照《国家行政机关公文格式》国家标准执行。各级机关、组织在制发公文时应自觉遵守这一规定。”《国家行政机关公文格式》(以下简称《格式》)将公文的文面划分为眉首、主体、版记三个部分，现将公文的各构成要素按照这三个部分的顺序分述于下。

1.眉首部分

行政公文的眉首部分包括份数序号、秘密等级和保密期限、紧急程度、发文机关标识、发文字号、签发人等项。占第1页的1/3或2/5位置。

(1)份数序号。简称份号，标在眉首左上角顶格第一行。份号是指一份文件在总印数中的顺序号，一般用6位数，不足规定数时，前面用“0”补齐。标注份号的目的，是为了准确掌握公文的印数、分发范围和对象，便于公文的管理。

(2)秘密等级和保密期限。简称密级。密级按公文内容泄漏会使国家的安全和利益遭受损害的程度，划分为绝密、机密、秘密三种，标注的位置在眉首右上角第一行。保密期限是对保密时效的说明，标注的方法是在密级后加“★”并注上期限，如“秘密★六个月”。长期保密的可不作标注，按二十年认定。

(3)紧急程度。又称缓急时限，是对文件处理的时限要求，急件分为特急、急两种。标注在眉首右上角、密级的下方位置。

(4)发文机关标识。也称“文头”、“版头”，由发文机关全称或规范化简称加“文件”二字组成。发文机关标识大字套红，印在文件首页上端、眉首区域正中央。联合发文，版头可以用主办机关名称，也可以并用联署机构名称。

(5)发文字号。简称文号，位于版头的正下方。发文字号是指由发文机关编排的文件代号，由发文机关代字、发文年号(加六角括号〔〕)及该年度的发文序号组成(序号不编虚位)。几个机关联合发文，只标明主办机关发文字号，党政机关联合发文，只标注党的机关的发文字号。

文号下面有一条宽度等同版心的间隔横线，作为眉首区域和主体区域的分界线。党的文件则在间隔线中间印有一颗五角星。

(6)签发人。在上报的公文中，如“报告”、“请示”等要在发文字号的右侧标写签发人姓名，目的是使上级单位的领导人了解下级单位谁对上报的公文负责，一般格式为“签发人：×××”。有签发人标识，发文字号位置应左移，居左空一字，排列上与右侧居右空一字的“签发人”对称。

2.主体部分

行政公文的主体部分包括标题、主送机关、正文、附件、成文时间、生效标识、附注等项。

(1)标题。完整的公文标题由发文机关名称、事由、文种三要素组成，如《国务院关于2000年度国家科学技术奖励的决定》，其中“国务院”是发文机关名称，“关于2000年度国家科学技术奖励”是事由，“决定”是文种。公文标题应当准确、简要地概括公文的主要内容，其书写位置在红色横线之下，正文的上端中央。公文标题的三要素一般都要求写完全，但也有省略的情况：一是省略发文机关名称，仅由事由与文种组成，如《关于贯彻执行〈国家行政机关公文处理办法〉的意见》；二是省略事由，标题由发文机关名称与文种组成，如《中华人民共和国全国人民代表大会公告》；三是只用文种名称作标题，如《通告》、《公告》等。省略的后两种情况，一般多见于公布性公文，以便张贴时醒目，引起人们的注意。

(2)主送机关。指承办或处理公文的单位，主送机关又称受文单位或行文对象。制发公文，除少量直接面向社会公众的公文如公告、通告等外，均要写上主送机关名称。向上级请示的公文，应主送一个机关，不要多头主送，以免造成责任不明。非特殊情况不得越级主送。主送机关应写在标题下左顶格，加冒号。

(3)正文。正文是公文的主体部分,用来表达公文的具体内容与制文意图。不同文种的正文虽然有不同的特点和要求,但从结构上说,一般由开头、主体、结语三个部分组成。开头要简明扼要地说明制文的依据、目的或原因。主体是公文的核心内容,或说明有关事项,或提出某项主张。最后写上结束语。正文内容要符合党和国家的政策法令,文字简洁,观点明确,逻辑严密,文理通顺,标点符号正确。

(4)附件。指附属在公文正件之后用于说明的有关文件材料的名称及件数。如有附件,应在正文的左下方、成文时间之上,注明所附文件材料名称及件数。

(5)成文时间。成文时间是指公文生效的年月日,以负责人签发日期为准。联合行文的,以最后一个单位负责人签署的日期为准。会议通过的文件,以通过日期为准。成文时间要用汉字书写,位置在正文的右下方,右空 4 个字距离。

(6)生效标识。即在成文时间上加盖发文机关印章,是发文机关对公文生效负责的凭证。加盖印章,要求上不压正文,下骑年盖月。《格式》规定,单一机关制发的公文在落款处不署发文机关名称,只标识成文时间。在成文时间上加盖印章即为生效标识。

(7)附注。附注一般是对公文的发放范围,使用时需注意的事项加以说明。如“此件发至县团级”、“此件可见报”等。

3.版记部分

行政公文的版记部分包括主题词、抄送机关、印发机关和印发日期等项。

(1)主题词。主题词是指能够准确表达公文主题内容的规范化名词或名词性词组。标注主题词是为了实现办公自动化的需要,有利于公文管理的规范化、科学化。主题词必须在公文主题词表中选用,位置居左顶格标注在抄送机关上一行,主题词标引以 3～5 个词为宜。

(2)抄送机关。抄送机关是指除主送机关外,其他需要知晓公文内容或协助办理公文事项的机关。抄送机关标注在主题词下 1 行。

(3)印发机关和印发日期。印发机关和印发日期是对文件制发情况的说明,包括文件制发单位名称、印发日期和印刷份数。文件制发单位名称一般应是办公厅(室),印发日期用阿拉伯数码书写,它们位于抄送机关之下占 1 行位置。印刷份数另起一行在右侧标注。

以上所说的三个部分以及三个部分的构成要素,是一份文件最完备的格式。但并非所有的公文都必须由这些要素组成,其中的发文机关标识、发文字号、标题、主送机关、正文、成文日期、印章、主题词、印发机关和印发日期这 9

个要素是一般公文的固定组成部分，其他要素是否标注要视具体情况而定。

(二)其他公文的文面格式

公文格式除了上述"文件式"外，还有"信函式"、"命令式"和"会议纪要式"三种格式。

信函式格式：这种"信函式"格式适用于处理日常事务的平行文或下行文，较为常见。发文机关名称即文头不加"文件"二字，因此发文机关名称一般不用简称，而改用全称，如国务院的"信函式"公文，机关名称便标识为"中华人民共和国国务院"，没有"文件"二字。

该格式发文机关名称上边缘距上页边的距离为30mm，之下有一条武文线(上粗下细)，距下页边20mm处另有一条文武线(上细下粗)。发文字号置于武文线下1行版心右边缘顶格标识。发文字号下空1行标识公文标题。如需标识份数序号、秘密等级或紧急程度，可置于武文线下1行版心左边缘顶格标识(一般说来，"信函式"公文很少同时出现这三项)。其他各要素的标识方法均同"文件式"公文格式。

命令式格式：命令(令)是国家行政机关发文的最高级形式。因此《国家行政机关公文格式》特别规定了命令(令)的体式，并应严格按照执行，以从表现形式上维护国家政令的权威性和统一性。

命令(令)标识即文头由发文机关全称加"命令"或"令"组成，如国务院令的发文机关名称就是"中华人民共和国国务院令"。命令标识下空2行居中标识"令号"，令号用黑体字较庄重，前加"第"字，即"第×号"。令号的编制自发第1号令开始，不受年度限制。令号下空2行标识正文，中间没有红色反线。正文下空1行右空4字标识签发人签名章，签名章左空2字标识签发人职务，令的签发人职务应标识全称。在签发人签名章下空1行右空2字标识成文日期。

会议纪要式格式：会议纪要的格式主要针对国家行政机关的办公会议纪要而言。至于用作公文种类的会议纪要，可用"文件式"或"信函式"公文形式来发，并在标题中显示。

国家行政机关的办公会议是本机关决策的最高机构，会议议定的事项都是本机关的决策事项，应以固定形式的会议纪要印发。

会议纪要标识即文头由主持召开会议的机关名称、会议名称和"纪要"二字组成，如"××市人民政府市长办公会议纪要"等。其标识位置同"文件式"公文格式。会议纪要不加盖印章，不标识主送机关。

附：行政公文格式图

000001

秘 密
急 件

××县人民政府文件

×政发〔2008〕22号

××县人民政府关于××××的通知

各乡镇人民政府、县政府各部门：

为了切实做好××××××××，县人民政府决定××××××××。现将有关事项通知如下：

××。

附件：××××××

二OO八年三月十八日

主题词：××　××　通知

抄送：…………、…………。

××县人民政府办公室　　　　2008年3月18日印发

共印80份

二、行政公文的行文规则

在行政系统中，各级行政机关和单位都有自己特定的隶属关系和职权范围，各级行政机关和单位应根据自己的隶属关系和职权范围行文，严格遵守公文运行的各项规定。

（一）注意隶属关系

隶属关系有相隶属关系和不相隶属关系两种情况。相隶属关系，即在同一行政系统中，上下级机关之间有领导与被领导关系。下级机关应使用上行文向上级机关报告或请示工作；上级机关则使用下行文对下级机关发指示、作决定，指导与布置工作。上下级业务部门之间是业务指导与被指导的关系，根据业务需要，可以使用上行文或下行文。同级机关和不相隶属机关、部门之间，不存在隶属关系，一般都只能以平行文即函相互行文。

（二）弄清职权范围

制发公文，必须弄清本机关的职权范围，不得失职也不能越权。凡属事关全局的重要方针政策性的问题，要用机关的名义发文；凡属职能部门的日常业务性工作，应以职能部门的名义发文。属于下级机关职权范围内处理的事项，上级机关不应代替行文。下级机关的重大问题，应向上级领导机关请示。上级业务主管部门除非授权或以函的形式外，一般不能直接对下级领导机关行文。

（三）不得越级行文

同一行政系统的各级机关实行逐级领导与被领导的政治体制，以维护国家机器的正常运转。从行文制度来说，就是要坚持逐级行文，上级向所属下一级机关行文，用于传达指示、部署工作、通报情况、批复请示事项，以实施对下级机关的领导与指导；下级向所属的上一级机关请示、报告，接受领导与指导。一般情况下，下级机关不得越级请示和报告。如遇紧急、特殊情况必须越级行文时，应将公文抄报被越过的上级机关。

（四）“请示”应当一文一事

《办法》规定：“‘请示’应当一文一事。”一文一事，上级才好批复，才好处理，处理才及时；如果内容庞杂，把暂时不能解决或别的机关才能解决的事扯在一起，上级就难以及时批复，甚至连该解决的事也因此搁置起来，影响办文的效率。另外，请示一般只写一个主送机关，除领导直接交办的事项外，请示不得直接送领导者个人。

（五）同级机关可联合行文

同级机关、部门或单位可以联合行文。《办法》第十六条规定："同级政府、同级政府各部门、上级政府部门与下一级政府可以联合行文；政府与同级党委和军队机关可以联合行文；政府部门与相应的党组织和军队机关可以联合行文；政府部门与同级人民团体和具有行政职能的事业单位也可以联合行文。"联合行文应当明确主办部门。

（六）要注意党政不分的现象

党务和政务事宜要分别行文：凡属行政方面的工作，应以行政机关的名义行文；凡属党委方面的工作，应以党委名义行文。行政机关和群众团体的党组织，其日常工作对上级党委负责。行政机关和群众团体不能对党的组织发指示、交任务。

（七）行文应当注重实效

行文应当确有必要，注重实效。凡是可发可不发的公文，坚决不发。一切行文都要从实际需要出发，严格控制数量和范围，克服"文山会海"的现象。要反对那种滥发公文，事事靠发文才能进行工作的文牍主义倾向。

第三节 命令（令）、决定

一、命令（令）

命令，简称令，是领导机关颁布的具有强制执行性质的指挥性公文，是国家行政机关发文的最高级形式。《办法》规定：命令（令）"适用于依照有关法律公布行政法规和规章；宣布施行重大强制性行政措施；嘉奖有关单位及人员"。

命令（令），是一种使用权限受到严格限制的文种，具有最高的权威性和强制力，违反命令或抗拒命令，会受到严厉的惩处。命令并不是任何单位和个人都能制发的，根据《中华人民共和国宪法》，只有国家最高领导人、国务院及其所属部委、乡级以上地方各级人民政府，才有权发布命令。在实际工作中，限于权限及适用范围，各级地方人民政府较少使用这种文种，国家最高领导机关和领导人以及军事文书中才经常使用。

党的各级领导机关一般不能单独使用命令，但必要时可与国家行政领导机关联合发布命令。

（一）命令（令）的类型

命令（令）的类型很多，根据它的使用范围和作用来分，有公布令、行政令、嘉奖令、任免令、动员令等等。最常用的是下面三种：

1. 公布令。公布令适用于国家公布法律，国家行政机关发布根据法律制定的行政法规和规章。如用“中华人民共和国主席令”发布的《中华人民共和国企业所得税法》、《中华人民共和国残疾人保障法》，用“中华人民共和国国务院令”发布的《汶川地震灾后恢复重建条例》、《公共机构节能条例》等。

2. 行政令。行政令是国家行政机关为施行重大强制性行政措施而发布的命令。宪法规定，县级以上各级地方人民政府依照法律规定的权限和国务院的命令，在它们管辖的行政区域内，可以发布行政令。如 1989 年 5 月 20 日在北京发布的《北京市人民政府令》(第一号)。

3. 嘉奖令。嘉奖令是领导机关为奖励有突出贡献的人员或单位而发布的命令。它使用层级高、适用条件严、权威性很强，可以说是奖励的最高等级，只有对那些功勋卓越、贡献非常重大、先进事迹特别突出的集体和个人才能适用这种高规格的公文。例如《国务院、中央军委关于授予钱学森同志“国家杰出贡献科学家”荣誉称号的命令》。

（二）命令（令）的结构和写法

命令（令）的结构一般由标题、令号（发文字号）、正文、签署四部分组成。

1. 标题

命令（令）的标题有两种形式。一种是“发文机关（或领导人职务）＋文种”的“二要素”写法，如《中华人民共和国国务院令》、《中华人民共和国主席令》。另一种是“发文机关＋事由＋文种”的“三要素”写法，如《国务院关于在我国统一实行法定计量单位的命令》、《云南省人民政府 2008 年森林防火命令》等。至于何种情况下用“命令”，何种情况下用“令”，并没有什么规定。但细加分析“命令”与“令”还是有所区别的：一、令的标题为二个要素，命令的标题为三个要素；二、令的内容单一，发布而已，命令的内容相对复杂，不仅要有命令内容，还要有相关政策；三、令是篇段合一的结构，而命令多由多段文字组成，有的还要分条列项。

2. 令号

命令（令）的发文字号与其他文种有所不同。命令（令）的发文字号可以只编顺序号，从发令人任期内第 1 号令开始，按流水顺序一路编下去，一直到任期期满为止，不受年度限制。也有不单独编号，用一般公文使用的发文字号。

3. 正文

正文的写法因命令类型不同而有所区别。

公布令的正文很短，只要说明公布的法规名称，通过的机构，施行的时间就可以。但公布令必须把法规全文放在命令之后一起公布。

行政令的正文一般由命令缘由、命令事项和执行要求三部分组成。缘由简短概括，能说明发布命令的必要性和重要性就行。事项是行政令的主要部分，分条叙述各项行政措施。执行要求一般说明执行命令过程中的特殊要求或奖惩措施，可单独成段，也可作为命令事项的最后一条列出。

嘉奖令的正文一般包括先进事迹、嘉奖决定、学习号召三部分内容。先进事迹扼要清晰，以证明此人值得嘉奖。嘉奖决定明确突出，说明给予受嘉奖人怎样的奖励。号召部分应具体指出向受嘉奖人学习什么。

4. 签署

命令的签署包括署名和日期。署名可以是发文机关，也可以是发文机关的主要领导人。个人署名应在姓名前注明职务。署名之后要写署发日期。

(三)例文

【例一】

中华人民共和国国务院令

第 531 号

《公共机构节能条例》已经于 2008 年 7 月 23 日由国务院第 18 次常务会议通过，现予公布，自 2008 年 10 月 1 日起施行。

总　理　温家宝

二〇〇八年八月一日

《公共机构节能条例》(略)

【例二】

西藏自治区人民政府关于 2005 年冬季—2006 年春季森林防火的命令

第 68 号

根据《中华人民共和国森林法》、《森林防火条例》及《西藏自治区森林防火实施办法》的有关规定，为切实做好今冬明春我区森林防火工作，特发布森林防火命令：

一、森林防火期和紧要期

自 2005 年 11 月 15 日至 2006 年 5 月 31 日，为冬、春森林防火期。其中，自 2005 年 12 月 15 日至 2006 年 4 月 30 日，为森林防火紧要期。在此基础上，各地(市)根据气象(旱情)可提前进入防火期或延长防火期。

二、加大宣传力度，强化森林防火意识

近几年我区虽未发生大的森林火灾，但森林防火工作中必须坚决克服松懈麻痹思想，必须坚持以往森林防火宣传工作中行之有效的方法措施，继续加大森林防火工作重要性的宣传教育，切实增强全民对森林火灾的防范意识，使森林防火工作做到家喻户晓，人人皆知。

三、坚持预防为主，严格火源管理

森林防火要坚持“预防为主，综合治理”的方针和“以人为本，科学扑救”的原则。在森林防火期间，必须严格野外火源管理工作，实行重点地段、入山路口重点防范，安排专人看守；必须严格执行各种用火审批制度，逐一落实防范措施，对未经许可擅自在林区用火者，要按有关规定从重查处；发现林火时，任何单位和个人有责任、有义务主动参加灭火，并立即向当地政府和林业主管部门报告，做到“打早、打小、打了”，有效遏制森林火灾的发生。

在森林防火紧要期，严禁在林区从事采伐和调运椽子木、横梁木、下桨木、青岗柴禾、竹子等生产活动；严禁开垦林地、毁林和上山打猎以及采集林下资源；严禁无证人员进山从事一切作业，尤其是当地群众上山放牧的由乡政府和村委会进行登记；严禁在林区内进行实弹演习、爆破、勘察等活动；在防火紧要期内，加强燃放烟花、爆竹的管理，严禁在林区内举办篝火晚会、野炊等活动，防止家火引起山火；旅游景点、旅游路线上的防火宣传由承办单位负责。

四、全面落实森林防火行政领导责任制

各级政府主要领导和林业主管部门主要负责人必须认真履行森林防火第一责任人和主要责任人的职责，层层签订森林防火目标责任书，实行各级领导分级、分片包干负责制，将森林防火纳入乡规民约。一旦发生林火，各级政府及森林防火指挥部和有关部门领导，必须立即赶赴现场组织扑救。对违反规定引起森林火灾的，不但要追究肇事者的责任，而且还要追究有关领导的行政责任以及法律责任。

五、做好各项准备工作

全区森林防火期间，各级政府和林业主管部门要保障森林防火宣传及扑救经费，同时积极做好物资储备和扑火机具、装备的全面检修，确保防火、灭火的需要；武警西藏森林部队要进入高度的临战状态，人员、车辆、扑火机具、装备必须达到90%的在位率和完好率，修订、完善森林防火扑救预案，加强针对性训练，要协同各级森林防火指挥部，切实做好我区的森林防火工作；各地(市)、县各类专业、半专业扑火队伍以及乡(镇)级森林防火突击队，要提前做好防火灭火的一切准备工作。发生森林火灾时，气象、交通、民政、公安、卫生、电信、邮政等部门，应积极主动协助林业部门做好相关工作。林区干部、群众、驻军、商户及外来人员，应在各级森防指挥部门的统一组织下，积极投入森林火灾的扑救，切实做到党政军警民联防、联动，确保将森林火灾的损失降到最低程度。

六、严格执行森林火灾报告制度

各级政府和森林防火指挥部，对本辖区发生的森林火情，必须严格按照有关规定及时、准确逐级上报自治区森林防火办公室，不得封锁消息、虚报、瞒报、迟报和拒报。对虚报、瞒报、迟报和拒报森林火情，并造成国家森林资源损失的，要依法追究其责任。在森林防火期内，各级森林防火部门必须坚持24小时值班，森林防火电台必须坚持每天按时开机，防火紧要期必须有各级政府和林业主管部门领导带班。

七、加强森林火灾案件的查处工作

一旦发生火灾，各级政府和森林防火指挥部，要切实加强对森林防火案件的查处工作。森林公安和当地公安部门要认真调查取证、查明火因，对人为的火灾案件，要及时全力侦破，并依法严惩肇事者。

自治区人民政府主席　××
二〇〇五年十一月三日

（四）写作注意事项

命令的行文须庄重得体，选词造句要准确凝练，语气应果断坚决。

命令的格式是特殊的“命令式格式”，《国家行政机关公文格式》对此有特别的规定。在制发时应严格按照执行，不能随心所欲，自作主张，以维护国家政令的权威性和统一性。

二、决定

《办法》规定：决定“适用于对重要事项或重大行动做出安排，奖惩有关单位及人员，变更或者撤销下级机关不适当的决定事项”。

决定是行政机关对某些重要事项或重大行动作出安排时所使用的文种，具有很强的权威性和法规性。例如《国务院关于加强市县政府依法行政的决定》(2008年5月12日)、《国务院关于授权香港特别行政区政府接收原香港政府资产的决定》(2003年10月8日)等都是对重要事项或重大行动作出安排的具有权威性和法规性的文件。

由于用“决定”来安排的行动或事项必须是“重大的”或“重要的”，一般日常工作的安排和处理不适宜使用这种文种。

（一）决定的类型

根据其适用范围，“决定”可分为以下几种类型：

1.法规性决定。用于发布权力机关制定、修订或试行的法律文件以及由政府部门制定的行政法规，其特点是内容重要，政策性极强。如《全国人民代表大会常务委员会关于批准〈残疾人权利公约〉的决定》(2008年6月26日)、《国务院关于修改〈价格违法行为行政处罚规定〉的决定》(2008年1月13日)等。

2. 指挥性决定。用于对某一重大问题、事项、行动作出决定性的指挥，如《国务院关于加强市县政府依法行政的决定》(2008 年 5 月 12 日)、《国务院关于授权香港特别行政区政府接收原香港政府资产的决定》(2003 年 10 月 8 日)等，指挥导向作用明确、坚决。

3. 知照性决定。用于知照重大事项，传达具体信息，需要让大家知道，起到通知和依据的作用。如《全国人民代表大会常务委员会关于教师节的决定》(1985 年 1 月 21 日)、《国务院关于成立国务院振兴东北地区等老工业基地领导小组的决定 》(2005 年 8 月 13 日)等。

4. 奖惩性决定。用于表彰或处分有关人员，目的是使广大群众辨明是非，扩大正面影响，缩小消极影响。如《国务院关于追授常香玉同志"人民艺术家"荣誉称号的决定》(2005 年 8 月 12 日)、《国务院关于撤销达赖喇嘛・丹增嘉错职务的决定》(1964 年 12 月 17 日)等。

5. 变更性决定。用于变更或者撤销下级不适当的决定事项，如《本溪市人大常委会关于变更本溪市市树的决定》(2007 年 6 月 5 日)、《国家版权局关于撤销软件著作权登记决定书》(2003 年 3 月 21 日)等。

(二)决定的结构和写法

决定一般由标题、主送机关、正文、成文日期等几个部分组成。

1. 标题

决定的标题，通常由发文机关、事由、文种三部分组成，如《国务院关于加强市县政府依法行政的决定》，其中"国务院"是发文机关，"关于加强市县政府依法行政"是事由，"决定"是文种。如果是会议通过的决定，要在标题下方居中以括号注明会议的名称和通过的日期，如：

全国人民代表大会常务委员会关于批准《残疾人权利公约》的决定

(2008 年 6 月 26 日第十一届全国人民代表大会常务委员会第三次会议通过)

2. 主送机关

决定是下行文，是上级领导机关对下级发出的公文，其主送机关为应知照并负有贯彻执行责任的单位和群体。如《国务院关于加强市县政府依法行政的决定》，主送机关就是"各省、自治区、直辖市人民政府，国务院各部委、各直属机构"。如果是会议通过的决定，则不必再标注主送机关。

3. 正文

正文因决定类型的不同而略有区别，但一般由决定的理由、决定事项和执行要求三部分组成。决定的理由即决定的原因、依据或目的，它是作出决定的前提条件，但必须写得简明扼要。决定的事项，包括具体实施的原则、方法、步骤等，这是正文的主体。执行要求是正文结尾，通常要求贯彻执行文件精神，提出号召和希望。决定事项和执行要求这两部分可以分开写,也可以合在一起写。在指挥性决定、奖惩性决定的写作中,正文的三个部分一般不可缺少。

知照性决定、变更性决定的正文一般比较简单,只要把决定事项说清楚就可以,决定理由和执行要求也可不提。

法规性决定的正文有两种,一种是修改法规的,可视修改条文的数量决定正文长短;另一种是批准、发布法规的,正文就极为简短,写明何种会议决定何种事项就可以。但无论如何,都必须把法规全文放在决定之后一起公布。

4. 成文日期

会议通过的决定,日期须用圆括号置于标题之下。属领导机关作出的决定,其日期一般放在正文之后。

(三)例文

【例一】

国务院关于加强市县政府依法行政的决定

国发〔2008〕17 号

各省、自治区、直辖市人民政府,国务院各部委、各直属机构:

党的十七大把依法治国基本方略深入落实,全社会法制观念进一步增强,法治政府建设取得新成效,作为全面建设小康社会新要求的重要内容。为全面落实依法治国基本方略,加快建设法治政府,现就加强市县两级政府依法行政做出如下决定:

一、充分认识加强市县政府依法行政的重要性和紧迫性

(一)加强市县政府依法行政是建设法治政府的重要基础。市县两级政府在我国政权体系中具有十分重要的地位,处在政府工作的第一线,是国家法律法规和政策的重要执行者。实际工作中,直接涉及人民群众具体利益的行政行为大多数由市县政府做出,各种社会矛盾和纠纷大多数发生在基层并需要市县政府处理和化解。市县政府能否切实做到依法行政,很大程度上决定着政府依法行政的整体水平和法治政府建设的整体进程。加强市县政府依法行政,事关巩固党的执政基础、深入贯彻落实科学发展观、构建社会主义和谐社会和加强政府自身建设,必须把加强市县政府依法行政作为一项基础性、全局性工作,摆在更加突出的位置。

(二)提高市县政府依法行政的能力和水平是全面推进依法行政的紧迫任务。我国改革开放和社会主义现代化建设已进入新的历史时期,经济社会快速发展,一些深层次的矛盾和问题逐步显现,人民群众的民主法治意识和政治参与积极性日益提高,维护自身合法权益的要求日益强烈,这些都对政府工作提出了新的更高要求,需要进一步提高依法行政水平。经过坚持不懈的努力,

近些年来我国市县政府依法行政已经取得了重大进展，但是与形势发展的要求还有不小差距，一些行政机关及其工作人员依法行政的意识有待增强，依法办事的能力和水平有待提高；一些地方有法不依、执法不严、违法不究的状况亟须改变。依法行政重点在基层，难点在基层。各地区、各部门要切实增强责任感和紧迫感，采取有效措施加快推进市县政府依法行政的进程。

二、大力提高市县行政机关工作人员依法行政的意识和能力

（三）健全领导干部学法制度。市县政府领导干部要带头学法，增强依法行政、依法办事意识，自觉运用法律手段解决各种矛盾和问题。市县政府要建立健全政府常务会议学法制度；建立健全专题法制讲座制度，制订年度法制讲座计划并组织实施；建立健全集中培训制度，做到学法的计划、内容、时间、人员、效果"五落实"。

（四）加强对领导干部任职前的法律知识考查和测试。对拟任市县政府及其部门领导职务的干部，在任职前考察时要考查其是否掌握相关法律知识以及依法行政情况，必要时还要对其进行相关法律知识测试，考查和测试结果应当作为任职的依据。

（五）加大公务员录用考试法律知识测查力度。在公务员考试时，应当增加法律知识在相关考试科目中的比重。对从事行政执法、政府法制等工作的公务员，还要进行专门的法律知识考试。

（六）强化对行政执法人员的培训。市县政府及其部门要定期组织对行政执法人员进行依法行政知识培训，培训情况、学习成绩应当作为考核内容和任职晋升的依据之一。

三、完善市县政府行政决策机制

（七）完善重大行政决策听取意见制度。市县政府及其部门要建立健全公众参与重大行政决策的规则和程序，完善行政决策信息和智力支持系统，增强行政决策透明度和公众参与度。制定与群众切身利益密切相关的公共政策，要向社会公开征求意见。有关突发事件应对的行政决策程序，适用突发事件应对法等有关法律、法规、规章的规定。

（八）推行重大行政决策听证制度。要扩大听证范围，法律、法规、规章规定应当听证以及涉及重大公共利益和群众切身利益的决策事项，都要进行听证。要规范听证程序，科学合理地遴选听证代表，确定、分配听证代表名额要充分考虑听证事项的性质、复杂程度及影响范围。听证代表确定后，应当将名单向社会公布。听证举行 10 日前，应当告知听证代表拟做出行政决策的内容、理由、依据和背景资料。除涉及国家秘密、商业秘密和个人隐私的外，听证应当公开举行，确保听证参加人对有关事实和法律问题进行平等、充分的质证

和辩论。对听证中提出的合理意见和建议要吸收采纳，意见采纳情况及其理由要以书面形式告知听证代表，并以适当形式向社会公布。

（九）建立重大行政决策的合法性审查制度。市县政府及其部门做出重大行政决策前要交由法制机构或者组织有关专家进行合法性审查，未经合法性审查或者经审查不合法的，不得做出决策。

（十）坚持重大行政决策集体决定制度。市县政府及其部门重大行政决策应当在深入调查研究、广泛听取意见和充分论证的基础上，经政府及其部门负责人集体讨论决定，杜绝擅权专断、滥用权力。

（十一）建立重大行政决策实施情况后评价制度。市县政府及其部门做出的重大行政决策实施后，要通过抽样检查、跟踪调查、评估等方式，及时发现并纠正决策存在的问题，减少决策失误造成的损失。

（十二）建立行政决策责任追究制度。要坚决制止和纠正超越法定权限、违反法定程序的决策行为。对应当听证而未听证的、未经合法性审查或者经审查不合法的、未经集体讨论做出决策的，要依照《行政机关公务员处分条例》第十九条第（一）项的规定，对负有领导责任的公务员给予处分。对依法应当做出决策而不做出决策，玩忽职守、贻误工作的行为，要依照《行政机关公务员处分条例》第二十条的规定，对直接责任人员给予处分。

四、建立健全规范性文件监督管理制度

（十三）严格规范性文件制定权限和发布程序。市县政府及其部门制定规范性文件要严格遵守法定权限和程序，符合法律、法规、规章和国家的方针政策，不得违法创设行政许可、行政处罚、行政强制、行政收费等行政权力，不得违法增加公民、法人或者其他组织的义务。制定作为行政管理依据的规范性文件，应当采取多种形式广泛听取意见，并由制定机关负责人集体讨论决定；未经听取意见、合法性审查并经集体讨论决定的，不得发布施行。对涉及公民、法人或者其他组织合法权益的规范性文件，要通过政府公报、政府网站、新闻媒体等向社会公布；未经公布的规范性文件，不得作为行政管理的依据。

（十四）完善规范性文件备案制度。市县政府发布规范性文件后，应当自发布之日起15日内报上一级政府备案；市县政府部门发布规范性文件后，应当自发布之日起15日内报本级政府备案。备案机关对报备的规范性文件要严格审查，发现与法律、法规、规章和国家方针政策相抵触或者超越法定权限、违反制定程序的，要坚决予以纠正，切实维护法制统一和政令畅通。建立受理、处理公民、法人或者其他组织提出的审查规范性文件建议的制度，认真接受群众监督。

（十五）建立规范性文件定期清理制度。市县政府及其部门每隔两年要进行一次规范性文件清理工作，对不符合法律、法规、规章规定，或者相互抵触、依据缺失以及不适应经济社会发展要求的规范性文件，特别是对含有地方保护、行业保护内容的规范性文件，要予以修改或者废止。清理后要向社会公布继续有效、废止和失效的规范性文件目录；未列入继续有效的文件目录的规范性文件，不得作为行政管理的依据。

五、严格行政执法

（十六）改革行政执法体制。要适当下移行政执法重心，减少行政执法层次。对与人民群众日常生活、生产直接相关的行政执法活动，主要由市、县两级行政执法机关实施。继续推进相对集中行政处罚权和综合行政执法试点工作，建立健全行政执法争议协调机制，从源头上解决多头执法、重复执法、执法缺位问题。

（十七）完善行政执法经费保障机制。市县行政执法机关履行法定职责所需经费，要统一纳入财政预算予以保障。要严格执行罚缴分离和收支两条线管理制度。罚没收入必须全额缴入国库，纳入预算管理。对下达或者变相下达罚没指标、违反罚缴分离的规定以及将行政事业性收费、罚没收入与行政执法机关业务经费、工作人员福利待遇挂钩的，要依照《违反行政事业性收费和罚没收入收支两条线管理规定行政处分暂行规定》第八条、第十一条、第十七条的规定，对直接负责的主管人员和其他直接责任人员给予处分。

（十八）规范行政执法行为。市县政府及其部门要严格执行法律、法规、规章，依法行使权力、履行职责。要完善行政执法程序，根据有关法律、法规、规章的规定，对行政执法环节、步骤进行具体规范，切实做到流程清楚、要求具体、期限明确。要抓紧组织行政执法机关对法律、法规、规章规定的有裁量幅度的行政处罚、行政许可条款进行梳理，根据当地经济社会发展实际，对行政裁量权予以细化，能够量化的予以量化，并将细化、量化的行政裁量标准予以公布、执行。要建立监督检查记录制度，完善行政处罚、行政许可、行政强制、行政征收或者征用等行政执法案卷的评查制度。市县政府及其部门每年要组织一次行政执法案卷评查，促进行政执法机关规范执法。

（十九）加强行政执法队伍建设。实行行政执法主体资格合法性审查制度。健全行政执法人员资格制度，对拟上岗行政执法的人员要进行相关法律知识考试，经考试合格的才能授予其行政执法资格、上岗行政执法。进一步整顿行政执法队伍，严格禁止无行政执法资格的人员履行行政执法职责，对被聘用履行行政执法职责的合同工、临时工，要坚决调离行政执法岗位。健全纪律约束机制，加强行政执法人员思想建设、作风建设，确保严格执法、公正执法、文明执法。

（二十）强化行政执法责任追究。全面落实行政执法责任制，健全民主评议制度，加强对市县行政执法机关及其执法人员行使职权和履行法定义务情况的评议考核，加大责任追究力度。对不依法履行职责或者违反法定权限和程序实施行政行为的，依照《行政机关公务员处分条例》第二十条、第二十一条的规定，对直接责任人员给予处分。

六、强化对行政行为的监督

（二十一）充分发挥社会监督的作用。市县政府要在自觉接受人大监督、政协的民主监督和司法机关依法实施的监督的同时，更加注重接受社会舆论和人民群众的监督。要完善群众举报投诉制度，拓宽群众监督渠道，依法保障人民群众对行政行为实施监督的权利。要认真调查、核实人民群众检举、新闻媒体反映的问题，及时依法做出处理；对社会影响较大的问题，要及时将处理结果向社会公布。对打击、报复检举、曝光违法或者不当行政行为的单位和个人的，要依法追究有关人员的责任。

（二十二）加强行政复议和行政应诉工作。市县政府及其部门要认真贯彻执行行政复议法及其实施条例，充分发挥行政复议在行政监督、解决行政争议、化解人民内部矛盾和维护社会稳定方面的重要作用。要畅通行政复议渠道，坚持便民利民原则，依法应当受理的行政复议案件必须受理。要改进行政复议审理方式，综合运用书面审查、实地调查、听证、和解、调解等手段办案。要依法公正做出行政复议决定，对违法或者不当的行政行为，该撤销的坚决予以撤销，该变更的坚决予以变更。要按照行政复议法实施条例的规定，健全市县政府行政复议机构，充实行政复议工作人员，行政复议机构审理行政复议案件，应当由2名以上行政复议人员参加；推行行政复议人员资格管理制度，切实提高行政复议能力。要认真做好行政应诉工作，鼓励、倡导行政机关负责人出庭应诉。行政机关要自觉履行人民法院做出的判决和裁定。

（二十三）积极推进政府信息公开。市县政府及其部门要加强对政府信息公开条例的学习宣传，切实做好政府信息公开工作。要建立健全本机关政府信息公开工作制度，指定机构负责本机关政府信息公开的日常工作，理顺内部工作机制，明确职责权限。要抓紧清理本机关的政府信息，做好政府信息公开指南和公开目录的编制、修订工作。要健全政府信息公开的发布机制，加快政府网站信息的维护和更新，落实政府信息公开载体。要建立健全政府信息公开工作考核、社会评议、年度报告、责任追究等制度，定期对政府信息公开工作进行考核、评议。要严格按照政府信息公开条例规定的内容、程序和方式，及时、准确地向社会公开政府信息，确保公民的知情权、参与权、表达权、监督权。

七、增强社会自治功能

(二十四)建立政府行政管理与基层群众自治有效衔接和良性互动的机制。市县政府及其部门要全面正确实施村民委员会组织法和城市居民委员会组织法,扩大基层群众自治范围,充分保障基层群众自我管理、自我服务、自我教育、自我监督的各项权利。严禁干预基层群众自治组织自治范围内的事情,不得要求群众自治组织承担依法应当由政府及其部门履行的职责。

(二十五)充分发挥社会组织的作用。市县政府及其部门要加强对社会组织的培育、规范和管理,把社会可以自我调节和管理的职能交给社会组织。实施社会管理、提供公共服务,要积极与社会组织进行合作,鼓励、引导社会组织有序参与。

(二十六)营造依法行政的良好社会氛围。市县政府及其部门要深入开展法制宣传教育,弘扬法治精神,促进自觉学法守法用法社会氛围的形成。

八、加强领导,明确责任,扎扎实实地推进市县政府依法行政

(二十七)省级政府要切实担负起加强市县政府依法行政的领导责任。各省(区、市)人民政府要把加强市县政府依法行政作为当前和今后一个时期建设法治政府的重点任务来抓,加强工作指导和督促检查。要大力培育依法行政的先进典型,及时总结、交流和推广经验,充分发挥典型的示范带动作用。要建立依法行政考核制度,根据建设法治政府的目标和要求,把是否依照法定权限和程序行使权力、履行职责作为衡量市县政府及其部门各项工作好坏的重要标准,把是否依法决策、是否依法制定发布规范性文件、是否依法实施行政管理、是否依法受理和办理行政复议案件、是否依法履行行政应诉职责等作为考核内容,科学设定考核指标,一并纳入市县政府及其工作人员的实绩考核指标体系。依法行政考核结果要与奖励惩处、干部任免挂钩。加快实行以行政机关主要负责人为重点的行政问责和绩效管理制度。要合理分清部门之间的职责权限,在此基础上落实工作责任和考核要求。市县政府不履行对依法行政的领导职责,导致本行政区域一年内发生多起严重违法行政案件、造成严重社会影响的,要严肃追究该市县政府主要负责人的责任。

(二十八)市县政府要狠抓落实。市县政府要在党委的领导下对本行政区域内的依法行政负总责,统一领导、协调本行政区域内依法行政工作,建立健全领导、监督和协调机制。要把加强依法行政摆上重要位置,主要负责人要切实担负起依法行政第一责任人的责任,加强领导、狠抓落实,确保把加强依法行政的各项要求落实到政府工作的各个方面、各个环节,认真扎实地加以推进。要严格执行依法行政考核制度。对下级政府和政府部门违法行政、造成严重社会影响的,要严肃追究该政府或者政府部门主要负责人的责任。

（二十九）加强市县政府法制机构和队伍建设。健全市县政府法制机构，使机构设置、人员配备与工作任务相适应。要加大对政府法制干部的培养、教育、使用和交流力度，充分调动政府法制干部的积极性、主动性和创造性。要按照中办、国办有关文件的要求，把政治思想好、业务能力强、有较高法律素质的干部充实到基层行政机关领导岗位。政府法制机构及其工作人员要切实增强做好新形势下政府法制工作的责任感和使命感，不断提高自身的政治素质、业务素质和工作能力，努力当好市县政府及其部门领导在依法行政方面的参谋、助手和顾问，在推进本地区依法行政中充分发挥统筹规划、综合协调、督促指导、政策研究和情况交流等作用。

（三十）完善推进市县政府依法行政报告制度。市县政府每年要向本级人大常委会和上一级政府报告本地区推进依法行政的进展情况、主要成效、突出问题和下一步工作安排。省（区、市）人民政府每年要向国务院报告本地区依法行政的情况。

其他行政机关也要按照本决定的有关要求，加强领导，完善制度，强化责任，保证各项制度严格执行，加快推进本地区、本部门的依法行政进程。

上级政府及其部门要带头依法行政，督促和支持市县政府依法行政，并为市县政府依法行政创造条件、排除障碍、解决困难。

国务院

二〇〇八年五月十二日

【例二】

国务院关于追授常香玉同志“人民艺术家”荣誉称号的决定

国发〔2004〕19号

人事部、文化部、中国文学艺术界联合会：

常香玉同志是我国著名豫剧大师。在70多年的艺术实践中，她善于继承，勇于创新，创立了独树一帜的常派艺术。她先后在《花木兰》、《白蛇传》、《拷红》、《破洪洲》、《五世请缨》和《朝阳沟》等剧中，成功地塑造了一系列生动感人的艺术形象，深受广大人民群众的喜爱。常香玉同志对民族戏曲艺术充满着炽热的情感，始终履行自己提出的“戏比天大”的诺言，将毕生精力贡献给了我国民族戏曲事业。

常香玉同志对党、对人民怀有深厚的感情，凡是党的号召、人民的需要她都竭尽全力。在新中国成立初期为支援抗美援朝，她率剧社巡回各地义演半年，以演出收入捐赠“香玉剧社号”战斗机一架。随后，她又率团亲赴朝鲜，冒着战火硝烟慰问志愿军，在175天中演出了180场。此后在大庆油田初创期间和其他重大活动中，她都率团慰问演出。近年来，尽管她年事已高，但仍积极参与社会公益活动，在病重治疗期间还抱病参加慰问奥林匹克中心建筑工人的演出。她的一生是献身艺术的一生，是爱党、爱国、爱人民的一生。

常香玉同志是人民的艺术家，深受广大人民群众的尊敬和爱戴。她忠诚实践"三个代表"重要思想，为党的事业、为民族艺术的发展做出了杰出的贡献。为贯彻落实发展先进文化的时代要求，弘扬常香玉同志的崇高精神，国务院决定追授常香玉同志"人民艺术家"荣誉称号。

国务院号召全国广大艺术工作者以常香玉同志为榜样，热爱祖国，热爱中国共产党，热爱人民；学习她对艺术精益求精、勇于创新的艺术品格；学习她德艺双馨、无私奉献的品质和崇高精神，为繁荣和发展我国艺术事业做出更大的贡献。

二〇〇四年七月七日

【例三】

本溪市人大常委会关于变更本溪市市树的决定

（2007 年 6 月 5 日市十三届人大常委会第二十九次会议通过）

本溪市十三届人大常委会第二十九次会议听取并审议了市建委主任白光代表市政府所作的《本溪市人民政府关于市人大代表提出变更本溪市市树议案办理情况的报告》，会议同意这个报告。决定将枫树变更为本溪市市树。

（四）写作注意事项

决定是一种具有极强的决策性和指挥性的公文，所涉及的内容都是"重要事项"或"重大行动"，因此，在写作上要注意以下两点：

1.决定理由明确充分。决定的理由部分必须依据党和国家的方针政策，法律法规，同时切合现实的具体情况，通过摆事实、讲道理，来说明作出此项决定的重要性和必要性。尤其是重大的指挥性决定，其理由更要写得明确充分。

2.决定事项具体清楚。决定事项是决定的主要内容和核心部分，尤其是指挥性决定，是对重要事项和重大行动作出决策或部署，因此，在写作时应力求做到具体清楚，执行要求明确，便于受文机关贯彻执行。

3.决定的文字，要准确、鲜明、简洁，不能引起任何歧义或多种理解。

第四节　公告、通告

一、公告

公告，是向国内外发布重要事项时所使用的告知性公文。《办法》规定：公告"适用于向国内外宣布重要事项或者法定事项"。

公告的主要作用是将国家的重要事项或法定事项，及时向国内外宣布，以达到普遍知晓和关注的目的。如宣布有关国家的政治、经济、军事、科技、文化、教育、人事、外交等方面重要事项、重要情况等。

公告的适用范围要求由级别较高的国家政权机关来发布，一般机关团体的公务活动不适宜使用这种文种。

（一）公告的类型

公告可以分为国家重要事项公告和法定事项公告两大类。

1.重要事项公告

重要事项公告是宣布有关国家的政治、军事、经济等方面重要事项或表明某种国家态度的告知性公告，没有执行要求或规定。例如：

新华社授权发布
中华人民共和国国务院公告

（2008年6月30日）

2008年5月12日14时28分，中国汶川发生8级特大地震，造成重大生命和财产损失。在中国人民遭受这场特大灾难的时刻，国际社会表达真诚同情和慰问，提供了各种形式的支持和援助，充分体现出崇高的人道主义精神和对中国人民的友好情谊。中国政府和人民谨对所有向我们表达深切同情和提供宝贵援助的国家政府、团体和个人、国际组织以及华侨华人，表示衷心的感谢！

这次地震是中华人民共和国成立以来破坏性最强、波及范围最广、救灾难度最大的一次地震。灾难发生后，中国政府举全国之力投入抗震救灾，各族人民万众一心、众志成城、顽强奋战、共克时艰，夺取了抗震救灾斗争的重大阶段性胜利。在这一过程中，国际社会的帮助和支持发挥了积极作用。当前，抗震救灾工作已进入了安置受灾群众和恢复重建阶段。我们坚信，在全国人民的共同努力和国际社会的继续支持下，灾区人民一定能够战胜灾害，重建美好家园。

这个公告传达了中国政府和人民对国际社会在汶川大地震后所给予的支持和援助表示衷心的感谢之意，宣布抗震救灾斗争已取得重大的阶段性胜利，表明在全国人民的共同努力和国际社会的继续支持下，灾区人民一定能够战胜灾害，重建美好家园。公告宣布的是关于汶川抗震救灾的国家态度，没有执行要求或规定。

2.法定事项公告

法定事项公告是政府或有关机构在宪法、法律、法规赋予的权力范围内发布的公告，规定一些事项，有关人员必须遵守。例如：

**关于中国船舶在亚丁湾和索马里海域
申请护航有关事项的公告**

海事局〔2008〕43号

今年以来，亚丁湾和索马里海域海盗活动猖獗，严重影响船舶在该海域的航行安全和船员的生命安全。中央决定派海军舰船为我国过往船舶护航。为保障航行于亚丁湾和索马里海域船舶的航行安全，更好地接受海军军舰提供的保护，防范可能发生的海盗袭击，现就我国船舶进出亚丁湾和索马里海域申请护航及航行安全事宜公告如下：

一、自2009年1月6日起，凡西行通过东经057度线、南行出红海通过北纬15度线进入亚丁湾和索马里海域的我国船舶，可向中国船东协会提出申请护航，并由中国船东协会向交通运输部提出护航请求。

二、进入亚丁湾和索马里海域的我国船舶应确保船舶通信设备处于正常适用状态，随时接收航行安全信息。在进入和离开该区域时与北京海事卫星地面站各进行一次通信联络，表明已进入或离开该区域。

三、再次重申船舶航行该海域期间应按照国际海事组织有关打击海盗决议和保安规则及我部相关要求，采取严格的警戒和保安措施。

特此公告。

二〇〇八年十二月二十四日

这个公告事项重要，内容清楚，有明确的规定性，有关方面和人员必须遵守。

(二)公告的结构和写法

公告的结构通常由标题、正文、署名和日期三部分构成。

1.标题

公告的标题一般有四种基本形式：

(1)由“发文机关＋事由＋文种”构成。如《北京市人民政府关于2008年北京奥运会残奥会开幕式闭幕式及彩排预演期间燃放烟花的公告》(2008年8月1日)、《北京市发展和改革委员会价格听证会公告》(2007年9月20日)。

(2)由“发文机关＋文种”的构成。如《中华人民共和国国务院公告》(2008年6月30日)、《中华人民共和国商务部公告》(2008年3月6日)等，这类标题较为多见。

(3)由“事由＋文种”构成。如天安门地区管理委员会《关于北京奥运会期间天安门广场管理措施公告》(2008年7月30日)，中共北京市委组织部、中共北京市委农村工作委员会、北京市人事局、北京市教育委员会《关于面向2008年应届高校毕业生招聘村党支部书记助理、村委会主任助理的公告》(2008年1月8日)。

(4)只写文种名称的,如《公告》。

2.正文

公告的正文写法比较简单,一般分为开头、主体、结尾三段。开头段略述发布公告的理由;主体扼要公布事项,内容较多的,可分点列出;最后用"特此公告"、"现予公告"等惯用语收尾。

3.署名和日期

署名和日期一般标在正文的下一行右侧。要写明公告发布机关全称。如果公告的标题是发文机关名称加文种的,也可不写公告发布机关名称。

(三)写作注意事项

公告写作前一定要明确发布该文种是否在自己的权力范围内,不能滥用公告。公告是公开发布的告知性公文,通常通过新闻媒体向世界发布,语言简洁庄重,直陈其事;标题常用省略式;因没有明确、具体的行文对象,故不写主送机关。

二、通告

通告,是在一定范围内公布重要事项时所使用的告知性公文。《办法》规定,通告"适用于公布社会各有关方面应当遵守或者周知的事项"。

通告的制发主体通常是应具有一定权限和一定管理职能的行政机关或职能部门。内容特点主要在于对某些事项作出行政性规定和法规性的限制,要求有关人员遵守、执行,对一定范围内的公众起着制约作用。

(一)通告的类型

通告一般可分为周知性通告、办理性通告和行止性通告三种。

1.周知性通告

周知性通告是制发机关在自己的权力范围内,公布需要人们周知的事项,目的只是让大家知道,并不需要去遵守或者执行。下文是舟山市交通委的通告。

舟山海区六横元山至对面山电力架空线建成通告

舟山海区六横元山至对面山电力架空线已架设完毕,有关情况通告如下:

六横元山至对面山架空线的船舶通航高度为29米,始终点坐标为(1)29°41′38″N/122°13′43″E;(2)29°41′33″N/122°13′23″E。

二〇〇七年十一月二十三日

2.办理性通告

办理性通告是公布需要办理的一些例行事项的通告，其内容如注册、年检、登记等。例如：

2007年度杭州市民间组织年检通告

根据国务院《社会团体登记管理条例》、《浙江省社会团体管理办法》、《民办非企业单位登记管理暂行条例》和《浙江省民办非企业单位管理暂行办法》的规定，我局决定开展2007年度全市社会团体和民办非企业单位年检工作。现将有关事项通告如下：

一、凡在2007年6月30日前经我局核准登记的民间组织（社会团体）、民办非企业单位须参加年检。

二、参加年检的社会团体于3月31日前向我局领取《社会团体年度检查报告书》，如实填写后连同《社会团体法人登记证》（副本）送业务主管单位审查并签署意见，5月31日前报我局审核。

参加年检的民办非企业单位于3月20日前向我局领取《民办非企业单位年度检查报告书》，如实填写后连同《民办非企业单位登记证书》（副本）及其他年检材料于4月30日前送业务主管单位审查并签署意见，5月31日前报我局审核。

三、逾期未参加年检，或拒不参加年检的民间组织（社会团体和民办非企业单位），我局将依法给予相应的处罚。

联系电话：850××××× 851×××××850×××××

办公地址：杭州市戒坛寺巷××号×楼

邮　　编：310006

杭州市民政局

二〇〇八年三月十日

3.行止性通告

行止性通告即制发机关在自己的权力范围内，对某些事项作出规定或限制，令行禁止，有很强的约束力，其具体内容如查禁淫秽书画、收缴非法枪支、进行交通管制、查处违禁物品等。下文是杭州市地方海事局发布的通告。

京杭运河（杭州段）北星桥至德胜桥水域范围海事通告

杭海事通〔2008〕9号

杭州市拱墅区人民政府将于2008年2月20日至2008年2月22日举办“运河之春”元宵灯会，为确保运河元宵灯会的顺利进行和船舶航行安全，现将有关事项通告如下。

一、灯会活动时间:2008年2月20日至2008年2月22日,每天18:00时至22:00时止。

二、灯会活动水域:京杭运河(杭州段)北星桥至德胜桥水域范围。

三、主办单位:杭州市拱墅区人民政府。

四、注意事项

(一)灯会活动主办单位和参与灯会活动的船舶应严格遵守《中华人民共和国内河避碰规则〔2003〕》的有关规定,并有专人负责现场安全管理工作。

(二)灯会活动期间,京杭运河(杭州段)北星桥至德胜桥航段,实施水上临时交通管制,禁止一切与灯会活动无关的船舶停泊。

(三)凡需航经灯会活动水域的船舶,必须服从现场海事管理人员的指挥,禁止船舶在灯会活动水域、追越或齐头并进、不得抢挡。

(四)活动结束,不再另行通告。

二〇〇八年二月十五日

"运河之春"元宵灯会的主办单位是杭州市拱墅区人民政府,为确保运河元宵灯会的顺利进行和船舶航行安全,需实施水上临时交通管制。经协调会商,由杭州市地方海事局制发本通告。

(二)通告的结构和写法

通告的结构通常也是由标题、正文、署名和日期三部分构成。

1.标题

通告的标题一般有四种基本形式:

(1)由"发文机关+事由+文种"构成。如《杭州市人民政府关于从重处罚乱扔垃圾等违法行为的通告》(2007年10月18日)、《上海市人民政府关于本市高考、中考规定时间内禁止建筑施工作业的通告》(2006年5月30日)等。

(2)由"发文机关+文种"构成。如《中华人民共和国卫生部通告》(2008年8月15日)、《北京市人民政府通告》(2007年8月7日)等。

(3)由"事由+文种"构成。如浙江省《2007年度省基础教育优秀科研成果获奖名单公示通告》(2008年1月23日)、国家邮政局、国家安全部等六部委《关于进一步加强寄递物品安全监管工作的通告》(2008年7月10日)等。

(4)也有只写文种名称的,如《通告》。

2.正文

通告的正文写法比较简单,一般分通告缘由、通告事项、通告结语三部分构成。缘由写明发通告的原因、依据、目的、意义等,要简明扼要,然后用"特通告如下"、"现将有关事项通告如下"等句式过渡。事项是正文的主体,要具体写明一定范围内有关单位和有关人员应当知道或遵守的事项。一般行止性通告事项较多,可分点列出。通告结语,可以写希望和要求,也可以说明从何时起执行。通告常以"特此通告"等惯用语作结尾。

3.署名和日期。

署名和日期一般标在正文的下一行右侧。要写明通告发布机关全称。如果通告的标题是发文机关名称加文种的,也可不写通告发布机关名称。

(三)写作注意事项

一事一告,即通告的内容限于说一件事或一个问题,不要把性质不同的事放在一起。通告的对象多为社会公众,需要广为知晓,一般就不再写主送机关。通告的语言运用要注意通俗简洁,明白晓畅,以便于公众接受。

三、公告、通告的异同

通告和公告二者有相似之处,也有不同之处,在写作中需要注意准确把握。通告与公告都属于告知性公文,也就是说,内容都具有知照性,发布范围都是面向全社会的。但在相同之中也存在一些区别,可大致概括为以下四个方面:

(一)发文机关不同

公告发布级别高。通告则不受单位级别的限制,一般机关单位都可以使用。

(二)收文的对象不同

公告是面向国内外公布。通告常限于国内,且是在一定范围之内。

(三)重要程度不同

公告内容必须是重要事项,在国内外有一定影响。通告所涉及的常是一般事项。

(四)发布形式不同

公告通常由新闻媒体发布。通告可以通过新闻媒体发布,也可张贴。

第五节 通知、通报

一、通知

通知,是向特定的受文对象转发有关文件,传达有关事项,让对象知道或执行的告知性公文。《办法》规定,通知"适用于批转下级机关的公文,转发上级机关和不相隶属机关的公文,传达要求下级机关办理和需要有关单位周知或者执行的事项,任免人员"。

在所有的行政公文中，通知的适用范围最为广泛，使用频率也最高；上至中央机关，下到基层单位，大到全国范围内的工作部署，小到单位内部的事项安排，都可以用通知行文。另外，通知的时间性要求也最强，告知事项或要求办理的事情，往往都有很强的时间要求。

（一）通知的类型

通知可分为知照性通知、布置性通知、指示性通知和转发性通知四种。

1.知照性通知

知照性通知就是告知某些单位需知的有关事项的通知，并不需要办理。其内容如人事任免、机构调整、启用印章、更换名称、撤案平反等。如《杭州市人民政府关于公布杭州市第四批历史建筑保护名单的通知》（2008 年 8 月 14 日）、《浙江省人民政府关于成立浙江省支援青川县灾后恢复重建指挥部和谈月明任职的通知》（2008 年 7 月 1 日）等。

2.布置性通知

布置性通知也叫事务性通知，就是安排部署工作的通知，多用于开展某些活动，布置某项具体任务。如《市经委关于选送作品参加二〇〇八年西博会工美展杭州工艺美术整体形象宣传的通知》（2008 年 8 月 29 日）、《市文广新局关于对全市非物质文化遗产普查工作进行验收的通知》（2008 年 8 月 5 日）、《市文广新局关于申报第一批非物质文化遗产项目代表性传承人的通知》（2008 年 7 月 7 日）等。

3.指示性通知

指示性通知是上级机关对下级机关就某项工作有所指示，因行政公文文种里没有“指示”，其内容又不适用于“决定”这样的文种，因此可以代替“指示”行文。如《国务院关于做好免除城市义务教育阶段学生学杂费工作的通知》（2008 年 8 月 12 日）、《财政部　国家发展改革委　国家工商总局关于停止征收个体工商户管理费和集贸市场管理费有关问题的通知》（2008 年 8 月 21 日）等。

4.转发性通知

转发性通知是印发重要文件，转发上级机关或不相隶属机关的公文，批转下级机关的公文所使用的通知。如《浙江省人民政府关于印发低收入群众增收行动计划的通知》（2008 年 7 月 30 日）、《浙江省人民政府办公厅转发省人口计生委省财政厅关于计划生育家庭特别扶助制度实施意见的通知》（2008 年 7 月 10 日）、《国务院批转教育部国家教育事业发展“十一五”规划纲要的通知》（2007 年 5 月 18 日）等。

(二)通知的结构和写法

通知的结构通常是由标题、主送机关、正文、成文日期四部分构成,转发性通知还有“附件”。

1.标题

通知的标题多采用“发文机关+事由+文种”(三要素)或“事由+文种”(二要素)两种形式。但转发性通知在标题中应去掉一个“关于”,加“批转”或“转发”字样,并列出原文发文单位和原文件名称,避免出现“关于批转……关于……的通知”。如果原文件是通知,可以省略一个“通知”字样,避免出现“转发……关于……通知的通知”。如《湖南省教育考试院关于转发〈关于实施“高校招生网络安全畅通工程”的通知〉的通知》,应改为《湖南省教育考试院转发×××关于实施“高校招生网络安全畅通工程”的通知》。

2.主送机关

顶格写主送机关,发给哪些单位就写哪些单位,最后用冒号引起正文。

3.正文

知照性通知的正文由“缘由”和“告知事项”两部分构成,具体内容一般都很简短,大都是“为……(干什么)”或“根据……(干什么)”的写法,结尾常以“特此通知”作结,无执行要求。

布置性通知的正文,也由“缘由”和“通知事项”两部分构成,“缘由”很简洁,但很强调时间性,一般都是“根据……从×年×月×日起(干什么)。现将有关问题(或事项)通知如下:”的写法。然后另起一段分项写明所要求的事项,直截了当,具体明确。

指示性通知的正文由通知的原因或目的、通知的事项和执行要求三部分组成。“缘由或目的”这段的结尾一般用“为……特通知如下:”或“为……,现将有关事项通知如下:”以引起下文。通知事项是文件的主体内容,往往是分条立项来写的,口气坚定,不容置疑。执行要求即指“以上通知,望认真执行”惯用语。

转发性通知的正文即转发意见,一般很简短,如《国务院办公厅转发发展改革委关于2008年深化经济体制改革工作意见的通知》(2008年7月22日)的正文:“发展改革委《关于2008年深化经济体制改革工作的意见》已经国务院同意,现转发给你们,请认真贯彻执行。”一句话即可。

4.成文日期

在正文之后的右下角写成文日期。

（三）例文

【例二】

国务院办公厅关于加强普通高等学校毕业生就业工作的通知

国办发〔2009〕3号

各省、自治区、直辖市人民政府，国务院各部委、各直属机构：

普通高等学校毕业生（以下简称高校毕业生）是我国宝贵的人力资源。当前，受国际金融危机影响，我国就业形势十分严峻，高校毕业生就业压力加大。各地区、各有关部门要把高校毕业生就业摆在当前就业工作的首位，采取切实有效措施，拓宽就业门路，鼓励高校毕业生到城乡基层、中西部地区和中小企业就业，鼓励自主创业，鼓励骨干企业和科研项目单位吸纳和稳定高校毕业生就业。为进一步加强高校毕业生就业工作，经国务院同意，现就有关问题通知如下：

一、鼓励和引导高校毕业生到城乡基层就业。鼓励高校毕业生积极参加社会主义新农村建设、城市社区建设和应征入伍。围绕基层面向群众的社会管理、公共服务、生产服务、生活服务、救助服务等领域，大力开发适合高校毕业生就业的基层社会管理和公共服务岗位，引导高校毕业生到基层就业。对到农村基层和城市社区从事社会管理和公共服务工作的高校毕业生，符合公益性岗位就业条件并在公益性岗位就业的，按照国家现行促进就业政策的规定，给予社会保险补贴和公益性岗位补贴，所需资金从就业专项资金列支；对到农村基层和城市社区其他社会管理和公共服务岗位就业的，给予薪酬或生活补贴，所需资金按现行渠道解决，同时按规定参加有关社会保险。对到中西部地区和艰苦边远地区县以下农村基层单位就业、并履行一定服务期限的高校毕业生，以及应征入伍服义务兵役的高校毕业生，按规定实施相应的学费和助学贷款代偿。对具有基层工作经历的高校毕业生，在研究生招录和事业单位选聘时实行优先，在地市级以上党政机关考录公务员时也要进一步扩大招考录用的比例。

继续实施和完善面向基层就业的专门项目，扩大项目范围。相关项目由各有关部门继续加强组织领导，省级人民政府负责做好各类基层就业项目之间的政策衔接。2009年，中央有关部门继续组织实施“选聘高校毕业生到村任职”、“三支一扶”（支教、支农、支医和扶贫）、“大学生志愿服务西部计划”、“农村义务教育阶段学校教师特设岗位计划”等项目，各地也要因地制宜开展地方项目,鼓励和引导更多的高校毕业生报名参加。鼓励高校毕业生在项目结束后留在当地就业,今后相对应的自然减员空岗全部聘用服务期满的高校毕业生。对参加项目的高校毕业生给予生活补贴,所需资金按现行资金渠道解决,同时按规定参加有关社会保险。各专门项目相关待遇政策的衔接办法,由人力资源社会保障部、财政部、教育部、中央组织部、共青团中央等有关部门另行研究制定。

二、鼓励高校毕业生到中小企业和非公有制企业就业。各类中小企业和非公有制企业是高校毕业生就业的主要渠道。要进一步清理影响高校毕业生就业的制度性障碍和限制,为他们提供档案管理、人事代理、社会保险办理和接续、职称评定以及权益保障等方面的服务,形成有利于高校毕业生到企业就业的社会环境。对企业招用非本地户籍的普通高校专科以上毕业生,各地城市应取消落户限制(直辖市按有关规定执行)。企业招用符合条件的高校毕业生,可按规定享受相关就业扶持政策。劳动密集型小企业招用登记失业高校毕业生等城镇登记失业人员达到规定比例的,可按规定享受最高为 200 万元的小额担保贷款扶持。

三、鼓励骨干企业和科研项目单位积极吸纳和稳定高校毕业生就业。鼓励国有大中型企业特别是创新型企业创造条件,更多地吸纳有技术专长的高校毕业生就业。充分发挥高新技术开发区、经济技术开发区和高科技企业集中吸纳高校毕业生就业的作用,加强人才培养使用和储备。各地在实施支持困难企业稳定员工队伍的工作中,要引导企业不裁员或少裁员,更多地保留高校毕业生技术骨干,对符合条件的困难企业可按规定在 2009 年内给予 6 个月以内的社会保险补贴或岗位补贴,由失业保险基金支付;困难企业开展在岗培训的,按规定给予资金补助。承担国家和地方重大科研项目的单位要积极聘用优秀高校毕业生参与研究,其劳务性费用和有关社会保险费补助按规定从项目经费中列支,具体办法由科技、教育、财政等部门研究制定。高校毕业生参与项目研究期间,其户口、档案可存放在项目单位所在地或入学前家庭所在地人才交流中心。聘用期满,根据工作需要可以续聘或到其他岗位就业,就业后工龄与参与项目研究期间的工作时间合并计算,社会保险缴费年限连续计算。

四、鼓励和支持高校毕业生自主创业。鼓励高校积极开展创业教育和实践活动。对高校毕业生从事个体经营符合条件的,免收行政事业性收费,落实鼓励残疾人就业、下岗失业人员再就业以及中小企业、高新技术企业发展等现行税收优惠政策和创业经营场所安排等扶持政策。在当地公共就业服务机构登记失业的自主创业高校毕业生,自筹资金不足的,可申请不超过 5 万元的小额担保贷款；对合伙经营和组织起来就业的，可按规定适当扩大贷款规模；从事当地政府规定微利项目的，可按规定享受贴息扶持。有创业意愿的高校毕业生参加创业培训的，按规定给予职业培训补贴。强化高校毕业生创业指导服务，提供政策咨询、项目开发、创业培训、创业孵化、小额贷款、开业指导、跟踪辅导的“一条龙”服务。各地要建设完善一批投资小、见效快的大学生创业园和创业孵化基地，并给予相关政策扶持。鼓励支持高校毕业生通过多种形式灵活就业，并保障其合法权益，符合规定的，可享受社会保险补贴政策。

五、强化高校毕业生就业服务和就业指导。充分发挥人力资源市场配置资源的作用，强化公共就业服务的功能。人力资源社会保障、教育等部门及高校要加强协作，采取网络招聘、专场招聘、供求洽谈会和用人单位进校园等多种方式，大力开展面向高校毕业生的就业服务系列活动，为应届高校毕业生提供更多、更快、更好的免费就业信息和各类就业服务。高校要强化对大学生的就业指导，开设就业指导课并作为必修课程，重点帮助毕业生了解就业政策，提高求职技巧，调整就业预期。加强高校就业指导服务机构建设，落实人员、场地和经费。加强人力资源市场管理，严厉打击违法违规行为，加强招聘活动安全保障，维护高校毕业生就业权益。

六、提升高校毕业生就业能力。大力组织以促进就业为目的的实习实践，确保高校毕业生在离校前都能参加实习实践活动。完善离校未就业高校毕业生见习制度，鼓励见习单位优先录用见习高校毕业生。见习期间由见习单位和地方政府提供基本生活补助。拓展一批社会责任感强、管理规范的用人单位作为高校毕业生实习见习基地。从2009年起，用3年时间组织100万未就业的高校毕业生参加见习。加强高等职业院校学生的技能培训，实施毕业证书和职业资格证书“双证书”制度，努力使相关专业符合条件的应届毕业生通过职业技能鉴定获得相应职业资格证书。人力资源社会保障部门根据高校毕业生需要，提供专场或其他形式的职业技能鉴定服务，教育部门及高校要给予积极配合。对符合就业困难人员条件的高校毕业生，按规定给予鉴定补贴。

七、强化对困难高校毕业生的就业援助。对困难家庭的高校毕业生，高校可根据实际情况给予适当的求职补贴。各级机关考录公务员、事业单位招聘工作人员时，免收困难家庭高校毕业生的报名费和体检费。对离校后未就业回到原籍的高校毕业生，各地公共就业服务机构要摸清底数，免费提供政策咨询、职业指导、职业介绍和人事档案托管等服务，并组织他们参加就业见习、职业技能培训等促进就业的活动。对登记失业的高校毕业生，各地要将他们纳入当地失业人员扶持政策体系。对就业困难的高校毕业生和零就业家庭的高校毕业生，实施一对一职业指导、向用人单位重点推荐、公益性岗位安置等帮扶措施,按规定落实社会保险补贴、公益性岗位补贴等就业援助政策。

八、加强领导,明确责任。各地要加强对高校毕业生就业工作的组织领导,将高校毕业生就业纳入当地就业总体规划,统筹安排,确定目标任务,实行目标责任制,加强工作考核和督查。各有关部门要切实发挥职能,落实工作责任。各级人力资源社会保障部门要牵头制定和实施高校毕业生就业政策,并做好高校毕业生离校后的就业指导和就业服务工作。教育部门要指导高校大力加强在校生的就业指导和服务工作,并继续深化高等教育改革。财政部门要根据高校毕业生就业形势和实际需要,统筹安排资金用于促进高校毕业生就业。其他有关部门要认真履行职责,加强协调配合,共同推动工作。要大力开展高校毕业生就业工作的宣传,引导高校毕业生树立正确的就业观和成才观,形成全社会共同促进高校毕业生多渠道就业的良好舆论环境。各地要按照本通知要求,结合本地实际,制定切实有效的政策措施,创造性地开展工作,千方百计促进高校毕业生就业。

国务院办公厅
二〇〇九年一月十九日

【例二】

国务院办公厅转发发展改革委等部门
关于促进自主创新成果产业化若干政策的通知

国办发〔2008〕128号

各省、自治区、直辖市人民政府,国务院各部委、各直属机构:

发展改革委、科技部、财政部、教育部、人民银行、税务总局、知识产权局、中科院、工程院《关于促进自主创新成果产业化的若干政策》已经国务院同意,现转发给你们,请认真贯彻执行。

国务院办公厅
二〇〇八年十二月十五日

《关于促进自主创新成果产业化的若干政策》(略)

(四)写作注意事项

通知的事项部分要具体明确,以便于受文单位正确了解和办理。遇到比较紧急的事项,可以发紧急通知。紧急通知一般要在标题上标明事由和"紧急通知"字样。

二、通报

通报,是在一定范围内表彰先进、批评错误,传达事项的告知性公文。《办法》规定，通报“适用于表彰先进，批评错误，传达重要精神或者情况”。

由于不少下行公文都具有传达精神或情况的功能，通报在实际工作中多适用于表彰先进和批评错误，传达性的通报较为少见。

（一）通报的类型

根据通报的适用范围，可以把通报分为表彰性通报、批评性通报和传达性通报三种。

1. 表彰性通报

用来表彰先进个人或群体，介绍他们的先进事迹，宣布给他们奖励，号召向他们学习的通报。如《浙江省人民政府关于2008年浙江慈善奖获奖个人机构和项目的通报》(2009年1月9日)。

2. 批评性通报

用来批评严重错误的通报，其内容为对重大责任事故的处理，对违纪案件处分决定的公布等。如《关于对北京城际高科信息技术有限公司制作销售非法导航电子地图事件的通报》(2008年4月16日)。

3. 传达性通报

用于传达重要精神与情况的通报，多为对工作失误或不正之风等进行批评，以引起警觉与注意，对当前的工作起警示作用。如《国务院办公厅关于违规修建办公楼等楼堂馆所案件调查处理情况的通报》(2007年5月31日)。

（二）通报的格式和写法

通报一般由标题、主送机关、正文和成文日期四部分组成。

1. 标题

通报的标题有“发文机关＋事由＋文种”或“事由＋文种”两种写法。如《农业部办公厅关于内蒙古巴林右旗开垦草原案件查处情况的通报》(2009年1月9日)、《关于近期一些地区发生重大建筑施工安全事故的情况通报》(2008年11月4日)。

2. 主送机关

通报的主送机关有两种情况：一是有确指的受文对象，同其他公文一样，在标题左下方，顶格标明；一是不标注，而把受文对象、范围放到正文中去表达，通常以“为此，特在……范围内给予通报表扬(批评)”等语言来体现。

3. 正文

一般分为三部分：(1)错误事实或先进事迹。表彰性通报要突出主要先进事迹，批评性通报要抓住主要错误事实。(2)处分决定或表彰决定。表彰性和批评性的通报，都应写明组织结论和予以表彰或处理的决定。(3)分析原因并提出要求。表彰性通报，在介绍先进事迹的基础上，提出值得学习与发扬的精神。批评性通报要分析错误的性质、危害，产生的根源和责任，同时提出要求。为了防范和杜绝类似错误发生，批评性通报的结尾处，通常要有针对性地提出防范的措施或规定。

4.成文日期

正文之后，标明成文日期并加盖公章。

（三）例文

【例一】

关于对北京城际高科信息技术有限公司制作销售非法导航电子地图事件的通报

国测图字〔2008〕3号

各省、自治区、直辖市测绘行政主管部门，各导航电子地图制作资质单位，有关出版社：

2007年9月，国家测绘局在工作检查中发现，北京城际高科信息技术有限公司销售的"城际通"系列导航仪所用导航电子地图未依法经国家测绘局审核批准，违反了《中华人民共和国地图编制出版管理条例》等相关法规、规定。国家测绘局当即发出书面通知，敦促其进行认真整改，限期召回非法导航电子地图，并要求各省级测绘行政主管部门对该公司在市场上销售的非法导航电子地图依法予以查处。2007年11月底，该公司按要求全面停止制作、销售非法导航电子地图，并采取措施落实整改，召回非法导航电子地图。2008年3月，北京市规划委员会依法对该公司作出了相应的行政处罚。

北京城际高科信息技术有限公司作为具有甲级导航电子地图制作测绘资质的企业，无视国家法律法规和地图管理的有关规定，不按规定送审导航电子地图，擅自销售未经审核批准的地图产品，严重扰乱了导航电子地图市场秩序，在社会上造成极为恶劣的负面影响，是一起典型的地图违法事件。鉴于此，国家测绘局决定对北京城际高科信息技术有限公司制作、销售非法导航电子地图的违法行为在全国予以通报批评。

北京城际高科信息技术有限公司及各导航电子地图编制、出版资质单位要从这一事件中汲取教训，引以为戒，严格自律。要自觉遵守地图管理的有关法律法规，按照《关于导航电子地图管理有关规定的通知》（国测图字〔2007〕7号）要求，严格依法从事导航电子地图编制、出版活动。

各省级测绘行政主管部门要切实加强对地图市场的监管，继续加大执法力度，凡未经国务院或省级测绘行政主管部门审核批准的地图，一律不得在市场销售或公开展示。要通过集中整治和不定期抽查的方式，严厉查处地图违法违规行为，确保地图市场健康有序发展。

国家测绘局
二〇〇八年四月十六日

【例二】

国务院办公厅关于违规修建办公楼等楼堂馆所案件调查处理情况的通报

国办发〔2007〕41 号

各省、自治区、直辖市人民政府，国务院各部委、各直属机构：

近年来，各地区、各部门认真落实中央的有关要求，严格控制机关办公楼等楼堂馆所建设，取得了一定成效。但是，一些政府机关违规修建办公楼等楼堂馆所现象在一段时间有所抬头，且有愈演愈烈之势。党中央、国务院对此高度重视，国务院第五次廉政工作会议做出专门部署，要求采取有效措施，坚决刹住这股歪风，维护党和政府的良好形象。为加强警示教育，严明纪律，经国务院同意，现将河南省濮阳县违规修建办公楼及领导干部住宅楼等 4 起案件的调查处理情况通报如下：

一、河南省濮阳县违规修建办公楼及领导干部住宅楼等 4 起案件的基本情况、主要问题和处理意见

（一）关于河南省濮阳县违规修建办公楼及领导干部住宅楼问题。

河南省濮阳县系省级贫困县。自 2001 年 4 月以来，濮阳县县委、县政府带头违规修建办公楼，致使有一些县直部门违规修建办公楼和一些领导干部相互攀比、擅自改变土地用途修建豪华住宅楼。存在的主要问题：一是县委、县政府违反审批程序，超标准修建县委、县政府综合办公楼。该办公楼于 2002 年 9 月开工建设，建筑面积 15000 平方米，工程预算 975 万元。2004 年 6 月竣工，实际面积 18746.36 平方米，工程造价 3284.31 万元，投资超出概算 2.37 倍，目前仍拖欠工程款 134.31 万元。二是县纪委违规修建办公楼。2004 年 4 月，县纪委在未办理审批手续的情况下，以建“干部培训中心”的名义开工建设办公楼，建筑面积 3704 平方米，工程预算 400.6 万元。现已支付工程款 645.7 万元（目前工程尚未竣工验收）。在工程建设过程中，县纪委还以“求援款”的名义向一些乡镇和县直单位收取 106 万元用于该办公楼建设。三是县劳动和社会保障局挪用下岗职工养老保险金和生活费，修建办公楼及劳动就业培训中心。2005 年 4 月，县劳动和社会保障局开工建设办公楼，建筑面积 5160 平方米，预算投资 650 万元，实际支出 819.5 万元。2006 年 3 月，该局在未取得土地使用证的情况下开工建设县劳动就业培训中心大楼，建

筑面积7773平方米，已支付工程款699.6万元，至今未进行决算。在这两个工程建设过程中，该局挪用县化肥厂托管的下岗职工养老保险金和生活费770万元用于工程建设。四是一些领导干部违规、超标准建造个人住宅楼。2000年8月以来，濮阳县劳动和社会保障局、房产局、县纪委、建设工程局、机关事务管理局、人口计生委等单位部分领导干部擅自改变土地用途，违规、超标准建造个人住宅楼79套，其中面积最小的281平方米，最大的600平方米。

2007年4月，河南省委、省政府决定给予18名责任人党纪政纪处分。其中，给予原县委书记何广博党内严重警告、行政降级处分；给予原县委副书记、县长张建国党内严重警告处分；给予原县委副书记、纪委书记李趁英撤销党内职务和行政降级处分；给予原县委副书记、常务副县长董跃进行政记大过处分；给予原县委常委、宣传部长刘善章党内严重警告处分；给予原副县长刘庶涛党内严重警告处分；给予原副县长王志让撤销党内职务和行政撤职处分；给予原副县长孙士杰党内严重警告和行政记大过处分；给予原副县长翟伟行政记过处分；给予县劳动和社会保障局原党组书记、局长李殿选开除党籍、撤销行政职务处分；给予县房产局原局长、党支部书记时跃进开除党籍、撤销行政职务处分。对其他7名科级干部给予了相应的党纪政纪处分。同时，决定：没收、拍卖县纪委办公楼；没收、拍卖违规住宅楼33套；对其他46套在国有划拨土地上违规修建的领导干部住宅楼，依照有关法律法规进行处罚并责令补交土地出让金后补办用地手续；责成濮阳市委、市政府，濮阳县委、县政府向河南省委、省政府写出书面检查，并将处理结果通报全省。

(二)关于山西省粮食局违规修建培训中心及“粮神殿”问题。

山西省粮食局在国家级风景名胜区——山西省永济县五老峰以修建粮食系统“培训中心”为名，挪用国家粮食储备库资金修建用于旅游接待的“云峰阁”宾馆。该工程2001年9月开工，2003年9月竣工，工程造价690万元。存在的主要问题：一是以建“培训中心”为名，修建主要用于旅游接待活动的宾馆。二是违反审批程序，未经批准擅自开工建设。三是违反招投标规定，建设工程没有进行公开招标。四是违规筹集建设资金。挪用国家粮食储备库专项资金150万元，并组织下属国有粮食企业出资540万元。五是浪费严重。由于季节原因，“培训中心”每年仅能营业6个月，亏损严重。六是大搞封建迷信活动。在宾馆附近修建“粮神殿”，在殿中为个人歌功颂德、树碑立传，并将各省(区、市)粮食部门负责人的题词刻在石碑或牌位上，与神像一并供奉。

2007年4月，山西省委、省政府决定免去高志信山西省粮食局党组书记、局长职务，并对高志信的其他问题予以立案调查。

(三)关于甘肃省兰州市财政局违规修建综合办公楼问题。

甘肃省兰州市财政局综合办公楼地处繁华商业中心，由办公楼和住宅楼两部分组成，建筑面积42871平方米，其中办公楼建筑面积15539平方米，住宅楼面积为27332平方米，工程造价12845万元。该综合办公楼于2003年9月开工，2006年4月竣工并投入使用。存在的主要问题：一是违规建设。违反有关党政机关办公用房建设标准的规定，将办公用房与职工住宅合建；违反基本建设程序规定，在未办理施工许可证的情况下，先行组织施工；办公用房和集资建房面积与项目批复面积严重不符。二是办公用房建筑面积严重超标。该办公楼办公用房面积9708平方米，按财政局现有165人计算，人均办公用房建筑面积58.84平方米。三是奢侈浪费。建设成本和装修费用过高，综合楼办公用房层高4.2米，每平方米造价4507元，内外装修费共计2005万元。四是违反经济适用住房建设的有关规定，建成的住宅建筑面积严重超标，面积最小的181平方米，最大的247平方米。五是相关部门和有关人员不认真履行职责。市财政局违规建楼，市发展改革委违规立项审批，市规划国土资源局违规规划设计，市建设管理委员会、市房地产管理局监管不力，市政府有关负责人对发生的问题负有重要领导责任。

2007年5月，甘肃省委决定给予当时分管财政的副市长陈冬芝党内警告处分。兰州市委、市政府决定给予兰州市财政局党组书记、局长杨增玉撤销党内职务和行政撤职处分，并调离市财政局；给予市发展改革委副主任胡德庆党内严重警告处分；给予市国土资源局原副局长孙敏毓党内严重警告处分；给予市财政局分管基建工作的副局长赵兰生党内警告和行政记过处分。兰州市政府已决定将市财政局综合办公楼收回。

(四)关于山西忻州煤矿安全监察局违规修建办公楼等问题。

山西忻州煤矿安全监察局(以下简称忻州煤监局)下设两个科室，现有编制内人员10人、临时聘用工勤人员10人。2004年5月，忻州煤监局委托山西太忻公司为该局建造办公用房，建筑面积2557平方米，工程预算549万元。2006年5月底忻州煤监局搬入该楼办公。存在的主要问题：一是违规筹集建设资金。忻州煤监局为修建该办公楼筹集资金505万元，其中向被监管的国有煤矿企业借款209万元。二是办公楼面积严重超标。按照编制内人数计算，人均达255平方米。此外，该局还存在严重的超编制配备公务用车问题。该局现有监察车辆10辆，其中有4辆为接受地方政府和煤矿企业资助63万元购置。

2007年3月，国家安全监管总局决定，给予忻州煤监局原局长李建国党内严重警告和行政撤职处分，给予忻州煤监局原党总支书记贾世英撤销党内职务处分，给予忻州煤监局原副局长智毅党内警告和行政降级处分；给予山西省煤矿安全监察局党组书记、局长巩安库行政记过处分。山西省煤矿安全监察局、忻州煤监局决定将向国有煤矿企业筹借的209万元基建款和接受4家国有煤矿资助的38万元购车款全部归还给有关企业；责令忻州煤监局搬出该办公楼，并对该办公楼予以拍卖；对超编制配备的4辆小汽车予以拍卖。

二、廉洁从政，依法行政，严格控制机关办公楼等楼堂馆所建设

上述4起案件，严重违反了党中央、国务院关于严禁党政机关违规修建办公楼等楼堂馆所和领导干部廉洁从政的有关规定，损害了党和政府在人民群众中的形象，在社会上造成了十分恶劣的影响。各地区、各部门特别是各级领导干部，要切实从中吸取教训，引以为戒，进一步把思想认识统一到中央的要求上来，全面落实科学发展观，树立正确的人生观、价值观和政绩观，坚持勤俭办一切事业的方针，加强监管、深化治理，确保严格控制机关办公楼等楼堂馆所建设各项措施落到实处，取得明显成效。

（一）加强作风建设，大力提倡艰苦奋斗、勤俭节约的作风。各地区、各部门特别是各级领导干部要认真学习贯彻胡锦涛总书记在中央纪委第七次全会上的重要讲话和国务院第五次廉政工作会议精神，全面加强作风建设，发扬党的光荣传统和优良作风，增强忧患意识、公仆意识和节俭意识，把精力放到谋发展、促和谐，为群众办好事、办实事上来。要把解决机关违规修建办公楼等楼堂馆所的突出问题，作为加强作风建设重要切入点，大力弘扬艰苦奋斗、勤俭节约的正气，抵制铺张浪费、贪图享受的歪风邪气，关心群众疾苦，切实纠正损害人民群众利益的不正之风。

（二）严格廉洁自律，进一步规范从政行为。违反规定建设高档楼堂馆所，追求和攀比办公场所豪华气派，是一种严重的铺张浪费行为，也是一种滥用权力的腐败行为。这些行为的发生，与一些领导干部和公务员思想上贪图享受、漠视群众利益、未能坚持廉洁自律和规范自身行为有直接关系。各地区、各部门特别是领导干部，一定要严格执行廉洁从政各项规定，严于律己，以身作则，艰苦奋斗，不搞特殊化，更不得利用职务之便牟取私利。要健全机关修建楼堂馆所的管理制度，完善项目建设审批程序和监管机制，严格公共财政支出管理制度，增强预算透明度，从项目审批、土地使用、资金支出等各环节严格控制机关办公楼等楼堂馆所建设。

（三）加强监督检查，严肃查处违规违纪问题。各地区、各部门要按照《中共中央办公厅国务院办公厅关于进一步严格控制党政机关办公楼等楼堂馆所建设问题的通知》和《中央纪委、发展改革委、监察部、财政部、国土资源部、建设部、审计署关于开展党政机关办公楼等楼堂馆所建设项目清理工作的通知》要求，对近年来建设楼堂馆所的情况进行一次全面彻底的清理，进一步严格控

制机关办公楼等楼堂馆所建设。各相关部门要加强监督检查，坚决纠正和查处各种违规违纪行为。对顶风违纪的，要按照规定从严处理。对问题严重、性质恶劣、影响很坏的，特别是违反政策规定加重群众负担的，不仅要依法依纪处理直接责任人，还要按照党风廉政建设责任制的规定，严肃追究有关领导人员的责任。

国务院办公厅
二○○七年五月三十一日

（四）写作注意事项

通报的写作尽管有各自不同的写法，但基本上是“介绍情况、分析定性、提出要求”的写作模式。在表达方式上以叙事为主，但不做过多的描述，不搞言外之意，不留弦外之音。

第六节　报告、请示

一、报告

报告，是下级机关、团体及企事业单位向上级机关汇报工作情况的陈述性公文。《办法》规定，报告“适用于向上级机关汇报工作，反映情况，答复上级机关的询问”。

报告是所有13种行政公文中仅有的两种上行文之一，其使用范围较广，使用频率也很高。凡下级机关、团体及企事业单位向上级机关汇报工作，反映情况，答复上级机关的询问均可用报告。

报告的主要作用是上下沟通。上级及时了解下属的工作情况，有助于把握全局，宏观调控，为其处理问题，布置工作或作出某一决策提供依据，更好地发挥领导和指导作用。下级及时向上级汇报工作，是争取主动、避免差错、提高工作效率的重要保证。

（一）报告的类型

按内容性质和写法的不同，报告可分为随同性报告、回复性报告、反映性报告和汇报性报告四种。其中，后三种报告的内容若具有指导意义，结尾要另起一行写上请上级批转的结语。

1. 随同性报告

随同性报告主要用于下级向上级报送文件、物件时随文呈报的一种报告。一般是用一两句话说明报送文件或物件的根据或目的，以及与文件、物件相关的事宜。如《关于报送我区事业单位机构设置等情况的报告》，报送的就是一份《××区企事业单位机构设置等情况的报表》。

2.回复性报告

回复性报告是针对上级所提出的问题，或回答上级责成办理与检查事项的完成情况而写出的报告。这种报告要求问什么答什么，不涉及询问以外的问题或情况。如《关于余杭区2008年度林业工作责任状考核自查结果的报告》、《市文广新局关于推荐杭州市2008年度创建省级“东海文化明珠”、文化示范村、示范社区的报告》等。

3.反映性报告

反映性报告就是反映情况、陈述意见或建议的报告。这里所说的“情况”并非广义的情况，而是指工作中发现的重要情况、特殊情况或新情况而言，如各种动态、重大案件或事故、灾害及工作中的新问题等。

4.汇报性报告

汇报性报告即以汇报工作为主，用以取得上级信任或支持的报告。汇报的“工作”可以是已经完成的工作情况，正在进行中的工作情况及下一步打算要做的工作的想法、意见等。

这种报告还可分为综合报告和专题报告两种：综合报告是汇集本机关或本单位、行业各方面工作情况所作的全面汇报，如《关于××市“九五”规划执行情况的报告》，人大召开时政府首脑所作的《政府工作报告》也属于这类性质。专题报告是针对某一方面的工作，以专题形式向上级所写的汇报性报告。如2008年2月13日国务院煤电油运和抢险抗灾应急指挥中心给国务院的《关于抢险抗灾工作及灾后重建安排的报告》，就是专门汇报2008年初我国南方地区雨雪冰冻灾情、抢险抗灾工作进展情况以及对下一阶段工作提出安排意见的。

(二)报告的结构和写法

不管哪种类型的报告，其结构都由标题、主送机关、正文、成文日期这四部分构成。其中，标题、主送机关、成文日期的写法一样。标题多用“事由+文种”的形式，即“关于……的报告”，主送机关应是发文机关的直属上级机关，正文之后，标明成文日期并加盖公章。

只是正文的写法有所区别：

1.随同性报告的正文一般分两类——一类属于报送一般性文件或物件的说明，比较简单。如《关于报送我区企事业单位机构设置等情况的报告》一文，就是根据上级来函要求，将调查统计数据汇成总表后为这份报表所写的一个简短报送说明。另一类属于报送比较重要的文件或物件的说明，写法比较繁复。要先简介制作报送文件或物件的原因、目的，然后阐明意义，提出实施和处理意见、措施、要求等。

2. 回复性报告的正文如是回答上级询问的问题，内容一般都很少，问什么答什么，平铺直叙；如是答复上级责成办理或检查事项的完成情况，内容往往都比较多，一般有“引语、基本情况、事件或问题分析、具体意见”四部分内容，写作上要分部分进行。引语，即开头概要说明的是谁提出的什么问题及处理的过程、措施、结果等，然后用“现将有关情况报告如下”承上启下，领起下文。

3. 反映性报告的正文由“情况和意见（或建议）”两方面内容组成。情况和意见（建议）不能截然分开，但在每一篇具体的报告中毕竟还是两方面内容，就有主次之别——情况复杂、发展变化比较快、急于上报而来不及想出意见的，必然以报告情况为主；反之，行文单位已有比较成熟的意见和办法时，这报告的内容自然以意见或建议为主。由于这种报告的内容多具有指导意义，正文结尾要另起一行写上“以上报告如无不妥，请批转各地各部门执行”这样的结语。

4. 汇报性报告的正文由于侧重点不同，写法也有所不同——一种是侧重汇报工作情况本身，即事后行文的写法；一种是侧重汇报开展工作的意见，即事前行文的写法。事后行文的写法主要写“情况、问题和意见（下一步打算）”三方面内容。事前行文的写法则是“情况和意见”两方面内容。情况部分因是事前行文，一般只概括交代开展这项工作的依据、目的或意义就可以了，意见部分（提出要求）是这类报告的主体，往往要归纳成几个方面来写作，用语和写通知、决定的事项写法差不多，多为祈使语句。这类报告因多为对工作的安排或指导，必须依靠上级认可后予以批转，才可贯彻执行，一般也都有请求批转的结语。

总之，无论哪种报告其主要内容都是由“叙述情况”和“提出意见”两部分组成。需要指出的是，国务院新发布的《办法》由于增加了“意见”这一文种，删去了旧《办法》中“报告”的“提出意见或建议”这一项适用范围，现今机关行文中凡是对重要问题提出见解或处理办法的，多数都改用了“意见”这个文种。

（三）例文

【例一】

市文广新局关于推荐杭州市2008年度创建省级“东海文化明珠”、文化示范村、示范社区的报告

杭文广新社文〔2008〕26号

浙江省文化厅：

根据省文化厅《浙江省文化厅关于开展省级“东海文化明珠”、省级文化示范村、省级文化示范社区评选活动的通知》精神，我市2008年继续开展省级“东海文化明珠”、省级文化示范村、文化示范社区的创建工作。由各区、县（市）文广新局推荐，经研究，推荐申报省级“东海文化明珠”7个，省级文化示范村7个，省级文化示范社区3个。

一、申报省级“东海文化明珠”（7个）：

1. 余杭区仁和镇
2. 拱墅区米市巷街道
3. 萧山区闻堰镇
4. 富阳市洞桥镇
5. 江干区采荷街道
6. 上城区小营街道
7. 下城区石桥街道

二、申报省级文化示范村（7个）：

1. 余杭区径山镇小古城村
2. 余杭区百丈镇石竹园村
3. 富阳市新登镇石岭村
4. 桐庐县江南镇环溪村
5. 临安市太湖源镇光辉村
6. 临安市青山湖街道朱村村
7. 淳安县瑶山乡何家村

三、申报省级文化示范社区（3个）：

1. 西湖区蒋村街道府苑社区
2. 滨江区长河街道中兴社区
3. 富阳市富春街道鹳山社区

特此推荐，请审核。

二〇〇八年十一月十九日

【例二】

关于余杭区2008年度林业工作责任状考核自查结果的报告

余林水林字〔2009〕3号

杭州市林水局：

2008年度，余杭区林业工作在区委、区政府的正确领导和省、市上级主管部门的大力支持下，认真贯彻市委关于“共建共享生活品质之城”、打造“国内最清洁城市”决策，围绕余杭建设最适宜居住的“品质之城、美丽之洲”总体目标，以科学发展观为指导，大力实施“环境立区”战略，坚持以绿化余杭、资源保护为重点的生态林业建设，以竹产业和森林旅游业为重点的产业林业建设，完善体制，创新机制，增强活力，全面完成了年初确定的各项目标任务，取得了新的成效。

根据《关于开展2008年度杭州市林业工作责任状考核通知》（杭林水〔2008〕107号）要求，对照《杭州市林业工作考核办法（试行）的通知》要求，我们认真组织开展了自查与自评，考评分为210分，自评分为212分。现将自查结果上报，请予审查。

附件：1. 余杭区2008年度林业工作责任状考核自查报告

2. 余杭区2008年度林业工作责任状考核自查评分表

二〇〇九年一月四日

（四）写作注意事项

撰写报告时要客观的反映具体情况，以事实为主要内容，以概括叙述为主要表达方式，不要过多的采用议论和说明，语气要委婉、谦和。另外，报告不具备要上级予以批准并答复的性质，所以不得夹带请示事项。

二、请示

请示是下级机关、团体及企事业单位向上级机关请求指示或批准的报请性公文。《办法》规定，请示“适用于向上级机关请求指示、批准”。

请示和报告一样是行政公文中仅有的两种上行文之一，其使用频率也很高。凡下级在职权范围内无法解决、无权解决或不知道怎样解决而且一定要上级予以批复的问题，均可用请示行文。

（一）请示的类型

按内容性质分，请示有三种类型：求示性请示、求助性请示、求准性请示。

1. 求示性请示

求示性请示就是请求上级给予指示、裁决的请示，其内容有对工作中遇到的不好解决的关键问题，无章可循或依据原先规定难以处理的新情况、新问题，同级机关间因意见分歧在工作上无法统一执行的问题等。如杭州市残疾人联合会给市政府的《关于适当控制外地盲人在杭开办保健按摩行业的请示》，是因修订政策条款时遇到不同意见，请求上级给予裁决的请示。

2. 求助性请示

求助性请示就是请求上级予以支持、帮助的请示，其内容如请求增补经费、增加设备，为某项事情拨款、拨指标等。如《关于要求对鹿山街道大山顶宅基地复垦工程资金补助的请示》、《关于对灵桥镇礼源准四级客运站建造要求增加工程建设资金的请示》、《关于增加人员编制的请示》等，从标题上就可以看出是下级在工作中遇到职权范围内不好解决的问题向上级请求支持、帮助的请示。

3.求准性请示

求准性请示就是请求上级批准、允许的请示，其内容如超出本机关、本单位处理范围的事项，因情况特殊难以执行现行规定需要变通处理的事项，属于上级明确规定必须请示批准才能办理的事项；或有章可循，但因事由重大，为防止失误，需请示上级审核的事项等。如《关于要求协调解决盲人免费乘坐市区公交车线路范围的请示》、《关于立项实施国家优质粮食产业工程的请示》等。

(二)请示的结构和写法

不论哪种请示，其结构都由标题、主送机关、正文、成文日期等四部分构成，而且这四部分的写法也基本一样，只是正文的写法略有区别。

1.标题

请示的标题多用“事由＋文种”的形式，即“关于……的请示”，也有规范的“三要素”形式，即“发文机关＋事由＋文种”，如《浙江省人民政府关于要求将余姚县改为市建制的请示》。

2.主送机关

请示的主送机关只能写一个上级机关名称，即主管上级机关的名称，不得多头请示，不得越级请示，若还要报给其他上级机关，则用“抄送”的形式，但不能抄送给下级机关。其写法同其他公文一样。

3.正文

请示的正文一般都由三部分内容构成：请示的目的或缘由、请示的事项及要求、结语。“目的和缘由”部分是请示的依据和出发点，是能否得到同意批复的关键，因此一定要写得理由充分，具有说服力。要通过用上级的方针、政策或理论来说服上级，实事求是地讲理由，取得上级的信任、理解和支持。“事项及要求”部分有什么就写什么，因它是请示的核心内容，要明确、具体，做到既符合政策法规，又具有建设性、可行性。“结语”要简短，一般都是“以上请示妥否(可否、当否、是否妥当)，请复(请指示、请批准、请批复)”等惯用语。

4.成文日期

正文之后，标明成文日期并加盖公章。

下面分别说说三种请示正文的写法：

求示性请示的正文，缘由部分一般都是开门见山的写法，直接说工作中遇到的问题，包括后果或危害，用语尽量简明扼要。事项部分一般都以“为了妥善解决这个问题，我们认为(请求)……”引出所要请求的事项。最后写上结语。

求助性请示的正文，目的或缘由部分要写得充分，不仅要摆过去的情况，还要考虑到将来，不仅要说明现实表面情况，而且要深入到实质来谈；不仅要从本位利益出发，而且要从上级或领导者的角度来考虑问题。事项及要求部分要写得明确具体，不可欲说还休、含糊其辞，内容多的要分项来写。最后写上结语。

求准性请示的内容因超出本机关、本单位处理范围，或情况特殊需要变通处理，或按规定必须请示上级并批准后才能办理的事项，其请示的理由更要充分周详，事项更要写得明白准确。

（三）例文

【例一】

森林旅游开发有限公司

关于棋塞路砂石路段维修养护所需资金的请示

森旅〔2006〕4号

总场：

棋塞公路山门至阎王鼻子砂石路段路面凹凸不平，雨天泥泞不堪，个别弯道转弯半径过小，通行能力已不能满足我场林业生产和森林旅游事业快速发展的需要。为了提高此段道路通车能力，确保安全通畅，满足人员、物资交流及我场各项事业发展的需要，开发公司拟对森林公园售票处至阎王鼻子4.8千米砂石路段进行全面维修养护。现将有关事项及所需资金请示如下：

一、弯道设计

加大弯道转弯半径六处，挖里填外，拓宽半径宽度，降低转弯坡度，减小纵坡，进行砂料养护。弯道填土方2470方，每方短运费5.00元；清草皮子、挖台阶及碾压每方2.50元，计7.50元。此项预算投资18525.00元。

二、路面养护

4.8千米路段中，有2.8千米路面破损严重，需要重点养护，垫砂料20厘米厚，每千米铺垫砂料1200方，需用砂料3360方。有2千米原路面比较平整，做一般养护，垫砂料10厘米，每千米铺垫砂料600方，需养护料1200方；从东坡转西坡弯道处增垫砂料75方，共需养护料4995方，运费每方16.00元。以上共预算投资79920.00元。

三、挖边沟

为加强排水，需清挖边沟5.8千米，单边沟每延长米0.80元，共计4872.00元。

四、机械设备

本次维修养护时间短，任务重。为加快施工进度，要求施工队上勾机2台，震碾1台，拖平车1台，装载机1台，翻斗车13台(包括水车1台)。

五、施工时间

6月12日至6月25日，计14天。

六、施工组织

为加快施工进度和工程质量，公司抽调3名人员参加施工，组织领导。

此项工程总造价103317.00元，所需资金请总场予以解决。

妥否，请予批复。

二〇〇六年六月十一日

【例二】

关于适当控制外地盲人在杭开办保健按摩行业的请示

杭残联〔2004〕33号

市政府：

近两年来，我市盲人保健按摩市场发展迅速，对本市盲人就业起到了积极的促进作用。2001年，为加强盲人保健按摩行业管理，市残联会同市劳动和社会保障局、公安局、卫生局、工商行政管理局和地方税务局六家单位共同出台了《关于进一步加强盲人保健按摩行业管理的通知》(杭残教就〔2001〕67号文件，以下简称67号文件)，对开办盲人保健按摩人员的户籍等事项作了明确限定。

随着《行政许可法》的正式实施，我会在对67号文件的部分条款进行修改的征稿中，个别单位提出要对全国开放盲人按摩市场，这是个重要的政策调整。我会认为：当前仍应适当控制外地盲人在杭开办保健按摩业，保护本地盲人就业。理由如下：

一、当时在制定67号文件时，是根据市领导“要着重解决好本地盲人的就业和盲人保健按摩业的管理问题”的意见精神，借鉴了外省一些大中城市的做法，从户籍管理着手，对开办人员户籍作了限制，要求盲人保健按摩开办人员或其配偶必须是本地户籍。

二、根据浙江省劳动厅、省工商局、省残联等八部门联合出台的《关于印发〈浙江省盲人保健按摩行业管理规定〉的通知》(浙残联教就〔1999〕29号)精神，“外省盲人在我省要求开业的，各地区应适当控制……外省明眼人在本省各地开办盲人按摩机构的应严格控制”。

三、本市属于经济发达的风景旅游城市，如果对盲人按摩行业不予适当控制，使全国各地盲人涌入杭城，将给城市管理工作增加负担，同时也在一定程度上影响本市的盲人就业。本市盲人保健按摩业发展多年,已经日趋饱和,竞争激烈。杭州市盲人协会曾多次呼吁政府和有关部门制订对本地盲人保健按摩行业的保护措施(世界发达国家对残疾人一般都有庇护政策和庇护产品),以保障本地盲人的就业和生活。深圳市曾一度放开过盲人保健按摩业,使内地的盲人大量涌向深圳,给城市管理带来了许多问题,后不得不制定了严格的控制措施。

为此,我会认为,67号文件中对盲人保健按摩行业开办人员户籍限制的条款应予以保留。

以上请示妥否,请批复。

二〇〇四年六月二十八日

(四)写作注意事项

写作请示需注意四个方面的问题:

1.事项明确,理由充分。事项部分既要明确具体,又要简洁扼要,不可“狮子大开口”,也不能一请多事。理由部分既要充分有力,不说外行话,又要述说精到,以便上级积极回应,及时答复。

2.要明确提出解决问题的意见,供上级参考。意见要写得有理有据,可引述有关的现行政策、法规条文。如本单位意见分歧,要陈述不同意见的内容,并加以分析比较,还可提出倾向性的意见,供上级权衡、批复。

3.具体提出对上级的要求。包括希望按某个最佳方案批示,可提请上级批复时需要注意或强调的问题,也可建议上级正式批复前,同意暂先按什么原则进行工作等。

4.在请示的行文中切勿使用要挟的言辞。

三、报告、请示的异同

(一)相同点

1.报告、请示都属上行文,是13种行政公文中仅有的两种单纯上行的公文。

2.报告、请示在眉首部分须注明签发人,以示对公文内容负责。

3.报告、请示的标题多采用“两要素”的写法,一般可省略发文机关名称。

(二)相异点

1.性质和行文目的不同。报告属陈述性公文,其行文目的在于汇报工作、反映情况、答复上级的询问等,故不要求上级机关回复;请示属报请性公文,其行文目的在于请求指示、批准,需要上级机关给予答复。

2.上级机关处理原则不同。对待报告,上级机关只在认为有必要时才予批复,而对请示上级机关不管同意与否均应批复。

3.篇幅容量不同。对报告虽也提倡一文一事,但像综合性报告等显然多为一文数事且篇幅较长;对请示则严格要求一事一请,篇幅相对较短小。

4.行文时间不同,报告在事前、事中、事后均可行文;而请示必须事前行文。

需要指出的是:在已有的成文中,报告和请示的混用是相当严重的,如把并不需要上级批复的内容用“请示”的文种呈送,或把一定要上级批复的内容用“报告”的文种呈送,甚至出现了“请示报告”这样文种不清的情况。

第七节 批复、意见

一、批复

批复,是答复下级机关请示事项的指示性公文。《办法》规定,批复“适用于答复下级机关请示事项”。

批复只是上级对下级行文,而且是专门针对下级请求事项的,下级有请示,上级才会有批复;批复和请示是行政公文中唯一的一对具有直接对应关系的文种。批复的针对性极强,下级机关请示什么事项或问题,上级机关的批复就指向这一事项或问题 ,绝不答非所问。由于下级的请示是一事一请,内容十分集中,相应的批复也是一文一批,内容也十分集中,因此批复的篇幅一般都不长。对于上级而言,不管批复是发出指示还是批准事项,都必须有政策依据,不能随意为之;对于下级而言,批复一旦到达,就是行动的依据,不得违背。因此,批复往往具有通知和指示的性质。

(一)批复的结构和写法

批复既然是上级机关专门对下级“答复请示事项”的,其类型也就可以分为指示性批复、支持性批复和准予性批复三种。这三种批复都由标题、主送机关、正文及成文日期四部分组成,写法也无多大区别。

1.标题

批复的标题一般都采用公文规范的“三要素”写法,即“发文机关+事由+文种”。略有不同的是,批复标题的“事由”一项中,往往明确标明对请示事项的意见和态度,而一般公文标题只点明文件指向的事项或问题,多数不明确表示态度和意见。如《国务院关于同意将江苏省南通市列为国家历史文化名城的批复》(2009 年 1 月 2 日),其中“同意”两字就是用来表明态度和意见的。如果不批准请求事项,标题中可以不出现态度和意见,到正文中再表态。如果是答复请求指示的请示，也无须在标题中表态。

2. 主送机关

批复的主送机关也同请示一样只有一个，而且与请示的主送机关互为相反，即只写请示的下级机关名称。如内容带有普遍指导意义，需要发给其他下级机关，则用抄送形式。

3. 正文

批复的正文都很简短，一般都是由“引语”和“答复意见”两部分组成。“引语”即引述请示名称或请示事项来作为批复的依据，多为“你×（省、市、局、室等）＋请示标题＋文号＋‘收悉’”的写法，如《国务院关于同意将江苏省南通市列为国家历史文化名城的批复》的引语是：“你省《关于申报南通市为国家历史文化名城的请示》（苏政发〔2007〕96号）收悉”。“答复意见”即针对请示问题所作的具体答复，一般也很简短，多为“经研究，现批复如下”或“根据××关于××的规定，现作如下答复”等语，用冒号引起下文。“答复意见”是同意的意见时，还可加上几点指示或说明。不同意的意见时，还需要说明理由，以便下级明白并接受。“结语”的惯用语一般用“此复（特此批复）”，也可不写。

4. 成文日期

在正文之后，标明成文日期并加盖公章。

（二）例文

国务院关于同意将江苏省南通市列为
国家历史文化名城的批复

国函〔2009〕2号

江苏省人民政府：

你省《关于申报南通市为国家历史文化名城的请示》（苏政发〔2007〕96号）收悉。现批复如下：

一、同意将江苏省南通市列为国家历史文化名城。南通市历史悠久，文化底蕴丰厚，历史遗存丰富，近代城市建设特色突出。

二、你省及南通市人民政府要根据本批复精神，按照《历史文化名城名镇名村保护条例》的要求，正确处理城市建设与历史文化遗产保护的关系，明确保护的原则和重点，编制好历史文化名城保护规划，并纳入城市总体规划，划定历史文化街区、文物保护单位、历史建筑的保护范围及建设控制地带，制订严格的保护措施。在历史文化名城保护规划的指导下，编制好重要保护地段的详细规划。在规划和建设中，要注重体现近代文化特色和地方传统风貌，不得进行任何与历史文化名城环境和风貌不相协调的建设活动。

三、你省和住房城乡建设部、国家文物局要加强对南通市国家历史文化名城规划、保护工作的指导、监督和检查。

国务院
二〇〇九年一月二日

（三）写作注意事项

批复的写作必须紧紧围绕请示事项，针对性极强，有话则长，无话则短，用语一定要准确、简练。另外，由于批复的政策性很强，写作时一定要从现实出发，依据有关方针政策对请示事项作出恰当处理，态度要鲜明，口气要庄重。

二、意见

意见是对重要事项发表的对工作有指导性质的公文。《办法》规定，意见“适用于对重要问题提出见解和处理办法”。

意见在很长时间里未被作为正式的行政公文文种，但在实际工作中，它早已存在，只不过不单独使用，而需要通过批转或转发来行文。2001 年国务院发布的《国家行政机关公文处理办法》施行，《办法》将原有的文种进行调整，增加了“意见”。这样，对重要问题发表见解，不必再用通知进行转发或批转了。

国务院办公厅“关于实施《国家行政机关公文处理办法》涉及的几个具体问题的处理意见”（2001 年 1 月 1 日国函办〔2001〕1 号文）指出：“意见可以用于上行文、下行文和平行文。”在现行的行政机关公文中，“意见”是唯一明确具有多行文方向的文种。

（一）意见的类型

根据上下两种不同的行文方向，意见的类型有两种。

1. 指导性意见

适用于上级直接对重要问题发表意见，用以指导下级的工作，其性质相当于“指示”（行政公文没有“指示”这一文种）。上级领导机关的“意见”，下级机关在贯彻执行时要和对待“指示”一样，不能打折扣。但在具体方法上，可以根据本地区本部门情况，灵活处理。如《国务院关于进一步推进长江三角洲地区改革开放和经济社会发展的指导意见》（2008 年 9 月 7 日）最后一段：

实现长江三角洲地区又好又快发展，事关国家改革开放和现代化建设大局。两省一市和国务院各有关部门要加强合作，团结奋斗，真抓实干，创造性地开展工作，努力促进长江三角洲地区在高起点上争创新优势、实现新跨越。

由此可见，“意见”和“决定”、“指示”一样，对受文机关来说，仍然有较强的约束性，下级机关要遵照执行。

2. 批转性意见

适用于下级职能部门提出，经上级领导机关批准同意，转发给各下级部门执行。这种“意见”虽由职能部门提出，但经上级机关同意，就应把它当做上级意见贯彻执行，不能束之高阁或讨价还价。例如：

**国务院办公厅转发人力资源社会保障部等部门
关于促进以创业带动就业工作指导意见的通知**

国办发〔2008〕111号

各省、自治区、直辖市人民政府，国务院各部委、各直属机构：

人力资源社会保障部、发展改革委、教育部、工业和信息化部、财政部、国土资源部、住房城乡建设部、商务部、人民银行、税务总局、工商总局《关于促进以创业带动就业工作的指导意见》已经国务院同意，现转发给你们，请认真贯彻执行。

国务院办公厅
二〇〇八年九月二十六日

《关于促进以创业带动就业工作的指导意见》(略)

文中明确指出已经国务院同意，要求各级政府认真贯彻执行。可见这种意见的约束力同指导性意见是一样的。

(二)意见的结构和写法

意见的结构由标题、主送机关、正文和成文日期四部分构成。

1. 标题

意见的标题多为“三要素”的写法，即由“发文机关＋事由＋文种”组成，如《国务院办公厅关于搞活流通扩大消费的意见》(2008年12月30日)。如经上级机构用“通知”进行批转或转发，“意见”的标题则包含在“通知”的标题中，“意见”正文附在“通知”文后，如《国务院办公厅转发监察部等部门关于深入推进行政审批制度改革意见的通知》(2008年10月17日)，标题中“关于深入推进行政审批制度改革的意见”是原文标题。意见标题也有“事由＋文种”组成的“两要素”标题，上述监察部等部门《关于深入推进行政审批制度改革的意见》就是。

2. 主送机关

无论由上级机关直接发布的指导性意见，还是由职能部门送交上级机关的批转性意见都要有主送机关，主送机关的标写和排列方法和一般公文相同。转发中的“意见”，没有主送机关这一项，但转发该意见的“通知”，要把主送机关标写清楚。

3. 正文

意见的正文包括提出意见的现实根据、对工作的具体要求及实施的原则、步骤、方法等。

开头部分“提出意见的现实根据”视具体情况可长可短，但必须简明扼要，最后以“现提出以下意见”、“特制定本实施意见”等过渡性语句转入下文。如《国务院关于进一步推进长江三角洲地区改革开放和经济社会发展的指导意见》(2008 年 9 月 7 日)一文，是“长三角”地区发展的纲领性文件，开头把提出意见的现实根据表达得极为精当：

长江三角洲地区是我国综合实力最强的区域，在社会主义现代化建设全局中具有重要的战略地位和带动作用。改革开放特别是推进上海浦东开发开放以来，长江三角洲地区经济社会发展取得巨大成就，对服务全国大局，带动周边发展做出了重要贡献，积累了丰富经验。在当前国际经济环境发生重大变化、国内各项改革深入推进的新形势下，为进一步推进长江三角洲地区改革开放和经济社会发展，现提出以下意见。

主体部分“对工作的具体要求及实施的原则、步骤、方法”，要原则而不空洞，具体而不琐细，要让下级知道该怎么样做，又不至于束缚他们的主观能动性。应该说，下级机关在落实意见精神时，比起执行“指示”、“决定”等有更大的灵活性和创造性。

4. 成文日期

和一般公文相同，正文之后，标明成文日期并加盖公章。

(三)例文

【例一】

国务院办公厅关于搞活流通扩大消费的意见

国办发〔2008〕134 号

各省、自治区、直辖市人民政府，国务院各部委、各直属机构：

为贯彻落实中央经济工作会议精神，经国务院批准，现就搞活流通、扩大消费提出如下意见：

一、健全农村流通网络，拉动农村消费

(一)继续推进“万村千乡”市场工程。进一步扩大“万村千乡”市场工程农家店覆盖面，2009 年、2010 年再新建和改造一批农家店和农村商品配送中心。强化农村商品配送中心的商品采购、储存、加工、编配、调运、信息等功能，增加统一配送的商品品种，降低经营成本。推进“万村千乡”网络与供销、邮政、电信等网络的结合，提高农家店的综合服务功能。引导生产企业开发符合农民消费特点的产品，增加简包装、低成本、质量好的商品供给，进一步扩大农村消费。

（二）加快完善农产品流通网络。健全农业市场信息服务体系，强化信息引导和产销衔接，完善农产品运输绿色通道政策，降低农产品流通成本和损耗，着力解决农产品"卖难"问题，促进农民增收。继续实施"双百"市场工程和农产品批发市场升级改造工程，在重点销区和产区再新建或改造一批农产品批发市场和农贸市场，加强冷藏保鲜、卫生、质量安全可追溯、检验检测、物流等设施建设。积极推动"农超对接"，支持大型连锁超市、农产品流通企业与农产品专业合作社建立农产品直接采购基地，培育自有品牌，促进产销衔接。建设从鲜活农产品生产基地到超市的冷链系统、物流配送系统和快速检测系统，提高流通效率，保证产品质量和安全。

（三）完善农业生产资料流通体系。继续推进农业生产资料连锁经营，重点培育大型农业生产资料流通企业，加强农业生产资料现代物流设施建设，保障市场供应。加强农业生产资料市场调控和监管，促进市场竞争，降低流通成本，切实减轻农民负担。引导和鼓励农业生产资料流通企业为农民提供技术、农机具租赁等多样化服务。

（四）全面推进家电下乡工作。从 2009 年 2 月 1 日起，将家电下乡从 12 个省（区、市）推广到全国。同时，把摩托车、电脑、热水器（含太阳能、燃气、电力类）和空调等产品列入家电下乡政策补贴范围，由各省（区、市）根据当地需求从中选择增加部分补贴品种。地方人民政府要加强领导，精心组织，强化监管，确保下乡家电产品质量，搞好售后服务，严厉打击借家电下乡名义销售假冒伪劣产品行为，切实把家电下乡工作抓实抓好，扩大农民家电产品消费。

二、增强社区服务功能，扩大城市消费

（五）进一步完善城市社区便民服务设施。积极推进家政服务网络建设，鼓励大中城市依托大型服务企业建设家政服务网络中心，整合资源，提供安全便利的家政服务。实施标准化菜市场示范工程，在地级以上城市选择一批菜市场进行标准化改造，让城市居民便利消费、放心消费。倡导餐饮企业承担社会责任，开办早餐服务。鼓励餐饮龙头企业在地级以上城市发展主食加工配送中心，推进早餐经营规模化、规范化，为居民提供价廉物美、方便快捷、安全卫生的早餐服务。

（六）促进城市耐用品消费升级换代。正确处理扩大消费与可持续消费的关系，引导社会形成科学消费、循环消费的模式。健全旧货流通网络，在城市社区建立旧货收购点和慈善捐助站，在大中城市及城乡结合部建立旧货交易市场，满足低收入家庭和贫困群体消费需要。支持龙头企业通过连锁经营等形式，新建和改造一批统一规范的社区废旧物品回收站点、专业化分拣中心和跨区域集散市场。鼓励生产和零售企业开展“收旧售新”、“以旧换新”业务，带动新产品销售和资源节约。

（七）积极促进汽车消费。完善汽车品牌销售管理办法，促进汽车消费稳定增长。支持二手车市场改造，倡导汽车品牌经销商开展新旧汽车置换业务，建立二手车信息平台，升级改造二手车交易市场。加大对汽车报废更新的资金扶持，提高补贴标准，增加补贴范围，加快淘汰“黄标车”，促进汽车更新换代。对报废汽车回收拆解企业升级改造给予必要的支持，提高回收的技术水平。

三、提高市场调控能力，维护市场稳定

（八）健全居民生活必需品储备机制。尚未建立生活必需品地方储备的地区要尽快建立，已经建立的要增加品种扩大规模。加快完善地方成品粮油储备体系，地方政府特别是36个大中城市及粮油价格易波动地区，要建立地方成品粮油（含小包装粮油）应急储备制度，并确保10天以上的市场供应量。在加快中央储备糖库和储备冷库建设的同时，各地也要加快地方储备糖库和储备冷库的建设进度。探索建立商业代储制度，引导和鼓励企业保持适当库存水平。

（九）切实增强市场应急调控能力。完善城乡市场信息服务体系，加强市场监测，提高预测预警水平，增强调控的预见性。继续完善产销衔接、跨区调运、储备投放、进出口调剂等机制，增强应急保供的时效性和针对性。

四、促进流通企业发展，降低消费成本

（十）培育大型流通企业集团。通过股权置换、资产收购等方式，支持流通企业跨区域兼并重组，做大做强，尽快形成若干家有较强竞争力的大型流通企业和企业集团。支持流通企业加快创立自主品牌，发展销售和物流网络。鼓励流通企业发展连锁经营和电子商务等现代流通方式，形成统一规范管理、批量集中采购和及时快速配货的经营优势，降低企业经营成本和销售价格，让利于消费者，促进居民消费。

（十一）支持中小商贸企业发展。扶持和促进中小商贸企业发展，充分发挥其便利消费、稳定市场的作用。推动金融机构产品和服务方式创新，加大对符合条件的中小商贸企业融资支持力度。金融机构要根据商贸流通企业特点，制定差别化的授信条件，创新担保方式，通过动产、应收账款、仓单质押等方式，解决中小商贸企业贷款抵押问题；安排专项资金，支持符合条件的中小商贸企业发展。

（十二）实行商业与工业用电、用水同价政策。尽快落实对列入国家鼓励类的商业用电与工业用电同价政策，有条件的省份要在2009年内落实对列入国家鼓励类的商业用水与工业用水同价政策，切实减轻企业负担。

五、发展新型消费模式，促进消费升级

（十三）积极培育和发展新的消费热点。及时发布市场供求信息，引导企业调整产品结构，开发适销对路商品和服务，引导消费结构升级。拓展电子信息、通信产品、教育培训、家政服务、文化娱乐、体育健身、休闲旅游等消费。引导个性化、时尚化、品牌化消费，培育和发展定制类消费。开展“名品进名店”、“品牌产品下乡”等活动。推动特色商业街建设，扶持“老字号”的创新发展。配合安居工程建设，扩大和带动家具、家电、家纺、家饰等消费。

（十四）大力促进节假日和会展消费。利用节假日闲暇时间多、喜庆气氛浓、群众购买欲望强的特点，积极开展各类营销活动，扩大市场销售。2009年元旦、春节期间，在全国大中城市组织零售和服务企业开展“佳节购物季”活动。整合社会资源，因地制宜开展形式多样、内容丰富的消费促进活动。促进会展业发展，带动相关的住宿、餐饮、交通、通信等消费。

（十五）进一步促进银行卡使用。加强银商合作，提升电子结算水平，扩大银行卡使用范围，方便刷卡消费。完善对银行卡刷卡的配套支持政策，引导经营者采用银行卡结算，方便消费者使用银行卡支付。鼓励竞争，改善电子支付环境，进一步提高金融服务效率。

（十六）大力发展信用销售。积极推动国内贸易信用保险业务发展，促进和规范商业信用服务的发展，支持建立信用风险分担机制，有效防范信用风险，促进信用销售发展，缓解企业资金周转压力。

六、切实改善市场环境，促进安全消费

（十七）狠抓流通企业食品安全。完善流通领域市场信息系统和监管公共服务平台，加强对流通企业食品质量安全的监管。加快“放心肉”监管体系建设，严厉打击私屠滥宰；加强对定点屠宰企业无害化处理的监控，建立肉品质量信息可追溯体系；选择50家大型、1000家左右中小型肉类生产企业进行标准化改造，切实提高肉品安全保障水平。各地也要加大投入力度，加快食品安全的监管体系建设。

（十八）加强市场监管，改善交易环境。积极推动市场诚信体系建设，严厉打击销售假冒伪劣商品、商业欺诈等各类违法违规行为，维护良好的市场秩序和交易环境，提振消费信心，促进安全消费。

（十九）加快建立统一开放竞争有序的市场体系。打破地区封锁，维护公平竞争，保障商品自由流通。规范零售企业经营行为，加快制订零售商供应商公平交易管理法规，推广商品购销合同示范文本，取消对供应商的不合理收费。引导零售企业规范促销行为。

七、加大财政资金投入，支持流通业发展

（二十）加大财政资金投入。中央财政2009年要增加农村物流服务体系发展专项资金和促进服务业发展专项资金规模，以后年度要继续加大投入。采取以奖代补和贴息方式，调动地方和社会投入积极性，支持农村流通体系和城市服务体系发展。具体由商务部会同财政部落实。

国务院办公厅
二〇〇八年十二月三十日

【例二】

市卫生局关于进一步加强杭州市疾病预防控制培训工作的意见

杭卫发〔2008〕307号

各区、县（市）卫生局（社发局），市疾控中心：

为贯彻落实省卫生厅《关于印发浙江省疾病预防控制培训工作计划（2007—2010年）的通知》（下面简称《计划》）精神，进一步加强我市疾病预防控制人才队伍的建设，提高公共卫生服务水平和突发公共卫生事件应急能力，规范我市疾病预防控制培训工作的管理，提高培训质量，加快实施进程，特提出如下意见。

一、提高认识，切实加强对培训工作的领导

各级卫生行政部门和疾病预防控制中心要不断提高对培训工作重要性的认识，坚持以人为本，深入贯彻落实科学发展观，认真贯彻好、落实好《计划》提出的各项要求，充分发挥培训工作在卫生人才队伍建设中的重要作用。把健全培训工作作为加强卫生人力资源开发、提高疾病预防控制能力建设、实现卫生事业可持续发展的战略措施和根本保证。把培训工作的开展情况、规划目标的完成情况纳入干部考核和单位、科所综合目标管理责任制，切实加强培训工作的领导和管理。要制订培训工作规划和年度实施计划，切实落实培训经费，为卫生技术人员参加各类培训创造良好的条件和环境，为完成《计划》要求的培训项目提供物质保障。

二、严格管理，强化激励和约束机制

要根据《计划》提出的工作要求，严格管理，积极探索，勇于实践，创新培训工作思路和方法。要把工作重点放在不断提高培训质量上，各级疾病预防控制机构要对培训工作进行全程管理，跟踪指导。要创新工作方式，建立健全激励和约束机制。要把培训工作完成情况作为评价一个单位、一个科所、一个专业技术人员必备条件之一。各级卫生行政部门和疾病预防控制中心对培训工作开展较好、质量较高、效果明显的单位和个人应当给予表彰，对违反规定的单位和项目负责人采取警告、批评、扣发奖金等措施给予处罚。

三、围绕工作重点，大力推进培训工作

各级卫生行政部门和疾病预防控制中心要紧紧围绕建设健康城市、创建卫生强市的总体目标，以及杭州市疾病预防控制工作的重点项目，加强现场流行病学、公共卫生检验检测、健康危害因素监测与评价技术的培训，规范疾病预防控制专业技术培训。强化城乡社区防保人员、公共卫生管理员、联络员培训工作。各地、各单位应结合工作实际，在圆满完成《计划》的基础上，推出一批具有本地特色的培训项目，展示杭州特色，重点工作与培训工作紧密结合，相互促进，切实推动我市疾病预防控制工作的发展。

四、注重培训效果的考评

各级卫生行政部门和疾病预防控制中心应加大对培训工作效果的评价。各单位要根据项目管理的要求，细化目标任务，明确培训项目负责人的职责，精心组织实施，规范项目管理。要将培训项目纳入疾病预防控制中心年度考核计划及考核内容，加强对培训工作的监督检查，组织开展培训工作的绩效考评，保证培训质量与效果。

二〇〇八年十二月十二日

（四）写作注意事项

意见有着很强的针对性，它总是根据现实需要，针对某一重要的问题提出见解或处理意见。因此，意见的写作要注意内容的政策性、原则性，对下级的要求要明确具体，表述要条理清晰。

第八节 函

函是机关之间办理日常公务的交往性公文。《办法》规定，函“适用于不相隶属机关之间商洽工作，询问和答复问题，请求批准和答复审批事项”。

就行文关系而言，函是平行文。虽然上级向下级询问工作情况或某一具体问题，下级向上级及业务主管部门询问有关方针政策和界限不明确的问题等，也可用函行文，但多数用于不相隶属机关之间。

（一）函的类型

依据内容性质，函可分为四种类型，即商洽函、问复函、请准函和知照函。

1. 商洽函

多用于平行机关或不相隶属机关之间商量洽谈办理某一事项，如商洽考察事宜、业务培训、干部调动、信息交流、请求帮助支持等。商洽函重在“商洽”，有一次商洽就成功的，也有经数次往返商洽才成功的。

2. 问复函

用于机关之间提出询问或答复询问，如问疑、调查等。问复函不是商洽工作，而是纯粹提出问题，要求对方答复。问复函可用于平行机关和不相隶属机关之间，也可用于上下级机关之间。上级对下级的请示，如是一般性问题，或上级意见带参考性质，可也用函答复。

3. 请准函

用于向没有隶属关系的有关主管部门请求批准某事项。请准函与请示都有“请求批准”的意愿，但二者适用对象不同。请示的对象是有隶属关系的直接上级，属上行文；请准函的对象是无隶属关系的主管部门，属平行文。所谓有关主管部门，指对请批的事项有决定权和批准权的部门。主管部门多是职能部门。

4. 知照函

用于把自己管辖范围内的事项告诉有关机构。平行机关和不相隶属机关可以使用，上下级机关也可使用。

(二)函的结构和写法

不论哪种函，其结构都由标题、主送机关、正文和成文日期四部分构成。

1. 标题

函的标题通常有两种结构形式：一是“事由＋文种”的形式，即“关于……的函”；二是规范的“三要素”形式，如《浙江省交通厅关于征求象山海螺水泥有限责任公司专用码头工程使用岸线意见的函》。

2. 主送机关

一般只有一个，但有时因涉及两个以上单位，也可把这些单位都写上，或用规范化简称、统称，如《商务部 海关总署关于规范“自由贸易区”的函》，主送机关便是“各省、自治区、直辖市、计划单列市、新疆生产建设兵团商务主管部门，各直属海关”，然后用冒号引起正文。

3. 正文

函的正文根据去函和复函两种不同的情况，分别有不同的写法：

(1)去函。去函的正文几乎都是先写商洽、请求、询问或告知的事项，然后提出希望、请求或要求，最后用“以上意见可否，请函复”的结束语。在“事项”部分，是什么就写什么，要交代清楚，又要简明扼要。“要求”部分可多可少，口气要谦和得体。需要对方答复的，结尾处要明确提出“请函复”，不需要对方答复的，用“特此函告”结束，也可省略结语。

(2)复函。复函的正文同批复的正文写法基本一样，都是由“引语”和“答复意见”两部分组成；事实上对下级机关的请示，上级机关用函的形式回复并不少见。“引语”很简单，和批复一样，也是“‘你×（省、市、局、室等）’＋来函标题＋文号＋‘收悉’”的写法，如《国家发展改革委办公厅关于房屋交易收费有关问题的复函》一文，引语是：“你委《关于非住宅交易过程中能否收取抵押手续费问题的请示》（赣发改商价字〔2007〕1365 号）收悉”。“答复意见”即针对来函提出的问题予以答复：同意或不同意，同意将怎么办，不同意是什么原因，或应该怎么办，不应该怎么办等。

4. 成文日期

正文之后，标明成文日期并加盖公章。

（三）例文

【例一】

浙江省交通厅关于征求象山海螺水泥有限责任公司专用码头工程使用岸线意见的函

浙交函〔2008〕342 号

省发改委：

象山海螺水泥有限责任公司拟在宁波—舟山港象山港港区西周作业区新建 5000 吨级散货码头。根据浙江省交通规划设计研究院编制的《象山海螺水泥有限责任公司专用码头工程可行性研究报告》（附件 1），该工程建设规模为 5000 吨级散货泊位 3 个，使用港口岸线 408 米，设计年吞吐量 475 万吨，推荐方案投资估算 24781 万元。

我厅对该工程使用港口岸线的合理性进行了评估，象山海螺水泥有限责任公司年产 440 万吨水泥粉磨站生产线项目东邻浙江大唐乌沙山电厂，拟建的专用码头是该项目的配套工程。该项目利用电厂的废料粉煤灰为原料生产水泥，能降低运输成本，有利于发展循环经济；所需的水泥熟料、石灰石、石膏等其他生产原料主要来自海螺集团下属芜湖、铜陵等大型水泥熟料生产基地，须通过长江（铜陵至南京段航道通航等级为 5000 吨级海轮航道）由海运进口，每年约 395 万吨；成品水泥出口主要流向浙江沿海地区，每年约 80 万吨。因此，配套专用码头设计船型采用 5000 吨级散货船、建设 3 个 5000 吨级散货泊位是必要和合理的。拟建工程前沿水深条件较好，波浪较小，岸滩冲淤较为稳定，进港航道满足 5000 吨级船舶全天候通航要求，工程选址合理，符合《宁波—舟山港总体规划》。

我厅拟同意该工程在象山县西周镇浙江大唐乌沙山电厂西侧岸段，按浙江省交通规划设计研究院设计的《象山海螺水泥有限责任公司专用码头工程总平面布置图》（附件 2），使用港口岸线 408 米（北京坐标：X＝3265762.331，

Y＝514438.018和X＝3265552.195，Y＝514088.294两点连线范围内）。宁波市环保局已批复了该项目的环境影响报告书（附件3）。

根据交通运输部有关规定，现向你委征求意见，盼复。

附件：1. 象山海螺水泥有限责任公司专用码头工程可行性研究报告

2. 象山海螺水泥有限责任公司专用码头工程总平面布置图

3. 宁波市环境保护局《关于象山海螺水泥有限责任公司年产440万吨水泥粉磨站及配套码头项目环境影响报告书的批复》

二〇〇八年十二月二十九日

【例二】

北京市发展和改革委员会 北京市财政局关于调整美国公民来华签证收费标准的函

京发改〔2007〕1448号

市公安局：

你局《关于调整美国公民签证收费标准的函》（京公装财发字〔2008〕4号）收悉。根据原国家计委、财政部《关于同意调整内地公安机关对外国人签证收费标准的复函》（计价格〔2003〕392号）的规定，同意调整你局对美国公民来华签证收费标准，具体如下：

一、美国公民来华签证收费标准（编码171010012）调整为不论次数、统一按每人130美元收取，港币、人民币收费标准分别为每人1010元、940元。

二、请你局持本函到市发展改革委办理《收费许可证》变更事宜，并使用市财政局统一印制的行政事业性收费票据。

三、此项收费收入管理按照财政部门有关规定执行。

四、请你局按有关规定做好收费公示工作，接受发改、财政、审计等部门的监督检查。

五、上述收费标准自2008年1月20日起执行。市发展改革委、市财政局《关于调整美国公民签证收费标准的函》（京发改〔2007〕1448号）同时废止。

特此复函。

二〇〇八年二月二十六日

【例三】

商务部 海关总署关于规范“自由贸易区”的函

商国际函〔2008〕15号

各省、自治区、直辖市、计划单列市、新疆生产建设兵团商务主管部门，各直属海关：

党的十七七大报告首次提出:“实施自由贸易区战略”。为了正确理解自由贸易区内涵,顺利实施自由贸易区战略,现通知如下:

根据世界贸易组织的有关解释,所谓“自由贸易区”,是指两个以上的主权国家或单独关税区通过签署协定,在世贸组织最惠国待遇基础上,相互进一步开放市场,分阶段取消绝大部分货物的关税和非关税壁垒,改善服务和投资的市场准入条件,从而形成的实现贸易和投资自由化的特定区域。“自由贸易区”所涵盖的范围是签署自由贸易协定的所有成员的全部关税领土,而非其中的某一部分。迄今,我国已与东盟、巴基斯坦、智利、新西兰等签署自由贸易协定,从而建立起了涵盖我方和对方全部关税领土(注:我方关税领土不含香港、澳门和台湾地区)的“自由贸易区”。“自由贸易区”对应的英文是 FREE TRADE AREA(FTA)。

近年来,在国内一些公开发表的文章、内部工作文件和媒体报道中,常常出现另一种“自由贸易区”的提法,其对应的英文为 FREE TRADE ZONE(以下简称 FTZ,“自由贸易园区”),指在某一国家或地区境内设立的实行优惠税收和特殊监管政策的小块特定区域,类似于世界海关组织的前身——海关合作理事会所解释的“自由区”。按照该组织 1973 年订立的《京都公约》的解释:“自由区(FREE ZONE)系指缔约方境内的一部分,进入这一部分的任何货物,就进口税费而言,通常视为在关境之外,并免于实施通常的海关监管措施。有的国家还使用其他一些称谓,例如自由港、自由仓等。”我国的经济特区、保税区、出口加工区、保税港、经济技术开发区等特殊经济功能区都具有“自由贸易园区”(FTZ)的某些特征,但目前我国尚无与“自由贸易园区”完全对应的区域。

由于 FTA 和 FTZ 按其字面意思均可译为“自由贸易区”,故常常引起概念混淆。为避免误解,便利工作,建议将前者统一译为“自由贸易区”,后者译为“自由贸易园区”。

在今后的工作中,建议各有关部门、单位规范使用“自由贸易区”的表述,包括其名称、译名和相关内容。同时,建议在正式文件中慎用“自由贸易园区”的表述。

商务部

海关总署

二〇〇八年五月九日

(四)写作注意事项

函要一函一事,内容单纯集中,以便于收文单位处理。语言要平实、谦和,不可生硬,更不可盛气凌人。凡未确定的事情,一定要用商量的口吻,凡是要对方做的事前,一定要用“请”字。

第九节 议案、会议纪要

一、议案

议案,是有议案提出权的机构或人民代表,向同级人民代表大会或其常务委员会提出审议事项的建议性公文。

《办法》规定,议案“适用于各级人民政府按照法律程序向同级人民代表大会或人民代表大会常务委员会提请审议事项”。因国务院发布的《办法》只适用于国家行政机关,所以,《办法》中对议案所下的定义,仅限于各级政府向同级人大及其常委会提出的议案。在公文的实际运作中,议案的适用范围除政府机关外,还有其他一些机构和人员。

议案是一种特殊的公文,它是供人民代表大会和人大常委会在开会期间审议使用的书面文件。提交会议审议的议案,事项必须单一,不能在一个议案中提出两个或两个以上的事项。只有获得审议通过的议案,才能付诸实施,才有法定效力。

(一)议案的类型

根据提出者身份的不同,议案可分为两大类:

1. 由职能机构提出的议案。职能机构主要指国家权力机构的办事或执行机构,如全国人民代表大会主席团、全国人大常委会、全国人大各专门委员会、国务院、中央军事委员会、最高人民法院、最高人民检察院等。它们的议案不是一般的意见或建议,而是经权力机关批准后马上可以实施的方案,如法律、法规、发展规划、财政预算、区域调整、人员任命等。

2. 由人民代表提出的议案。人民代表大会会议期间,代表可集体或联名向大会提出议案。由于代表来自各个不同的阶层,他们提出的议案在重要性和可行性方面不很一致。在经会议专门机构研究后,有些可作为正式议案交大会审议,有些则作为建议、意见和批评,交有关部门处理并负责答复。

(二)议案的结构和写法

议案由标题、主送机关、正文、签署和日期四部分构成。

1. 标题

议案的标题有两种写法:一是“提议案人+议案内容+文种”;二是省略提议案人,由“议案内容+文种”构成。前者如《西藏自治区人大常委会关于提请审议〈设立西藏百万农奴解放纪念日的决定(草案)〉的议案》,后者如《关于提请审议修改后的国务院机构改革方案的议案》。

2.主送机关

议案的主送机关,只能是同级人民代表大会及其常务委员会,不能有其他并列机关。

3.正文

正文是议案内容的主体。正文的内容可分成三部分:(1)缘由。议案的缘由是提请审议批准事项的理由和依据,即为什么提出议案。缘由一般要求写得概括准确,说明提请审议事项的意义、作用以及有关背景。(2)事项。议案的事项是在议案中提出要求审议的具体事项,无须分析说明,是什么就写什么。如果是提请审议已制定的法律法规的,这部分只要写明提请审议的法律法规的名称即可,但要把法律或法规的文本作为附件。如果议案事项是提请任免领导人,直接列出要求任免什么人、什么职务即可。总之,事项是什么,就写什么。(3)结语。议案的结语,主要用于提出请求,一般有"现提请审议"、"现提请审议,并请做出批准的决定"、"请审议决定"等等。

4.签署和日期

一般行政公文,不必签署发文机关名称。而议案有所不同,提议案人需要签署,且一般多由政府首长签署。国务院提交给全国人大的议案,要由总理签署;各省、市、自治区提交给同级人民代表大会的议案,要由省长、市长或自治区主席签署。签署日期是议案提出的日期。

(三)例文

**国务院关于提请审议《中华人民共和国
劳动合同法(草案)》的议案**

全国人民代表大会常务委员会:

为了规范用人单位与劳动者订立和履行劳动合同的行为,保护劳动者的合法权益,促进劳动关系和谐稳定,劳动保障部会同有关部门经过广泛征求意见,在总结我国劳动合同制度实践经验的基础上,拟订了《中华人民共和国劳动合同法(草案)》。这个草案已经国务院常务会议论通过,现提请审议。

国务院总理 温家宝

二○○五年十一月二十六日

《中华人民共和国劳动合同法(草案)》(略)

(四)写作注意事项

议案的写作要注意三点:1.提出的问题重要而且已经具备解决的条件。2.标题要规范、具体、明确。3.一案一事,不可一案多事。

二、会议纪要

会议纪要是记载会议情况和精神并用以公布或传达的纪实性公文。《办法》规定，会议纪要“适用于记载、传达会议情况和议定事项”。

会议纪要是在对会议的议题、议决事项、会议情况、与会人员的发言以及会议各种材料等等进行梳理归纳、概括提炼的基础上形成的，集中反映了会议的主要精神和决定事项。会议纪要一经下发，将对有关单位和人员产生约束力，起着类似于决定、决议等指挥性公文的作用。

（一）会议纪要的类型

按照会议性质来分，会议纪要大致可分为三大类：决议性会议纪要、协调性会议纪要和研讨性会议纪要。

1. 决议性会议纪要

这是最为常见的一种会议纪要，通常是具有一定权力的机构研究工作的记载。会议精神和议决事项通过会议纪要进行传达和部署，对今后的工作有指导意义。

2. 协调性会议纪要

这是由各方机构一起召开涉及共同利益的会议纪要，记载各方为解决某重大问题而取得的一致意见，也记载留待进一步协商解决的细节或问题。这类会议纪要具有协议书性质，对各方都具有约束力。

3. 研讨性会议纪要

这是专题研讨问题或交流情况、经验的会议纪要，其特点是视点的集中性与观点的分呈性交相辉映，不需要统一意见，不需要作决议。纪要只需将各种不同观点、意见梳理归纳表达出来即可。

（二）会议纪要的结构和写法

会议纪要由标题、正文、署名和撰写日期三部分构成。

1. 标题

常见的标题形式是“会议名称＋文种”，文种“会议纪要”可以简写为“纪要”，如《成都网友纪念毛泽东诞辰 115 周年座谈会纪要》。有些会议纪要，特别是研讨性会议纪要也可用正副标题的形式，如：

铁骨雄风

——军事题材美术创作座谈会纪要

2. 正文

会议纪要一般分为“会议概况”和“会议内容”两大部分。开头写会议概况，包括会议时间、会议名称、会议地点、会议议题、出席者、主持者、会议过程，以及对会议的总体评价等，尽可能简要。会议内容是纪要的主要部分，应囊括会议的主要精神、讨论意见和议决事项等。要主题突出，观点鲜明，重要意见尽收。根据会议性质和拟写纪要的要求不同，这部分大致有三种写法：(1)综合归纳法。这种写法是把会议主要内容归纳为几个问题或几个方面，逐个加以阐述。问题比较集中单一，意见比较统一，可以整体地阐述和说明。综合归纳的写法适合于讨论重要问题的会议，以便于传达学习。(2)分项列举法。这种写法多见于讨论具体工作的会议，一般是把今后要做的工作逐条列出，以便于传达执行。(3)发言举要法。这种写法是把具有代表性和原创性的发言加以整理，提炼出内容要点和精神实质，按照发言顺序或不同性质，分别加以阐述说明。这种写法能比较具体地反映与会人员的观点和意见，供阅读者参考。结束语是正文的小结，一般要提出希望、要求，要求与会者或有关单位认真贯彻会议精神，也可省略。

3. 署名和撰写日期

会议纪要由会议的主持机关撰写，最后署机关名称和撰写日期，也可以在正文中写出主持机关，不再另外署名。

(三)例文

【例一】

国家自然科学基金委员会
监督委员会第一次全体会议纪要

(2004 年 3 月 17 日)

国家自然科学基金委员会监督委员会第一次全体会议于 2004 年 3 月 16 日至 17 日在北京举行。监督委员会 17 名委员出席了会议(2 名委员请假)。与会委员列席了国家自然科学基金委员会第五届委员会第一次全体会议。会上，国务委员陈至立发表了重要讲话。全国人大常委会副委员长、中科院院长路甬祥，全国政协副主席、中国工程院院长徐匡迪，中国科协主席周光召，教育部部长周济，科技部部长徐冠华，国务院副秘书长陈进玉，科技部副部长程津培等出席会议并讲话。陈宜瑜同志作了工作报告，朱道本同志作了计划财务报告，张存浩同志作了监督工作报告。

会议讨论了全委会上的领导讲话和工作报告，与会委员认为，领导同志的讲话指明了科技发展的形势和科学基金事业发展的机遇，感到深受鼓舞；会议赞同陈宜瑜、朱道本同志的工作报告，认为，报告对新时期科学基金工作进行了认真总结、思考和全面部署，明确了监督委员会的定位，对监督工作提出了新的更高的要求。

沈文庆同志代表党组，对新一届监督委员会成立表示祝贺，对与会委员受托担任科学基金监督工作表示感谢，对监督委员会五年来的工作给予了充分肯定，提出了今后工作的要求和指导性意见。

会议同意张存浩同志的工作报告，认为，监督委员会自成立以来，在弘扬科学道德、加强和规范监督方面进行了有效的探索与实践，取得了较好的成绩，在科技界产生了积极影响，积累了一定的经验，为进一步做好监督工作奠定了基础。

会议围绕今后监督工作进行了热烈的讨论，对监督委员会“工作条例”、《国家自然科学基金委员会处理不端行为暂行办法》(征求意见稿)提出了具体修改意见，责成常委会在全体会议闭会期间抓紧修订和完善。会议认为，监督委员会要在党组领导下，对科学基金申请、评审、资助以及项目研究中违反有关规定和违背科学道德的行为独立开展监督。会议原则同意监督委员会2004年工作要点，主要在以下几方面达成了共识。

建章立制

建章立制、规范运作对监督委员会今后工作十分重要。要根据党组对监督工作的定位和要求，在总结监督工作经验的基础上，逐步完善制度和程序，年底前修订好“监督委员会工作办法”及其他规章制度。建立监督委员会常委会制度和办公会议制度，理顺监督委员会与其他部门的工作关系。

受理投诉举报

继续坚持“事实清楚、证据确凿、定性准确、处理恰当、程序完备”的原则，做好投诉举报的处理工作。要进一步完善工作程序，严格依照程序调查投诉举报，维护科技工作者的合法权益；处理不端行为，要实事求是，宽严相济，区别对待，充分发挥惩戒的教育作用。

科技信用管理

推进科技信用管理，对建设科研诚信、维护科学基金的公正性具有重要意义，是加强监督工作的一个方向。监督委员会要配合有关部门，在科学基金工作中增强科研信用意识和信用管理意识，探索建立科学基金信用监督和失信惩戒制度，约束道德失范、诚信缺失的行为。

调研和宣传教育

弘扬求真务实的科学精神，加强科学道德建设，是监督委员会的首要的根本任务。监督委员会要深入调研，了解科技工作者对科学基金管理与监督工作的愿望和要求，向监督委党组和有关部门建言献策。要加强正面引导，宣扬科学基金项目承担者中的治学典范和明德楷模，发挥榜样示范作用。注重剖析不端行为典型案例，开展宣传教育，发挥警示教育作用。

会议认为，在党和政府更加关心科学基金，科技界更加重视科学基金的新形势下，更要珍惜和爱护科学基金制的良好声誉，加倍努力维护公正。监督委员会委员要恪尽职守，扎实工作，为科学基金事业健康发展作出应有的贡献。

【例二】

高等学校图书馆人事工作座谈会纪要

（2005 年 3 月 30 日）

由北京大学图书馆、清华大学图书馆、西安交通大学图书馆联合发起举办的“高等学校图书馆人事工作座谈会”于 2005 年 3 月 24 日—25 日在西安举行，来自 32 所高校图书馆的馆长、书记等共 48 名代表出席。会议特邀香港中文大学图书馆黄潘明珠副馆长出席并发言介绍香港在人事管理方面的经验。为记录和交流会议的成果，现将会议内容纪要如下：

一、会议召开的背景

1. 上世纪末以来，高等学校图书馆普遍实行了以建立岗位聘任制为主要内容的人事管理制度改革，并且取得了良好的成效。然而，随着图书馆近年来的迅速变革，一些深层次的矛盾开始凸显，现行的一些做法呈现出一些弊端，需要加以解决。

2. 适应高等教育事业发展的要求，目前高校图书馆亟待进一步提高服务质量和工作水平，而队伍建设成为决定性的因素，人力资源管理和开发日益重要。深化人事制度改革，完善岗位聘任制度，建立有效的激励机制，成为必然选择。

3 我国事业单位人事制度改革正在逐步推开，高校图书馆如何在这一大环境下，抓住机遇，努力创新，开创一个适应新时期高校图书馆事业发展要求的，使大家各尽所能、各得其所、和谐相处的人事工作新局面，是领导者们必须考虑的问题。

二、会议讨论的主要内容

会上，首先由清华大学、北京大学、香港中文大学、华中科技大学、浙江大学、西安交通大学的代表做了交流发言，分别介绍了各馆在人力资源建设、人事管理、岗位设置和聘任等方面的经验和体会，使与会代表受到很多启发（发言材料见：Http://……）。在随后的座谈讨论中，代表们结合各馆的实际做法，就下列问题进行了广泛深入的探讨：

1. 高校图书馆定岗定编的依据。有代表发言中提出，队伍建设总的精神是“总量控制，按需设岗，公开招聘，竞争择优”。但是，一个大学图书馆，工作人员总量到底应该是多少？应该设哪些岗位？确定的依据是什么？这是馆领导们最关心的问题，也是学校领导和有关部门经常提出的问题。大家都觉得现在似乎缺乏这样一个明确的标准或“说法”，不少馆长建议能否为高校图书馆的设岗、定编提供一个有权威性的参考依据。然而，在现时条件下，大家也感到很难提出这样一个依据。因为学校与学校之间、馆与馆之间差别很大，岗位的设置和岗位职责在不同定位的馆是不一样的，且定岗、定编工作属于高校办学自主权的范围。正由于此，《普通高等学校图书馆规程(修订)》也只是提出：“高等学校应根据读者人数、资源数量、服务项目与时间、设备设施维护的要求、馆舍分布等因素，配备相应的图书馆工作人员。”西安交通大学图书馆介绍的逐个进行岗位描述的做法，上海交通大学图书馆提出的岗位总量的确定按任务与资源挂钩的思路，也正是从本校、本馆实际出发所做的尝试。

2. 健全岗位聘任考核和激励机制。随着岗位聘任制度的建立，原有的终身制、“大锅饭”的弊端初步得到克服，但并未从根本上革除。比如，落聘人员的安排问题，大多数高校图书馆都没有得到很好解决。此外，实行岗位聘任制又产生了一些新的问题。比如，尚未建立科学合理的考核指标和办法，目前很多馆进行的年度考核和聘任的过程都是一次“痛苦”的过程；图书馆对考核结果优秀的人员也缺乏激励的手段和措施，岗位津贴在逐渐“失去”其既有的效力。对此，有的代表提出学校要在大环境上予以支持，统一接收和安排落聘人员；有的建议应在年度考核的基础上将目前的一年一聘改为两年或三年一聘，在考核内容和考核程序上可以借鉴香港的有关经验和做法；有的提出不应把经济利益作为唯一的激励手段，而应“事业留人”、“发展留人”，创造人尽其才、才尽其用的环境。总之，建立和健全一整套科学合理公正的岗位聘任、考核制度和人才激励机制是高校图书馆人事工作的核心内容。

3. 职称与岗位的关系。实行岗位聘任制以后，出现了职称与岗位不对应的现象，即“高职低聘”或“低职高聘”，因此如何处理职称与岗位的关系也成为高校图书馆人事管理的一个课题。讨论中很多代表认为，目前职称评定已日渐脱离了其原有的意义，职称并不完全体现馆员的真实的学识水平和业务能力，更难以反映馆员的工作态度和敬业精神，因此，职称与岗位出现不对应是必然的。然而在具体处理上，存在着不同的做法。有的馆采取了职称与岗位完全脱钩的做法，认为职称已经体现在基本工资中，岗位津贴就不必体现，聘岗也完全不考虑职称的因素。但多数馆还是在岗位聘任中或多或少地与职称挂钩，主要体现在聘岗的条件上，对一些岗位会提出起码的职称要求，这样“身份与才能兼顾”，比较符合实际情况，也避免一些不必要的矛盾。看来，岗位和职称结合，强化岗位，淡化职称，是比较普遍接受的做法。

4. 队伍优化和人才培养。近几年高等教育的大发展带来了高校图书馆的大发展，各馆的资金、技术、资源、人才等有了很大改观。在队伍建设上，相当一批高校人事部门提出非硕士不进。那么,是否图书馆工作人员的学历层次越高越好?同时,学校在引进人才过程中不断地将人才的家属安排到图书馆,这些“博士后”是资源还是包袱?图书馆应不应当接收?各馆的做法不一。大家普遍感到,这些在新形势下出现的新问题,不是简单的“是”与“否”就能解决,而需要新的思路、新的措施。在优化队伍方面,应把住进人关,有一个高校图书馆进人的“门槛”,保证图书馆的人员有一个基本的素质,同时应注意新人的学科与知识背景(智商)、注意新人的性格特点与合作精神(情商)。在管理制度上,随着人力资源成本的提高,图书馆聘用临时工(合同工)有增多的趋势,因而越来越有必要把图书馆的人员分为“专业馆员”与“非专业馆员”,实行不同的聘用和管理制度,以制度来保证合理的人员流动。在人才培养上,同样需要用制度来鼓励现有人才的不断学习和提高,也有必要从源头上(信息管理专业教育)进行改革,实行招收其他专业本科毕业生学习图书馆学情报学硕士的新型的专业人员培养模式。

三、会议达成的几点共识

从与会代表讨论发言中看到,各馆情况不同,在人事工作中、岗位聘任制改革中有不同的做法和经验,而且这些不同还与学校的整体环境甚至是图书馆主要领导个人的特点有关。然而,经过讨论,大家在以下几点基本取得一致:

1.高校图书馆下一步人事工作深化改革的方向是渐进地、持续地实行全面的聘任制。在科学定岗定编的基础上,未来岗位的空缺将逐步过渡到面向全国招聘,少数高校甚至会尝试面向全球招聘。

2.高校图书馆人事工作深化改革的目标,应该是使每个岗位有最合适的人,使每个人有最合适的岗位。岗位的设置应该基于业务工作的需要,岗位职责的强度和难度要保持“适度的压力”。

3.高校图书馆人事工作深化改革的重点,是引入人力资源管理和开发的理念和方法,突出人的培养、发展和提高,建立能够充分调动和发挥每个馆员工作主动性、创造性的机制和氛围。

4.高校图书馆人事工作深化改革的主要内容,包括:

(1)制订人力资源发展规划,在学校人事部门的支持下,确定合理的队伍结构和进人标准;

(2)根据本馆实际,调整组织机构,理顺业务流程,确定岗位设置、职责描述及聘岗要求,完善聘任工作的组织和程序;

(3)建立科学合理的岗位评价和人员考核的标准、办法和程序,保证公正公开,兼顾效益和公平,增加群众参与;

(4)建立多方面激励机制，形成学习型组织文化，突出人文关怀，增强凝聚力。

四、会后安排

与会代表一致认为，本次会议意义重大，将对高校图书馆未来的发展产生长远的影响。代表们呼吁各高校的领导应进一步重视图书馆的工作，为图书馆创造人事管理改革的优良的大环境，尤其要采取措施保证图书馆人员的待遇不低于学校平均水平。

会议最后强调，高校图书馆的人事工作研讨还是第一次，所涉及的问题还是比较表面的，对一些基本问题的看法还存在着一定的差距，还不能就更深层次的问题进行更详细的交流，更谈不上达成普遍一致的看法。因而，进一步交流和讨论图书馆的人事工作是必要的，建议西安交通大学能继续引导这方面的工作，将人事工作研讨深入下去，定期召开。会议委托西安交通大学图书馆在网站上设立一个"高校图书馆人事工作论坛"，把代表们在本次会议的发言提纲、交流材料及会议纪要发布出来，供更多的馆参考。同时，提供一个交流的平台，方便大家在今后的工作中就共同关心的问题展开广泛的讨论。

(四)写作注意事项

会议纪要的写作要求认真收集和阅读会议记录、有关文件和材料；文中涉及的任何观点、意见、看法或提法，都要有可靠的依据；要观点鲜明、重点突出、条理清楚。

第二章 事务文书

第一节 事务文书概述

一、事务文书的概念和特点

(一)事务文书的概念

事务文书是机关、团体、企事业单位和个人在处理日常事务时用来沟通信息、安排工作、总结经验、研究问题、规范行为的实用性文体。

事务文书与行政公文的区别在于:一般没有统一规定的文本格式;不能单独作为文件发文,但可作为公文的附件行文;必要时可面向社会,或提供新闻线索,如简报,或通过传媒宣传,如经验性总结、调查报告等。

(二)事务文书的特点

事务文书的特点主要表现在以下几个方面:

1.写法实际,行文具有指导性。事务文书是用来处理实际事务的应用文体,目的是为了解决实际问题,推动实际工作。事务文书的写作以满足实际需要为原则,无论材料的使用,还是观点的确立,写作形式的运用,都要讲究实际效果。因此,事务文书对实际工作具有现实的指导意义。

2.对象具体,内容具有真实性。一份事务文书是为谁而写,要求哪些人了解并使用都很具体,所以,撰写者首先要对写作对象的范围和特点有充分的把握。同时,事务文书的指导性以真实性为前提,要做到信息准确,情况真实,材料无误,表达实事求是。

3.体式相对固定,表达灵活多样。在长期的使用过程中,各种事务文书形成了比较固定的惯用体式,其构成要素、写法等都有一定的规则,在写作中要遵守这些规则,才能写出合乎规范的文书。但较之行政公文,事务文书的体式更加灵活自由；表达方式上也更加多样化，常常结合使用叙述、说明、议论；语言运用上也更加多姿多彩，可以在不违背真实性的前提下，讲究语言表达的艺术效果。

二、事务文书的分类

事务文书的种类有：

1. 书信条据类文书。书信条据类文书是在日常生活、学习、工作中沟通信息、处理事务、交往协作中频繁使用的应用文体。它包括书信、感谢信、表扬信、慰问信、推荐信、求职信、咨询信、举报信、倡议书、建议书、申请书、检讨书、请假条、欠条等。

2. 计划总结类文书。计划总结类文书是指单位和个人对一定时段内的工作、生产或学习有目的有步骤的安排、部署或进行回顾总结所撰写的文书，包括规划、纲要、计划、总结、读书笔记、大事记等文种。

3. 发言报告类文书。发言报告类文书就是人们在各种特定的场合发言时采用的各类文稿的总称，包括述职报告、调查报告、讲话稿、开幕词、闭幕词、欢迎词、欢送词、答谢词等。

4. 规章制度类文书。规章制度类文书是党政系统、社会团体、企事业单位及其他社会组织在进行有针对性的行政管理和纪律约束时，在职权范围内发布的需要人们遵守的规范性文书。它包括条例、规定、办法、实施细则、章程、规则、守则、制度、公约等文种。

5. 简报类文书。简报类文书是用于汇报工作、反映问题、交流经验、沟通情况、推动工作开展的一种简短文体。包括会议简报和工作简报。

三、事务文书的写作要求

（一）以方针政策为指导，以法律规定为依据

事务文书的政策性很强，它是党和国家的方针、政策在有关实际工作中的具体体现。拟稿者须认真领会有关的政策，并运用政策原则去指导工作。同时，事务文书还必须以法律规定为依据，不能与现行政策和法规相抵触。

（二）深入调查研究，获取真实材料

撰写事务文书要了解实际情况，进行深入细致的调查研究，尽可能多地搜集、积累材料，只有这样才能明情况、知变化、定决策，才能发挥事务文书的指导性功能与务实的作用。

（三）实事求是，切实可行

事务文书如拟订计划，制定规范文书、调研总结、会议材料等，都是为了解

决工作中的实际问题，因此必须实事求是。它要解决的问题，必须具有可行性。

（四）格式约定俗成，语言准确简练

事务文书的格式虽然不像行政公文那样程式化，但许多文种的格式也有约定俗成的共同特点。在结构方面，要求开门见山，突出重点，层次分明；在语言方面要求用语准确，尤其是规章类文书，更讲究炼字炼句，表述不能模糊。

第二节　计划、总结

一、计划

（一）计划的概念和特点

“计划”是单位或个人对未来一定时间内将要实现的目标和完成的任务预先做出构想安排的事务性文书。“凡事预则立，不预则废”，所谓“预”就是事先的预想、安排和计划。计划的制订既要体现政策要求与上级指示精神，又要因地制宜，结合实际。

计划是个统称，它还有许多别称，“规划、纲要、设想、打算、要点、方案、意见、安排”等都是根据目标远近、时间长短、内容详略等差异而确定的各种计划的名称。

“规划”是一种具有全局性、范围广、时间跨度长、内容较为概括的计划，如《××市城市建设总体规划》。“纲要”和规划相同，它们都是各级领导机关根据战略方针，为实现总体目标对某个地区或某一事项做出长远部署。不同的是纲要比规划更为原则和概括，一般只对工作方向、目标提出纲领性要求和指导性措施，如《××市 2010 年经济发展纲要》。“方案”是从目的、要求、方式、方法、进度等进行部署，具体周密，有很强可操作性的计划。方案一般适合专项性工作，其实施往往须经上级批准，如《××市住房分配制度改革实施方案》。“安排”是短期内要做的，且范围不大、内容单一、布置具体的计划，如《××系第×周工作安排》。“设想”是一种粗线条的、初步的计划，如《××市拓展就业安置门路的设想》。“要点”是一种概括地提出下阶段工作重点的计划，如《××局 2009 年工作要点》。“意见”适用于上级向下级布置工作任务并提供基本的思路、方法，交代政策，提出要求等，如《××公司关于下属企业 2009 年扭亏增盈全面提高经济效益的意见》。

计划与其他文种相比，具有以下特点：

1. 目的性。制订任何一份计划，都必须有明确的目的性，即在一定时间内完成什么任务,达到什么目标。如果计划的目的不明确,没有针对性,计划也就失去了现实意义。

2. 预见性。计划是在行动之前对行动的任务、目标、方法、措施所做出的预见性确认,要有前瞻性。要考虑到做什么、如何做,实施过程中可能会遇到什么情况或问题,以及采取哪些相应的措施等。可以说,预见是否准确,决定了计划写作的成败。

3. 可行性。为了保证实现预期目标,计划必须有切实可行的措施与方法,并从制定者的实际出发,以保证目标的实现。如果目标定得过高、措施无力实施,计划就是空中楼阁;反过来说,目标定得过低,措施方法都没有创见性,实现虽然很容易,并不能因而取得有价值的成就,那也算不上有可行性。

4. 约束性。计划一经通过、批准或认定,在其所指向的范围内就具有约束作用,在这一范围内无论是集体还是个人都必须按计划的内容开展工作和活动,不得违背和拖延。

(二)计划的作用

古代孙武曾说:"用兵之道,以计为首。"无论是单位还是个人,无论办什么事情,事先都应有个打算和安排。计划对工作既有指导作用,又有推动作用。计划的主要作用是:

1. 计划是建立良好工作秩序、提高工作效率的重要工具。有了计划,工作就有了明确的目标和具体的步骤,就可以协调大家的行动,增强工作的主动性,减少盲目性,使工作有条不紊地进行。制订计划就可以预先考虑可能出现的情况和问题,合理安排人力、物力、财力和时间,并预订措施,做好安排。

2. 计划是上级部门指导和检查工作的重要依据。计划本身又是对工作进度和质量的考核标准,对大家有较强的约束和督促作用,便于督促、检查、总结和推动工作。

(三)计划的种类

计划的种类很多,可以从不同的角度对它进行不同的分类。

1. 按内容分:有工作计划、生产计划、学习计划、科研计划、教学计划、建设计划等。

2. 按时间分:有长期计划、中期计划、短期计划;还有年度计划、学期计划、季度计划、月份计划、阶段计划等。

3. 按范围分:有国家计划、地区计划、部门计划、单位计划、班组计划、个人计划等。

4. 按性质分:有综合性计划、专题性计划(或单项计划)等。

5. 按形式分:有条文式计划、表格式计划、条文与表格结合式计划。

（四）计划的结构与写法

计划一般包括标题、正文、结尾三个部分。

1. 标题。就是计划的名称，写在第一行的正中。计划的标题一般由四个部分组成：计划制订者的名称、适用时间、内容性质及计划名称。也可在标题尾部加括号注明草案、初稿、征求意见稿、送审稿等，如《××市 2005 年再就业工程实施方案（讨论稿）》。

2. 正文。是全文的主体部分，应写明制订计划的指导思想、根据或基本情况。一般可围绕着“为什么，做什么，怎么做，何时完成”等问题展开，具体包括以下几个部分：

（1）前言。又叫引言，即正文的开头，通常主要点明制订计划的指导思想和对基本情况的说明分析，说明为什么要制订该计划和制订该计划的理由。前言文字力求简明，以讲清制订本计划的必要性、执行计划的可行性为要，力戒套话、空话。

（2）目标与任务。如果说前言回答了“为什么做”的问题，那么这部分要回答“做什么”、“怎么做”等问题。首先要明确指出总目标和基本任务，随后应根据实际内容进一步详细、具体地写出任务的数量、质量指标，必要时再将各项指标定质、定量分解，以求让总目标、总任务具体化、明确化。总之，这部分要有主有次地写清楚完成什么任务，达到什么目的和要求。

（3）措施和步骤。以什么方法，用什么措施确保完成任务，实现目标，这是落实计划的关键。这里要写明先做什么，后做什么，完成计划须动员哪些力量，创造哪些条件，排除哪些困难，采取哪些手段，通过哪些途径等。

正文的结构方式主要有混述式、分述式。

混述式：将目标任务和措施办法结合起来写。即每提出一项具体的目标任务，就相应写明具体措施办法，然后一项项连成主体。

分述式：将目标任务与措施办法分开单独写，即先集中表述任务，再集中写完成目标任务应遵守的原则及措施办法。

3. 结尾。一般包括注意事项，明确执行要求，提出希望，发出号召等。有的计划在条款之后就结束全文，不写专门的结尾部分。

落款。计划在结尾之后，还要署明单位名称和制订计划的具体时间，如果以文件的形式下发，还要加盖公章。

（五）计划的写作要求

1. 明确具体，操作性强。计划是要执行的，写得越具体明确，操作性就越强。一定要把任务、要求、措施、办法、步骤写得清清楚楚，以便执行。要突出重点，做到重点与一般相结合，不可面面俱到。文字上力求简洁准确，言简意赅。

2. 吃透“两头”，从实际出发。任何单位和个人制订计划，一是要根据上级的指示精神，二是要结合本单位实际情况，抓住须解决的主要问题，确定新的任务、措施、步骤和时限要求，制订一个符合本单位实际情况的计划。

3. 既要尽力而为，又要量力而行。计划一定要积极而稳妥，不能定得过高，要留有余地；也不能定得过低，要挖掘潜力，有进取性。

（六）例文

××市义务植树造林 2004 年春季工作计划

（草案）

根据全国五届人大第四次会议通过的《关于开展全民义务植树活动的决议》，市政府希望我市广大人民群众积极响应号召，人人争当义务植树的突击手，争当保护林木的哨兵，个个为绿化祖国贡献力量。为此，我市在今年春季要做好以下几项工作：

一、任务与要求

（一）我市今年春季计划造林面积××亩，植树××株。要求每人平均 3～5 株，栽下后要有人管理，保证成活，植树不要只用好地。春季植树造林要在植树节前基本完成。

（二）开展以市政府为领导，以各区为单位，以全民义务植树造林指挥部为指导的群众性植树造林活动，具体要求：

1. 各机关、团体的领导要带头，并指定专人负责此项工作。

2. 充分发动群众，组织力量，采取分片包干的办法。

3. 要因地制宜，根据气候、土壤等不同条件，栽植不同品种的树。

4. 各苗圃要及时做好挖苗备运工作。

5. 加强各环节工作的检查，2 月中旬做一次全面检查。

二、措施

（一）于 2 月下旬召开一次植树造林工作会议，参加人员：本市机关、团体、学校、工厂的有关负责人及区政府以上的主要负责人等。重点研究植树造林的各项准备工作，采取必要措施予以落实。

（二）加强各单位各部门的植树造林的领导工作，认真解决各单位存在的问题。

（三）抽调××名干部到植树造林第一线做具体指导工作。

（四）在植树节基本完成春季植树造林工作。

××省××市人民政府
××××年×月×日

二、总结

(一)总结的概念和特点

总结是单位或个人对过去一个时期内的实践活动作出系统的回顾归纳、分析评价,从中得出规律性认识,以指导今后实践的事务性文书。总结也有各种别称,如自查性质的评估及汇报、回顾、小结等都属于总结。

总结的特点主要表现在自我性、客观性、经验性等三个方面。

1. 自我性。总结是对自身实践进行回顾的产物,它以自身学习与工作实践为材料,采用的是第一人称的写法,其中成绩、做法、经验、教训等都有自我性的特征。

2. 回顾性。这一点总结与计划正好相反。计划是预想未来,对将要开展的工作进行安排。总结是回顾过去,对前一段的工作进行检验,但目的还是为了做好下一段的工作。所以总结和计划这两种文体的关系是十分密切的:一方面,计划是总结的标准和依据;另一方面,总结又是制订下一步工作与学习计划的重要参考。

3. 客观性。总结是以自身的实践活动为依据的,所列举的事例和数据都必须完全可靠,确凿无误,任何夸大、缩小、随意杜撰、歪曲事实的做法都会使总结失去应有的价值。

4. 经验性。总结从理论的高度概括经验教训,对今后的实践有着重要的指导作用。只有正确地反映客观事物的本来面目,找出正反两方面的经验,得出规律性认识,这样才能达到总结的目的。

(二)总结的作用

1. 指导和推进各项实践活动。总结是寻找规律的重要手段,推动实践的重要环节。一项任务完成之后必须在总结中全面、深入地回顾、检查,找出成绩与缺点、胜利与失败、经验与教训,实事求是地作出正确评价。

2. 沟通信息,借鉴经验。把成绩、经验、问题和今后的努力方向等向领导部门汇报,能引起领导的重视,争取领导的支持、指导,提高社会知名度。总结经验教训,对本单位和其他单位,对本地区和其他地区都有很好的借鉴指导作用。

3. 培养、提高能力。总结是培养、提高能力的重要途径,写总结具有提高实践能力的作用。看总结也是上级机关检查下级机关和基层工作的一种办法,从总结中可以看到成绩,发现问题,再回头考察与实际情况是否相符。

(三)总结的种类

从性质、时间、形式等角度可划分出不同类型的总结。

根据性质的不同，可以把总结分为工作总结、生产总结、学习总结、教学总结、会议总结等等。

根据范围的不同，可以分为全国性总结、地区性总结、部门性总结、本单位总结、班组总结等。

根据时间的不同，可以分为月总结、季总结、年度总结、阶段性总结等。

从内容的不同，可以分为综合性总结和专题性总结两类。综合性总结又称全面总结，它是对某一时期各项工作的全面回顾和检查，进而总结经验与教训。专题性总结是对某项工作或某方面问题进行专项的总结，尤以总结推广成功经验为多见。

（四）总结的结构与写法

总结的结构一般由标题、正文、落款三部分组成。

1. 标题

总结的标题要与内容紧密相连，力求准确、简洁、醒目。常见的有：

（1）公文式标题。一般由单位名称、时限、内容、文种构成，如《××局20××年度拥军优属工作总结》。

（2）文章式标题。以单行标题概括主要内容或基本观点，不出现“总结”字样，但对总结内容有提示作用，如某企业的专题总结《技术改造是振兴企业之路》，某高校的专题总结《我们是如何实行教学与科研相结合的?》。

（3）双行标题。即分别以文章式标题和公文式标题为正副标题，正题揭示观点或概括内容，副标题点明单位名称、时限、内容和文种，如《抓改革促管理增效益——×××食品厂2008年工作总结》。

2. 正文

正文由开头、主体、结尾三个部分组成。

（1）开头。也叫前言，要求开门见山、简明扼要地概括基本情况，或对工作背景和开展工作的条件作一个简要交代，也可交代总结主旨并作出基本评价。开头力求简洁，开宗明义。

（2）主体。这是总结的重点部分，包括主要工作内容、成绩及评价、经验和体会、问题或教训等。

成绩和经验是主体的关键部分。这部分的材料安排很重要，一般有两种写法：一是先成绩后经验。即写出做法、成绩之后再写经验，在表述成绩、做法的基础上分析成功的原因、主客观条件中得出的经验教益。二是寓经验于做法之中。在写做法、成绩的同时写出经验。这部分在写法上要求做到观点鲜明，材料典型，叙述和议论相结合。

存在问题和教训。如果总结的重点是介绍经验，可以不涉及存在的问题。

若是存在着缺点，就要实事求是地把工作中的失误和问题写明，并深刻分析产生失误和问题的原因，指出应当吸取的教训。写法上可以先问题后教训，也可以一边谈问题一边分析教训。

(3)结尾。作为总结的结束语可以归纳呼应主题、指出努力方向、提出改进意见和设想、表示决心信心等，要求简短有力。这部分内容可以省略。

篇幅较长的总结，常在每个部分之前加上序码，或者加上序码和小标题。主体部分篇幅大，内容多，要特别注意层次分明，条理清楚。主体部分常见的结构形式有纵式结构、横式结构、纵横式结构。

纵式结构，就是按时间先后、事物发展或实践活动的先后组织安排材料。写作时，把总结内容分成几个时间段，按时间先后对所做的工作、方法、成绩、经验、教训等逐层展开。如某学校做评估专题总结，分三阶段，分拟三个小标题，①做好评估前的思想动员；②做好评估中的组织落实；③做好评估后的善后工作。这样的结构安排能使读者清楚了解工作全过程，先做什么，后做什么，取得什么成绩一目了然。

横式结构，即按主体内容将其分成若干部分，标序加题，逐一写来。这种结构广泛运用于工作总结。某学校的年度总结，分三部分，用了三个小标题：①抓好思想建设是提高教学质量的关键；②搞好教学管理是提高教学质量的必要途径；③做好后勤工作是提高教学质量的有力保障。这样的结构就是横式结构。

纵横式结构。既考虑时间的顺序，又考虑工作的逻辑性。纵横式结构又可分为以横为主，横中有纵；以纵为主，纵中有横两种。如某单位干部队伍建设总结：①提高认识，把选人用人的改革作为推进干部制度改革的突破口；②积极探索，把干部公开竞聘上岗作为选人用人新机制的一种尝试；③高度重视，把选人用人的改革作为全校干部队伍建设的一项大事来抓。在总结第二方面时，又采用纵式结构，按时间先后总结了对机关和直属单位的50个处级岗位进行全校公开招聘和调整交流的全过程。

3.落款

一般在正文右下方署名并标明成文日期。如是报纸杂志或简报刊用的交流经验的专题总结，应在标题下方居中署名。

(五)总结的写作要求

1.写作总结要实事求是。工作总结中，常常出现两种倾向：一种是好大喜功，搞浮夸，只讲成绩，不谈问题；另一种是将总结写成了“检讨书”，把工作说成一无是处。这两种都不是实事求是的态度。总结的特点要求如实地、一分为二地分析、评价自己的工作。对成绩，不要夸大；对问题，不要轻描淡写。

2.总结要写得有理论价值。一方面，要抓主要矛盾，无论写成绩或写存在问题，都不要面面俱到。另一方面，对主要矛盾要进行深入细致的分析，写成绩要写清怎么做的，为什么这样做，效果如何，经验是什么；写存在问题，要写清是什么问题，为什么会出现这种问题，其性质是什么，教训是什么。

3.总结要用第一人称。即要从本单位、本部门的角度来撰写。表达方式以叙述、议论为主，说明为辅，也可夹叙夹议。

（六）例文

2008年第三季度安全生产工作总结

2008年第三季度即将结束，为了总结经验，更好地开展下一阶段的工作，现将本季度的安全生产工作做如下总结：

1.第三季度接到管理中心《关于加强食品卫生安全的紧急通知》后，我公司成立了食品卫生安全检查小组，明确了任务，并对工作区和设备、库房进行了责任区、责任人的划分，使安全责任和卫生责任落实到位到人，强化了员工的安全意识和责任意识。

2.健全、完善有关食品卫生安全工作制度，制定了《食品卫生安全预防措施》、《食品卫生中毒预案》，建立了食品卫生安全检查制度，完善了食品采购、入库检查制度，做到层层把关，责任到人。

3.为保证各项岗位职责与操作规程更加规范，制作了各类制度牌15块并张贴上墙；改造、新增食品存放加工的设备设施，把陈旧的洗碗池更换成了不锈钢池，增加了两个凉菜间，安装空调和紫外线消毒灯，把后厨不规范的电线线路重新进行了铺设。

4.各公寓、平房、办公楼开展了每周两次的班组安全学习，对新来的员工进行了安全知识培训；公司每周对各部门进行一次安全卫生大检查，每月一次针对员工进行安全常识和如何正确使用消防器材进行抽考。

5.加强锅炉班、维修班的安全工作。锅炉班八月份对东院锅炉房陈旧的管道和设施进行了除锈补漆工作；维修班每周二次对配电室进行安全检查，发现隐患及时处理，并制作了"安全管理流程图"1块，"燃气泄漏应急处理流程图"2块，"火警应急处理流程图"2块，"消防应急处理流程图"1块。

6.我公司每月1号对整个联合基地274个灭火器、76个消火栓进行检查，并填写卡片。8月份我公司进行一次消防疏散演练和"安康杯"消防疏散演练签名活动，参加人数117人次；还对全体员工进行了一次关于"安全知识"、"服务礼仪、职业道德、职业技能"的考试，参加人数103人。

从第三季度的"安全生产"工作来看，我公司在今后的工作中仍然要把"安全生产"放在首位，逐步推行"以人为本，预防为主"，"预防为主，防消结合"的安全管理模式，安全管理从事后被动变为事前主动，从专人管理转变为全员管理，今后除了继续开展消防演练和疏散演练、设备安全大检查、现场隐患大排查等系列活动外，开展安全知识竞赛和演讲、安全座谈会等安全文化建设活动，从而营造人人重视安全，人人维护安全，时时处处安全的和谐氛围。

××公司
××××年×月×日

第三节　调查报告

一、调查报告的概念和特点

调查报告是通过对典型的问题、情况、事件的深入调查，经过分析、综合，从而揭示其本质或客观规律的书面报告。具体地说，调查报告主要是针对某一现象、某一事件或某一问题进行深入细致的调查，对获得的材料进行认真分析研究，发现本质特征和基本规律之后写成的书面报告。调查报告也有别称，像考察报告、调研报告及××调查等都属于调查报告。

调查报告是一种在新闻领域和机关应用文领域中都可采用的常用文体。调查报告在新闻领域发表时，又叫做“新闻调查”，这种调查报告具有新闻性。机关的调查报告可以没有新闻性。

调查报告的特点主要有三方面：

（一）很强的针对性

某一情况、问题和成功经验，引起了一定程度的关注，为了进一步了解详情，弄清真相，了解本质，就需要对它进行调查、研究，向有关机关提供调查报告。例如，高考是农村青年的一条重要出路，可是我国教育现状还比较落后，考生众多而录取人数有限，于是造成了大量的高考落榜生，他们不甘心重新被捆绑在土地上，可是又找不到出路在哪里，这就形成了严重的社会问题。有人专门就此作了充分调查，写出了题为《独木桥下的思索——关于农村高考青年的报告》。由此可知，调查报告是一种针对性很强的文体。

（二）材料丰富翔实

充分了解实情和全面掌握真实可靠的素材是写好调查报告的基础。“事实胜于雄辩”。调查报告必须占有大量现实和历史材料，需要列举大量的相关事例、统计数字和各方意见。例如某大学生心理障碍的调查报告关于大学生心理障碍问题就列举了下面事实和数据：

调查结果表明，34.94％的读者认为引起大学生心理障碍的主要原因是因为应试教育导致家长、学校的过度保护，学生缺乏应对困难及心理承受力等锻炼。同时，有31.12%的读者认为学习与生活、就业的压力也是引起大学生心理障碍的一个主要原因，认为大学生人际关系处理不当、属于敏感群体、容易产生心理问题、难以排除的情感危机等为主要原因的分别占投票总数的12.5%、9.78%及7.47%。

列举事实，用数据说话，这使调查报告具有强大说服力。

（三）提供规律性认识

调查报告的价值不仅在于调查和报告，更在于研究。因为，研究的结果就是得出规律性的认识，并把这些规律性认识提供给读者。例如《按照市场规律提高农民增收——山东省微山县调查》就概括了若干条提高农民增收的规律性认识：

育市场、调结构、重品牌、创名优；一是"壮龙头"，二是"建基地"；"一品带动"、"一业带动"、几块经济高地凸起的经济格局。

这些规律性认识是在大量事实的基础上得出的，又是大量事实的理论归宿点。只列举种种现象，而缺少理论归纳的调查报告是肤浅的。

二、调查报告的作用

由于调查报告是调查与分析、实践与理论、客观与主观相结合的实用性文体，是从调查目的通向社会效益和经济效益的桥梁和工具，它在社会生活、经济活动和人类的其他实践活动中具有十分重要的作用。

调查报告的功能主要体现在以下几方面：

第一，提供信息，交流情况，为上级决策提供依据。

第二，传播推广经验，借鉴吸取教训，促进工作顺利进行，提高工作效率。

第三，研究和发现现实中的重大问题，探索其中的本质和规律，提出解决问题的设想和建议。

第四，用调查的事实，教育说服群众，明确有关问题的真相。

第五，调查有关案件和事故真相等，明辨是非，以便做出正确的处理。

三、调查报告的种类

调查报告根据研究内容的不同，可以分为调查报告和考察报告。前者侧重于社会经济等实际工作的调查研究，后者着眼于科研和具有创新性的工作方法的研究；根据调查报告的不同功能，又可以将调查报告分为介绍典型经验的调查报告、揭露问题的调查报告、反映新生事物的调查报告、反映基本情况的调查报告、科研实践的调查报告。

（一）介绍典型经验的调查报告

某地区、单位和企业在贯彻落实党和国家的各项方针政策过程中，或在日常的思想政治、经济建设、科学教育等方面取得了突出的成绩，为了反映他们的具体做法和成功经验，进行专题调查并写出调查报告，这种类型就是介绍典型经验的调查报告。例如《穷山今日皆文章——广东梅州市山区开发工作考察》、《靠名牌赢得市场——关于深圳飞亚达(集团)股份有限公司的调查》、《不信民心唤不回——从宁乡县五个乡镇的变化看做好农村思想政治工作的重要性》，这几篇调查报告分别从农村山区开发、大型企业建设、思想政治工作方面，介绍了当地的成功经验。

介绍典型经验的调查报告跟以反映工作成绩为主的工作通讯相似。区别在于调查报告重在调查，特别注重对调查过程和调查所得数据的叙述和列举。

（二）揭露问题的调查报告

揭露问题的调查报告针对存在问题展开调查，以揭示这一问题的种种现象和深层原因为主要目的。其主要作用是揭露和批判，探究问题产生的原因，分析问题的症结所在，提供解决问题的思路和方法。《中国青年报》刊登的《一个富裕居委会的财务调查》,《人民日报》刊登的《莘莘打工者，维权何其难》、《政府决策岂能朝令夕改——浙江温岭市一市场建成后开业受阻》，都属于这种类型的调查报告。

（三）反映新生事物的调查报告

这是针对社会现实中某种新近产生或新近有了巨大发展的事物而写的调查报告。

新生事物总是不断涌现的，它究竟是显示了社会发展的某种趋势，有着光明的发展前景，还是昙花一现的偶然现象？对此，究竟应该肯定，还是应该引起足够的警惕？反映新生事物的调查报告的文体功能，就是全面地报道某一新生事物的背景、情况和特点，分析它的性质和意义，指出它的发展规律和前景。

对新生事物持肯定意见的调查报告，例如《人民日报》刊登的《“中关村电子一条街”调查报告》，在对被人称为“中国的硅谷”中关村电子市场进行调查以后，认为它为科技、教育、经济体制的改革提供了新的思路，是值得充分肯定的。对新生事物持一种质疑或探讨的态度，如 1999 年 12 月 9 日《人民日报》刊登的社会调查《个人住房贷款缘何发展缓慢》，所调查的个人住房贷款在中国是一个新生事物，但是它的发展状况并不理想，原因在哪里？作者分析了形成障碍的几个因素。

（四）反映社会情况的调查报告

这是针对一些社会情况所写的调查报告。这里所说的社会情况，主要是指社会风气、百姓意愿、婚恋、赡养、衣食住行等群众生活各方面的基本情况。

这类调查报告虽不直接反映政治、经济等重大问题，但却是群众最为关心的一些问题。因此，各种新闻媒体都经常运用这种调查报告，《中国青年报》、《文汇报》等曾开辟过公众调查专版。例如《北京人出游记——北京居民京、津、沪地区旅游消费调查》、《中国夫妻过得怎样》等，都属于这种类型的调查报告。

（五）科研实践的调查报告

这类调查报告针对现实中有争议的、有科学研究价值的问题，进行大量调查研究和理论分析，向读者提供具有学术性、科学性和创新性的观点和见解。它的研究前提是要以大量的最新调查事实资料为基础，运用专业理论对所提出的观点和见解，从事实和理论两个方面加以分析论证，使之上升到一定的理论高度，在学科的建设和实际工作中具有较强的指导作用。如《科研兴校实施中的问题与对策调查报告》、《〈数学建模〉课程教学与科研现状调查报告》等。

四、调查研究的方法

1. 典型调查

典型调查又叫“解剖麻雀”，是根据调查的目的和要求，在对所研究对象进行全面分析的基础上，选择少数有代表性的单位作典型，进行深入周密的调查研究。典型调查的特点在于：调查单位少，具有代表性，便于进行深入、具体、周密的调查。其不足是在实际操作中选择真正有代表性的典型单位比较困难，导致调查的结论有一定的倾向性，且调查的结果不易推算全面数字。典型调查有两种类型：一种是一般的典型调查，即对个别典型单位的调查研究。在这种典型调查中，只需在总体中选出少数几个典型单位，通过对这几个典型单位的调查研究，用以说明事物的一般情况或事物发展的一般规律。第二种是具有统计特征的划类选点典型调查，即将调查总体划分为若干个类，再从每类中选择若干个典型进行调查，以说明各类的情况。

2. 统计调查

统计调查，即数量调查，是根据统计任务的要求，运用科学的调查方法，有计划、有组织地向社会搜集统计资料的过程。统计调查搜集来的资料有两种：一种是对调查单位未做任何加工整理的原始资料，又称为初级资料；另一种是次级资料，即已经经过某个部门或地区加工整理过了的综合说明某个部门或地区综合情况的统计资料。统计调查按调查对象包括的范围不同，可分为全面调查和非全面调查。

3.抽样调查

抽样调查是根据部分实际调查结果来推断总体标志总量的一种统计调查方法,属于非全面调查的范畴。它是按照科学的原理和计算,从若干单位组成的事物总体中,抽取部分样本单位来进行调查、观察,用所得到的调查标志的数据以代表总体,推断总体。根据抽选样本的方法,抽样调查可以分为概率抽样和非概率抽样两类。抽样调查有以下特点:按随机原则抽选样本;总体中每一个单位都有一定的概率被抽中;可以用一定的概率来保证将误差控制在规定的范围之内。

4.问卷调查

问卷调查也称问卷法,是以书面提出问题的方式搜集资料的一种研究方法。研究者将所要研究的问题编制成问题表格,以邮寄方式、当面作答或者追踪访问方式填答,从而了解被测试对象对某一现象或问题的看法和意见,所以又称问题表格法。问卷法的运用,关键在于编制问卷,选择被试和结果分析。问卷调查,按照问卷填答者的不同,可分为自填式问卷调查和代填式问卷调查。问卷一般由卷首语、问题与回答方式、编码和其他资料四个部分组成。问卷调查法的优点是,它能突破时空限制,在广阔范围内,对众多调查对象同时进行调查,便于对调查结果进行定量研究。

五、调查报告的结构与写法

调查报告一般有标题、前言、概况介绍、资料统计、理性分析、总结和结论或对策、建议,以及所附的材料等构成,其常见的结构包括标题、正文、落款三部分。

(一)标题

调查报告的标题包括公文式标题和文章式标题两种,常常直接点明主题,讲明调查对象和内容,要求写得朴实、具体、明确。

1.公文式标题

公文式标题由调查对象、主要内容和文种组成,如《关于邯郸钢铁总厂管理经验的调查报告》、《浙江省农村中学语文教学情况的调查报告》。也有的省略介词关于和文种,如《农民负担情况调查》。

2.文章式标题

文章式标题具体方式灵活多样,主要概括调查报告主要内容或主旨,一般有结论式、提问式、暗示式等。标题可以显示作者自己的观点,如《走集约经营之路》;可以直接叙述事实,如《三个孩子去蛇岛》;可以用问题作标题《这里的干群关系为什么这样好?》、《为什么大学毕业生择业倾向沿海和京津地区》;可以用形象画面暗示文章内容，如《“航空母舰”逐浪经济海洋》。

3. 调查报告的标题也可以分为单标题和双行标题两类。双行标题由正标题和副标题组合而成，也称正副式标题、复式标题，一般正标题点明文章的主题，副标题说明被调查的对象，正题一般采用文章式标题，副题则常用公文式标题。如《希望的火花——中关村电子一条街调查》、《为了造福子孙后代——××县封山育林调查报告》。

（二）正文

调查报告的正文由前言、主体、结尾三部分组成。

1. 前言

前言又称引言、导语，是调查报告的开头部分。它简洁明了地介绍有关调查的情况，或提出全文的引子，为正文写作做铺垫。要求简洁明快，引领下文。常见的前言有：

(1)交代式

交代式就是对调查的课题、对象、时间、地点、方式、经过等作简明的介绍，使读者在入篇时就对调查的过程和基本情况有所了解。例如《关于北京市家用缝纫机销售情况的调查》的开头：

为了增强计划性，加强对家用缝纫机的经营，更好地掌握市场销售动态，我们采取了走访经营单位与分析历史资料的办法，对北京市家用缝纫机历年销售情况及当前社会保有量和市场需求变化进行了调查。经过分析，认为北京市场除上海缝纫机供不应求外，其他牌号缝纫机销售在北京市已趋于饱和。

这个开头包括目的、方法、范围和结论等几个方面，属于交代式的开头。

(2)提要式

提要式是把调查对象最主要的情况，包括课题、对象、调查内容、调查结果和分析的结论等概括写在开头。例如《靠名牌赢得市场——关于深圳市飞亚达(集团)股份有限公司的调查》的开头就是这样的：

飞亚达(集团)股份有限公司(以下简称飞亚达)是一家以生产钟表为主的大型企业，1987年成立于深圳。在经济特区这块改革开放的沃土上，该公司坚持不懈地实施名牌战略，终于在竞争激烈的钟表行业后来居上。历经12年的艰苦创业，飞亚达由一个钟表小厂发展为总资产逾8亿元，年创利润8000万元的上市公司，成为国内同行的翘楚。

这个开头把飞亚达公司发展情况和主要成绩作了概括介绍，提纲挈领，统率全文。

(3)问题式

问题式是在文章开头提出问题来，引起读者对调查课题的关注，促使其思考。这种开头可以采用提问的方式引出问题，也可以直接将问题摆出来。例如《农村发展社会主义市场经济的成功之路——贸工农一体化、产加销一条龙经营的调查》的开头属于入笔先提问的类型：

近些年，随着农村改革的深化和商品经济的发展，贸工农一体化、产加销一条龙的经营方式，正在我国农村迅速突起。它一出现，就显示出旺盛的生命力和巨大的优越性，为农村经济的发展注入新的活力。这种经营方式对我国农业向商品化、现代化转化有哪些作用？应采取什么方针政策扶持其发展？我们就这些问题进行了调查，并同10个县(市)的有关同志进行了座谈，形成了一些共识。

《明晰产权起风波——对太原市一集体企业被强行接管的调查》的开头采用叙述的方式直接暴露问题，设置悬念：

企业要求按照有关法律、法规和政府规定明晰产权，本来是件好事。可太原市一家集体企业却因为明晰产权被所在区政府部门强行接管，陷于瘫痪。该企业把区政府两个部门告上法庭，至今已一年多时间，早就超过了审结期限，可法院却迟迟不判决。

2.主体

主体是调查报告的主要部分。它对调查得来的事实和有关材料进行叙述，对所作出的分析、综述进行讨论，对调查研究的结果和结论进行说明。这部分的材料丰富、内容复杂，在写作中最主要的问题是结构的安排。其主要结构形态分三种：

(1)观点贯穿材料。这种结构形态主要有几个从不同方面表现基本观点的层次组成主体，以基本观点为中心线索将它们贯穿在一起。其好处在于线索明朗化，使读者易于把握所要阐述的问题。例如，调查报告《按照市场经济规律指导农民增收——山东省微山县调查》的主体就是这样的形态。它由标题所显示的基本观点贯穿起来的以下四个部分构成："抓住了规律就抓住了根本"；"把握市场需求，发挥自身优势"；"围绕市场竞争，加强联合与协作"；"遵循价值规律，推进农业'四化'"。

(2)材料按性质归类。课题比较单一、材料比较分散的调查报告，可采用这种结构形式。作者经分析、归纳之后，根据材料的不同性质，分门别类将它们梳理成几种类型，每一个类型的材料集中在一起进行表达，形成一个层次。每个层次可以加小标题，也可以不加。其好处在于分为小层，内容清晰，使读者在各小层的基础上来把握全文所阐述的问题。例如，调查报告《不信民心唤不回——从宁乡县五个乡镇的变化看做好农村思想政治工作的重要性》，分别从原因、措施、启示三个方面着眼，写了三个大的层次。其中原因又概括为五条，启示也概括为三条，又形成大层次下的若干小层次。

(3) 以调查阶段自然形成层次。事件单一、过程性强的调查报告，可采用这种结构形式。它实际上是以时间为线索来谋篇布局的，类似于记叙文的时间顺序写法。这种有清晰过程的写法，可以提高读者的阅读兴趣，易于读者把握作者所阐述的问题。1999 年 12 月 16 日《人民日报》"记者调查"栏目发表的《暗访北京站前发票非法交易》一文，按调查过程写了这样几层内容：

12 月 6 日 15 时 35 分，记者在北京站东侧出站口遇到第一个卖发票的人；过马路前，又遇到四五个卖发票的小伙子；过马路后，被一个穿棕色皮衣的卖发票者拦住纠缠难以脱身；在站前丁字路口东北侧又遇到几个卖发票的男女。

主体的结构有不同的框架。根据逻辑关系安排材料的框架有：纵式结构、横式结构、纵横式结构。这三种结构，以纵横式结构常为人们采用。

按照内容表达的层次组成的框架有："情况——成果——问题——建议"式结构，多用于反映基本情况的调查报告；"成果——具体做法——经验"式结构，多用于介绍经验的调查报告；"问题——原因——意见或建议"式结构，多用于揭露问题的调查报告；"事件过程——事件性质结论——处理意见"式结构，多用于揭示案件是非的调查报告。

3. 结尾

结尾是调查报告的结束部分，一般要归纳全文，做出结论；也有的是表达意见，提出希望；还有的是提出问题，引发思考。总之，结尾要自然、贴切，要与正文融为一体。

常见的写法有以下三种：

(1)概括全文，明确主旨。在结束的时候将全文归结到一个思想的立足点上，能给读者提供清醒的理性认识。例如《关于邯郸钢铁总厂管理经验的调查报告》的结尾：

邯钢的实践证明，国有企业适应建立社会主义市场经济体制要求，必须在转换经营机制的基础上转换经营方式，切实转变经济增长方式，这样才能充分挖掘企业的内部潜力，提高企业的整体素质和市场竞争力。邯钢的做法为国有企业实行从传统的计划经济体制向社会主义市场经济体制，从粗放经营向集约经营两个具有全局意义的根本性转变提供了借鉴的经验。

(2)指出问题，启发思考。调查报告涉及的问题如果还没有引起人们的注意，或者作者还不能提出解决问题的办法，那么，只要把问题指出来，引起有关方面的注意，或者启发人们对这一问题的思考，也是很有价值的。例如《暗访北京站前发票非法交易》一文的结尾：

记者随后又转了几个地方，16 时 10 分从北京站前离开。在这 40 分钟里，碰见了大约 20 名卖发票的不法人员。听口音他们大都是外地人。从言谈举止可以感觉到他们知道自己的行为是违法的。在广场、路口维持秩序的公安、保安人员不少，也许是司空见惯了吧，记者没有看到他们出面制止这种不法行为。

对发票非法交易的现象，到底该由谁来管，怎么管？作者指出这一问题，相信能引起有关部门的重视。

(3)针对问题，提出建议。在揭示有关问题之后，对解决问题提供一些可行的建议。例如专题调查《人情消费，让人如何承受你！》就写了一个建议性的结尾：

在人情消费已成为一种风气的情况下，制止大操大办单靠哪一个人、哪一个单位很难从根本上奏效，如喝喜酒，往往是通知范围大了人们反感，范围小了没接到通知的人也有意见。遏制人情消费，建立新型的人际关系，倡导社会新风，是一项社会系统工程，需要各级各部门共同努力。首先要加强宣传和教育。提倡新事新办，勤俭持家，厉行节约，建立新型的社会主义人际关系。节日期间，报纸、电台、电视台可举办专题栏目、节目进行宣传，文化部门应挑选一批优秀的影片(主要是婚丧嫁娶新事新办方面的)在各乡镇、村巡回播放。通过广泛深入的宣传教育，使人们树立正确的人情消费观。其次要制定社会规范。在政府机关和企事业单位建立红白理事会，推行节俭办红白喜事。建立约束机制，对人情消费进行引导、规范、管理。三是严格稽查。对大操大办甚至借机敛财的干部要严肃处理，直至在新闻媒体上曝光。

结尾提出了三条建议来解决人情消费的严重问题，其中不乏切实可行的措施。

(三) 落款

调查报告的落款要写明调查者——单位名称和个人姓名，以及完稿时间。署名一般居于标题下方。写作日期居于正文右下角。如果标题下面已注明调查者，则落款时可省略。

六、调查报告的写作要求

1. 深入调查，占有第一手材料

(1)确定调研重点要了解党和国家一个时期的大政方针是什么，有什么突出的问题需要我们去探讨和研究；要了解社会在如何发展，老百姓在想什么、干什么、盼什么，创造了什么新鲜经验，有什么热点、难点问题需要我们去解决，特别是通过制定政策去调节。

(2)迈开双脚,深入实际。调查中,一要“沉”,就是“沉”下去,沉到群众中,用心调查,切忌走马观花。二要“全”,即全面了解。既要了解“面”上的材料,又要了解“点”上的材料;既要了解正面材料,又要了解反面材料;既要了解现实材料,又要了解历史材料。

2. 观点与材料的统一

调查报告必须用事实说话,据事言理,用客观的事实、确凿的数字来说明观点。如果只有观点,没有事实,调查报告就失去了它的说服力。

(1)精心提炼观点。调查报告是用事实说话的,但事实不是简单罗列的,而是由观点统帅的。因此,调查以后要认真分清现象与本质、主流与支流、成绩与缺点、主要矛盾和次要矛盾等。一方面,要通过研究理解理论,寻找社会运行的新规律;另一方面,通过研究,直接帮助解决社会实践中的各种实际问题。

(2)选择典型事例。调查报告的结论、观点都要建立在客观事实的基础上,切忌脱离事实、空发议论。事例要新颖,有新意,即对某事物的调查研究能揭示出别人尚未研究或研究不深,而且富有时代气息的内容。

(3)运用对比方法。巧用对比是调查报告的常用写作方法。通过今昔、新旧、善恶、美丑、先进与落后、过去与现在的对比,使观点更鲜明突出,事例更生动形象。对比的材料有典型事例对比、概括事实对比、数字对比、语言对比等。

(4)精确运用数字。每一项调查研究,只要研究者不断地对数据作深度开发,就可能大大提高研究水平。《中国社会心理的轨迹——亚运会传播效果报告集》中关于“平日对电视体育节目的兴趣”、“对亚运会的态度”等因素的调查就很注意引用有说服力的数据来说明问题:

鉴于亚运会是在1990年举行的,在亚运会开幕之前100天,曾有人在北京做民意调查,发现有2/3的北京人对亚运会态度冷漠,而在亚运会开幕前的5天作调查时,关心亚运会的北京人已增加到72.91%。而等到亚运会结束后再次调查,有95.4%的北京人对亚运会的成功召开给予高度评价。数据显示了北京人对亚运会的态度有一个转变的过程,所以要专门分析有哪些因素影响北京人的态度改变。

(5)夹叙夹议,语言准确、活泼。调查报告行文多用夹叙夹议,叙议结合的方式,语言简明、准确、务实,而又不失活泼。可以综合运用各种修辞方法、富有形象性的名言警句等增强文章的表现力,切忌滥用深奥的专业名词。调查报告不同于公务文书的力戒俚语俗语,可以使用新鲜活泼而又能说明问题的群众语言,使表达更加摇曳多姿,反映情况更具体准确。但另一方面也要采用“平铺直叙”的写作手法,切忌写成散文。

七、例文

大学生眼中的电子商务

近几年，我国许多高等院校纷纷开设电子商务课程，学生反映强烈。××交通大学是我国率先开展电子商务教学的高校之一，1992年就开设了《条码技术与电子数据交换(EDI)》的选修课，1996年该课被列为物资管理和国际企业管理专业的必修课程；在新制订的九八级教学大纲中，《电子商务》被列为管理工程专业的必修课程。在教学实践中，××交大已经形成由教师的电子教案、学生的电子作业、交互式的远程网络教学系统以及电子商务网络案例教学模拟试验等构成的全方位多媒体教学体系。作为教育部远程网络教育试点，已经在因特网上实现了“电子商务”课程的远程网络教学。“电子商务”是××交大学生们的热门话题之一。

那么，在校大学生们是怎样看待电子商务这个问题的呢？1999年底，由www.ec21cn.com与××交通大学电子商务协会共同对××交大的在校学生做了有关电子商务的问卷调查。调查采用书面问卷形式，受访大学生575人，研究生38人(其中MBA 20人)，这些学生分别来自各个年级，涵盖了电信、经济、管理、法律、运输等多个专业，具有较强的代表性。

调查包括两部分。第一部分是对电子商务的认识。第二部分是获得电子商务的途径。

对电子商务的认知程度

在被调查者中，60.5%的本科生和100%的研究生表示对电子商务的概念有一定了解。数据显示，大学生们对电子商务表现了较大的关注，受教育的程度越高，对此的认识也越深。在对电子商务的概念有一定了解的学生中，认为电子商务对社会有很大影响的占23%；认为有一定影响，但短期内难以形成规模的学生占46%；认为中国目前发展电子商务尚有难度，对老百姓影响力有限的占31%。这一方面说明在校大学生对电子商务的发展与对社会影响的认识还较为冷静，另一方面也说明，我国电子商务的人才培养和在校教育与社会的需要还有一定的距离。

这不能不让我们担心，电子商务正以令人难以想象的高速度发展，而目前的教育及受教育者能否适应市场的需要？在对电子商务的了解程度进行深入调查时发现，问题确实很多。

表示对电子商务流程有明确认识的同学中，本科生仅占32%，MBA占80%，大部分非经济管理专业的学生对电子商务具体贸易流程的认识仍然停留在初级阶段。

在对 EDI 的认识上，仅有不到 9%的人（研究生 32%）表示曾有过了解；4%的人（研究生 18%）能就 EDI 在电子商务中的应用发表一些自己的看法，且这部分人全部是经济管理类学生。可见，在深入系统的学习中，电子商务逐渐体现了它的学科性——以经济管理为主。在这方面，经济管理类的学生有其专业的优势。但是所占比例之少，尤其是其他专业无人了解的现状实在令人担忧。

在对电子货币的调查中，仅有 1 人在网上使用过电子货币。本科生中仅有 9 人表示对此作过专门的研习，而且都集中在计算机专业和信息通信专业。研究生中也仅有 4 人表示自己曾钻研过此类问题。另有 10 人表示对此很有兴趣，这个数字是相当低的，仅占总人数的 2%。电子商务是一个跨学科的领域，在涉及电子商务发展的关键问题——金融电子化与贸易安全上，电子专业、法律专业的学生有独特的优势，但尚未引起经济管理专业的重视。就目前而言，真正认识到电子货币与自己已经很近的学生并不多，对此投入很大精力的学生更少。

对电子商务的学习途径

第二部分的调查主要是想了解学生学习电子商务知识的途径，了解哪些报刊上刊载的文章学生引用次数最多。经分析，除去开设电子商务课程的专业，大部分本科生是通过计算机类的杂志（43%）和报纸（30%）来了解电子商务知识的，从专业书籍与广播电视上学习相关知识的并不多。

调查数据显示，被学生引用的电子商务方面的论文来自 91 种中英文报刊，一方面反映了学生的阅读面很大，另一方面反映了媒体对电子商务的报道数量也在加大，同时也反映了当前我国电子商务的专业报刊尚未面世，面向大众的宣传方式仍是以面为主的普及，较少涉及具体的实施细节，系统介绍电子商务知识的报刊并不多。

在普及电子商务方面受到学生们认可的媒介主要有《计算机世界》、《互联网世界》、《信息与电脑》、《中国计算机用户》、《市场与电脑》等刊物。经过进一步调查了解到，这些排名靠前的报刊，在 1999 年都专门设立了电子商务普及类的专栏或专题讲座。在人们迫切想了解电子商务知识的时候，选择系列刊载的报刊无疑是读者的首选。但是没有一家刊物所占的比例超过 15%。

最后，在没有任何组织的前提下，大多数学生（本科生的 65%和研究生的 89%）都主动去过电子商务的展览会，从中了解电子商务的最新发展动态和最新技术应用。

通过调查我们发现，大学生们对电子商务都十分感兴趣，不少人通过阅读课外资料或参加展览了解电子商务，有目的地学习电子商务知识。但是，他们缺少系统全面的学习。在电子商务成为21世纪贸易主要手段的趋势下，电子商务的普及与教育工作若能更上一层楼，将会推动我国电子商务的发展与壮大。

第四节　简报

一、简报的概念和特点

（一）简报的概念

简报就是简要的情况报道，它是党政机关、人民团体、企事业单位内部编发的用于汇报工作、反映问题，沟通信息、交流经验的一种应用文书。它简短、灵活、快捷而具有新闻意义，是传递某方面信息的简短的内部小报。简报有许多种名称，分别称为“动态”、“简讯”、“情况交流”、“内部参考”等。

简报是一种比较古老的文体，它的起源可以追溯到汉代。汉武帝初年，就出现了名为“邸报”的手抄报。到了唐代，已经出现了印刷的邸报。邸报发展到现代，形成了公开出版的报纸和内部传阅的简报两种形式。

简报刊登的文字不限于一种文章的体裁。一份简报可能只登一篇文章，也可能登几篇文章。这些文章，可能是报告、专题经验总结、讲话、消息等。

（二）简报的特点

1.新闻性

简报近似于新闻报道，特点主要体现在真、新、快、简四个方面。

“真”是内容真实，这是新闻的第一特征。简报所反映的内容、涉及的情况，必须严格遵循真实性原则，时间、地点、人物、事件、原因、结果，所有要素都要真实，所有的数据都要确凿。

“新”指内容的新鲜感。简报如果只报道一些司空见惯的事情，就没有多大价值和意义了。简报要反映新事物、新动向、新思想、新趋势，要成为最为敏感的时代的晴雨表。

“快”是报道的迅速及时。简报写作要快，制作和发送也要简易迅速，尽量让读者在第一时间里了解到最新的现实情况。如果新事物、新经验还处在萌芽状态的时候，就敏锐地抓住，及时反映，及时得到有关领导部门支持、扶植、总结推广，就可促进某项事业的更快发展。

“简”是指内容集中、篇幅短小、提纲挈领。一期简报总共一两千字，长的也不过三五千字。简报的语言必须简明精练。

2.集束性

虽然一期简报中可以只有一篇报道，但更多情况下，一期简报要将若干篇报道集结在一起发表，形成集束式形态。

3.规范性

从形式上看，简报要求有规范的格式，含报头、目录、编者按、报核、报尾等部分。其中报头、报核、报尾是必不可少的，而且报头和报尾都有固定的格式。

二、简报的作用

简报的作用主要体现在以下几个方面：

1.向上级汇报工作、反映情况

简报可以上行，迅速及时地向上级反映本系统本单位的日常工作、业务活动、思想状况等，便于上级及时了解情况，分析问题，做出决策，有效地指导工作。简报在政治上的作用是至关重要的，特别是送到高级领导机关的简报，往往会产生重大的影响。1981 年下半年，正当社会上“一切向钱看”的思潮盛行时，北京市纺织工业局的几份简报，刊载了舍身救人的好工人赵绍华、王勤，四拒贿赂的老工人关永增的事迹。中央领导同志看后非常重视，作了重要批示，提出要大张旗鼓地提倡社会主义精神文明。后来新华社开辟了“新风录”专栏并加按语，中央和各省市的报纸相继转载。可以说，这几期简报对精神文明建设起了很大的推动作用。

2.平级机关之间交流经验、沟通情况

简报也可以平行，用于平级单位、部门之间交流经验、沟通情况，以便于相互学习借鉴，促进工作。机关的报告、决议、指示等等，有许多是从简报反映的大量情况中选择、综合、提炼而成的。报刊上的新闻、通讯，也有不少是来源于简报的。

3.向下级通报情况，传达上级意图

简报还可以下行，用来向下级通报有关情况，推广先进经验，传达上级机关意图。领导机关可以通过简报，不断向下属单位传达某些领导意图和带指导性的、倾向性的意见，同时在所属单位之间交流和沟通情况，以推动工作。一些会议，特别是大中型会议也可以用简报交流思想，引导与会人员，向上级领导机关反映会议的进展和结果等。

三、简报的种类

简报按照不同的分类标准，可以划分为很多不同类型。按时间分，有定期简报和不定期简报；按发送范围分，有内部简报和普发性简报；按性质分，有综合简报和专题简报;按内容分,有工作简报、生产简报、会议简报、信访简报、科技简报、教学简报等;按用途分,有汇报性简报、动态性简报、报道性简报、总结性简报、介绍性简报等。下面主要介绍四种类型的简报。

1. 工作简报

又称日常工作简报、业务简报,这是为推动日常工作而编写的简报。它的任务是反映工作开展情况,介绍工作经验,报告工作中出现的问题等。它包含的内容较广,工作情况、成绩问题、经验教训、表扬批评,对上级某些政策或指示执行的步骤、措施都可以反映。工作简报又可分为综合工作简报和专题工作简报两种。综合简报全面反映单位工作进展、思想动态、成绩缺点等概况;专题简报又称中心工作简报,它是一种阶段性的简报,针对机关工作中某一时期的中心工作、某项中心任务而编。工作简报常以定期或不定期的形式出现,在一定范围发行。

2. 会议简报

这是会议期间为反映会议进展情况、会议发言中的意见和建议、会议决议事项等内容而编写的简报。一些规模较大的重要会议,与会代表并不能了解会议的整体情况,譬如分组讨论时的重要发言、有价值的提案等,需要依靠简报来了解会议的基本面貌。重要会议的简报往往具有连续性的特点,即通过多期简报将会议进程中的情况接连不断地反映出来。会议简报一般由会议秘书处或主持单位编写。小型会议一般是一会一期,常常在会议结束后编写。

3. 科技简报

这是为反映最新科学技术研究成果、介绍推广新产品、新工艺、新技术、新理论、新动向而编写的简报。这类简报内容新、专业性强,有的属于经济情报或技术情报,有一定的机密性,必要时需加密级。

4. 动态简报

这是为反映本单位、本系统的思想、政治、经济、文化等方面情况、信息而编写的综合性简报。动态简报着重反映与本单位工作有关的正反两方面的新情况、新动向、新问题,为领导和有关部门研究工作提供鲜活的第一手资料,向群众报告工作、学习、生产、思想的最新动态。

四、简报的结构与写法

完整的简报包括以下项目:

(一)目录

集束式的简报可编排目录。由于简报内容单纯,容易查找,目录一般无须标序码和页码,只要将编者按、各篇标题排列出来即可。

（二）编者按

必要时可加编者按，主要内容是工作任务来源、本期重点稿件的意义和价值、转引目的、转发范围、征稿通知、征求意见等。编者按不可过长，短者三五行，长者半页即可。

编者按可分三种类型：一是题解性按语，它类似前言，主要对文稿产生过程、作者情况、主体内容作简要介绍；二是提示性按语，它侧重于对简报内容的理解揭示或是针对当前实践应注意事项的提醒；三是批示性按语，它往往援引领导人原话或上级机关指示，结合简报内容对实际工作提出批示性意见。

（三）报道

格式上，简报由报头、报核和报尾三部分组成。

1. 报头

简报的报头有些类似公文的“红头”，一般也是套红印刷，但又有一些不同之处。首页间隔横线以上称为报头，由简报名称、期数、编发机关、日期、保密提示等项目组成。简报名称除用“××简报”、“××动态”、“情况反映”等外，还可加上单位名称、专项工作等内容。如《××大学“三讲”教育简报》。简报名称用大号字套红印刷。

期数位于简报名称下方正中，加括号。如果是综合工作简报，一般以年度为单位，统编顺排；如果是专题简报，按专题统编顺排。如果是增刊，就标明“增刊”字样。

编发机关一般是“××办公室”或“××秘书处”及会议的秘书处（组），要求用全称或规范化简称，位于期数下面、间隔横线上方左侧。

日期位于编发机关右侧。

如果需要保密，在首页报头左上角标明密级或“内部刊物”字样。确有必要，还可在首页报头右上角印上份号。

间隔横线一般为红色。

2. 报核

报头以下、报尾以上的部分都是报核。报核包括标题、正文、结语三部分。

（1）标题

简报的标题位于横线下正中排列，跟新闻的标题有些类似，可分为单标题和双标题两种基本类型。

单标题是将报道的核心事实或其主要意义概括为一句话作为标题，如：《后勤工作今年重点抓好五件事》、《我校通过“211 工程”专家审查验收》、《查摆突出问题 研究“三讲”教育方案》。标题中间可以用空格的方式表示间隔，也可以加用标点符号。

双标题有两种情况。

一是正题后面加副题。如：

再展宏图创全国一流市场

——××农贸市场荣获市信誉市场称号

前一个标题是正题，概括事实的性质，后一个标题是副题，补充叙述基本事实。

二是正题前面加引题。如：

尽责社会　完善自身

××师大团委开展“把知识献给人民”的活动

前一个标题是引题，指出作用和意义，后一个标题是正题，概括主要报道内容。

(2)正文

导语是简报的开头语，要用简短的文字，准确地概括报道的内容，说明报道的宗旨，引导读者阅读全文。导语写作总的要求是“开门见山”，一开始就切入基本事实或核心问题，给人一个明确的印象。

导语的具体写法可根据主题需要，分别采用叙述式、描写式、提问式、结论式等几种形式。用概括叙述的方法介绍简报的主要内容，叫做叙述式；把简报里的主要事实或某个有意义的侧面加以形象的描写，以引起读者的阅读兴趣，叫做描写式；把简报反映的主要问题用设问的形式提出来，以引起读者的思考，叫做提问式；先将结论用一两句话在开头点出来，然后在主体部分再作必要的解释和说明，叫做结论式。这几种导语形式，各有所长，写作时可根据稿件特点选择运用。

主体是简报的主要部分，它的任务是用足够的、典型的、富有说服力的材料把导语的内容加以具体化，用材料来说明观点。写好主体是编好简报的关键。主体的内容有反映具体情况，介绍具体做法，叙述成绩和经验，指出存在的问题等，或是几项兼而有之，要视具体情况而定，没有固定的框框。

主体的层次安排有纵式结构和横式结构两种。纵式结构按事件发生、发展的时间顺序来安排材料；横式结构按事理分类的顺序安排材料。如果内容比较丰富，各层可加小标题。

结语。简报要不要结语，因内容而定。事情比较单一，篇幅比较短小的，可以不单写结语，主体部分话说完就结束，干净利落。事情比较复杂，内容较多的，可以写结语，对全文作一个小结，以加深读者印象。有些带有连续性的简报，为了引起人们注意事态的发展，可用一句交代性的话语作为结束，如“对事情的发展我们将继续报道”、“处理结果我们将在下期报道”等。

3. 报尾

报尾在简报末页，用间隔横线和报核分开。报尾内容比较简单，只需写明发送范围和印刷份数即可。有的不写报尾，写完正文，自然结尾。

简报的报头、报核、报尾样式如图：

保密标志

简报名称

（第×期）

××××编　　　　××××年×月 ×日

标题

正文

报：
送：
发：　　　　共印× 份

五、简报的写作要求

1. 材料要真。真实是简报的生命所在，简报的材料绝不能合理想象，捕风捉影。

2. 内容要新。简报中反映的事件要有新闻性，要写新情况、新经验、新趋势。唯有“新”的东西，才值得编发简报。

3. 文字要简。一是内容集中，一篇文章只反映一个主题，观点鲜明。二是语言简洁。开门见山，直陈其事。字数一般以 1000 字左右为宜，最长不超过 2000 字，甚至有的可几十字。三是结构简明，线索单一，脉络分明。

4.编发要快。及时捕捉信息,快速成文。

六、例文

××大学“三讲”教育简报

××大学“三讲”教育领导小组办公室编　　　　1999年×月×日

目录

★编者按

★党委开展调研活动 征集对学校工作的意见和建议

★查摆突出问题 研究“三讲”教育方案

★化学化工学院加大改革力度　勇于开拓创新

编者按　在县级以上党政领导班子、领导干部中深入开展以“讲学习、讲政治、讲正气”为主要内容的党性党风教育,是中央和省委进一步落实党的十五大精神,推动深入学习邓小平理论,加强领导班子建设,提高领导干部素质的一项重要举措。我校被省委确定为全省“三讲”教育试点单位之一,承担了重要的责任。为了切实搞好我校的“三讲”教育,宣传“三讲”教育的重大意义、指导思想和具体做法,交流经验,我们特编辑了《××大学“三讲”教育简报》。《简报》将及时报道我校“三讲”教育的工作情况。欢迎各部门、各单位惠赐稿件,并对我们的工作提出宝贵的意见。

党委开展调研活动,征集对学校工作的意见和建议

1999年×月×日,学校党委召开由中层领导干部、专家学者、优秀中青年教师和离退休职工代表参加的调研会,全面征集对学校党政工作和班子成员的意见和建议。到会代表共77人,收回调研表74份。参加调研的同志以对学校工作高度负责的精神,结合学校的工作实际和个人的切身感受,对学校近年来取得的成果和党政班子的工作给予了充分肯定,同时也对学校工作中存在的问题提出了许多中肯的、建设性的意见和建议。这些意见和建议为学校领导班子查找自身存在的突出问题,并通过“三讲”教育切实予以解决,提供了重要的基础和依据。

查摆突出问题,研究“三讲”教育方案

1999年×月×日和×日,党委书记×××同志两次主持召开党政联席会议,会议认真听取了关于“三讲”教育调研情况的汇报。

班子成员结合学校的工作实际,根据省委关于开展“三讲”教育试点工作的要求,全面分析了广大群众对学校党政工作的意见和建议,实事求是地查摆了工作中存在的突出问题和不足。经过认真讨论,大家一致认为,在“三讲”教育中,校级领导班子要解决的突出问题是:理论学习不深入,深入改革的意识

不强，坚持民主集中制不力，工作作风欠实，管理落后等。班子成员表示，一定要从自己做起，以办好××大学的高度的政治责任心和解决突出问题的决心，把这次“三讲”教育搞好。

校领导对“三讲”教育方案进行了认真的研究，就开展“三讲”教育的意义、指导思想、目标要求、基本原则、方法步骤和组织领导工作等内容进行了深入探讨，对工作方案草案作了许多补充和修改，为在全校开展“三讲”教育提出了重要的指导性意见。

化学化工学院加大改革力度，勇于开拓创新

化学化工学院党政领导班子利用“三讲”教育好时机，总结经验，查找问题，提出了推进学院改革发展的整改措施，尤其是在增强改革意识、加大改革力度、勇于开拓创新等方面进行了积极的探索。

第一，在教学改革方面，该院准备通过对个别专业的有关课程和教学内容进行调整，使课程体系优化重组，力求务实创新，打破原有专业界限，在调研基础上，对毕业班学生在开设必修课的同时开设选修课，加大素质教育的力度；同时，准备通过改革现有考试制度和补考制度，参照化学基地班试行动态学籍管理制度和不及格重修制度；对专职教师本着以自愿为原则，以发挥个人作用为目的，将进行教学、科研分流编制；对基础课实行课程组长负责制、课程负责制、质量承包、资金承包；对科研人员进行规范管理，放宽搞活，完善科研分配制度；准备成立工程研究生指导小组，由经验丰富的老师任组长，帮助工科教师指导研究生，提高科研能力；加强工科教学，采取请进来、送出去的办法培养中青年骨干教师，加快师资队伍建设的步伐；同时还对研究生的课程门类、课程体系、实验研究、论文答辩等工作作了有关规定。

第二，在科研改革方面，成立了学院科研工作领导小组，加强对科研工作的领导、协调和管理；集中力量开展大项目研究，力求在高新技术开发上有所突破，在应用项目上注重高科技、高含量、高效益，力争申报发明奖、科技进步奖；继续支持和鼓励重点学科的研究工作；继续出台鼓励改革，鼓励产学研一体化，使科研成果尽快转化为实际生产力，为经济建设服务；同时，强化项目立项登记制度，积极向社会介绍推广。

第三，在管理工作改革方面，结合实际，以建章立制、规范管理为着眼点，在深入调查研究的基础上，已先后出台并实施了多项管理制度，如关于教室管理办法、实验室使用和仪器设备管理规定、大学生行为规范奖惩考评办法、学生宿舍测评规定等。

第五节 工作规约文书

一、工作规约文书的概念和特点

（一）概念

工作规约文书是党政机关、社会团体、企事业单位为加强对某项工作的管理而制定的要求有关人员共同遵守的规范性文书，包括章程、条例、规定、办法、制度、规则、规程、细则、公约和守则等。

（二）工作规约文书的特点

1. 法规权威性。工作规约文书属于事务文书，写法上没有行政公文那么严格，执行中也不像法律文书那样具有极强的法律效力。但是就一个部门、一个单位来说，工作规约文书无疑具有行政强制性，任何部门、任何个人都必须执行，具有权威性。

2. 内容严密性。工作规约文书是要靠人执行的，其内容必须准确、规范，具有可行性。首先，内容要有针对性。只有从本单位的实际出发，写出具有针对性的制度和规定，才会言之能行，行之有效。其次，内容要有依据。制定的规约文书要有法律依据或政策依据，必须符合党和国家的政策、法令。再次，要注意协调性。写作时必须十分注意与同类规约文书的纵向或横向联系与协调，做到标准统一，避免出现矛盾或混乱。

3. 表达规范性。在结构安排上，通常采用分条列写的方法。写作时，对条文的先后顺序、内容主次要精心设计，还要注意条与条、段与段之间的内在逻辑关系，做到层次分明，布局合理。语言上准确、简洁，没有歧义。

二、工作规约文书的作用

工作规约文书的作用主要有：

1. 规范作用。工作规约文书是行政和业务管理工作的基础，是全体人员共同遵守的规范和准则。它使有关人员在工作中有法可依，有章可循，降低纠纷，促进各项工作程序化、规范化，从而提高经济效益和社会效益。

2. 保障作用。工作规约文书可以防止管理的任意性，保护职工的合法权益；同时，使资源优化组合，合理分配，提高管理水平。

3. 奖惩作用。工作规约文书通过合理地设置权利、义务和责任，使有关人员能预测到自己的行为和努力的后果，激励其为目标而努力奋斗。

三、工作规约文书的种类

常见的工作规约文书有以下种类：

1.条例、规定、办法、细则

条例是由国家机关制定或批准的，规定某些事项或某一机关的组织、职权以及某些专门人员的任务和权限的工作规约文书，它是工作规约文书中约束力最强的一种，在所适用的范围内具有权威性，如《外资金融机构管理条例》。

规定是国家机关、社会团体、企事业单位对某项工作或活动作出的安排、提出的管理措施，如《国务院关于电力统一分配确保重点企业用电的暂行规定》。

办法是国家机关、社会团体、企事业单位对某项工作或活动制定的具体做法和要求。它比规定具体，在实际执行中可以有所变通，允许参照执行或视情况加以补充，如《信用卡管理办法》。

细则是国家机关或企事业单位对某些规章制度所作的更具体的条文式规定。它既要符合本地区、本单位的实际情况，又不能违反有关规章制度的原则和精神。细则的特点是详尽、明细，以便管理和执行，如《重要工业品自动进口许可管理实施细则》。

2.制度、规则、规程

制度是有关部门或单位制定的，要求所属人员共同遵守并按一定程序办事的准则，如《办公室人员考勤制度》、《机关值班制度》。

规则是有关部门或单位为管理具体事务、维护劳动纪律和公共利益而制定的规定性条文。它一般用于局部范围内，对一些具体的、事务性的工作进行规定，而且侧重于统一的要求，需写明具体的章法和程序，如《施行人工呼吸的基本规则》。

规程是有关部门或单位制定的要求有关人员在生产、工作中必须遵守的操作程序，它是保证安全生产和产品质量的必要措施，如《电力安全操作规程》。

3.章程、守则

章程是政党、社会团体规定本组织内部事务，要求全体成员共同遵守的规约文书。内容一般包括本组织的性质、纲领、任务、组织原则和机构、成员的权利和义务以及违反章程规定的处罚办法等。如果是未定稿，可在标题后加上“草案”字样；内容比较简单的，可称为“简章”。属政党、社会团体的组织活动规章，如党章、团章、工会章程、妇联章程等；属业务工作办事规则性质的章程，如招生简章、招干简章、办学章程、业务工作章程等。

守则是由国家机关或有关部门制定，在一定范围内施行，要求所属成员严格遵守的道德规范和行为准则，如《值班人员守则》。

4. 公约

公约是一定范围或行业的社会成员为了维护劳动纪律或公共利益，在自觉自愿的基础上经过充分酝酿制定的，要求有关成员共同遵守的行为准则和道德规范。它虽然没有强制性，但对参加协议者有约束力，如《文明市民公约》、《护线公约》等。

四、工作规约文书的结构与写法

工作规约文书一般包括标题、正文、落款三部分。

（一）标题

工作规约文书的标题一般由制发单位名称、事由、文种三要素组成，如《天津港保税区外商投资企业审批和登记规定》。有的标题只有事由和文种两部分，如《用电监察条例》、《差旅费报销制度》。还有的标题只有制发单位名称和文种，如《北京市建筑装饰协会行业公约》。

工作规约文书如果是草案或暂行、试行的，可加括号注明于标题下面，也可在标题内写明，如“暂行条例”、“试行办法”等。

（二）正文

工作规约文书的正文结构一般有两种形式：

1. 分章列条式

分章列条式正文的一般写法是：先总纲，后细目；先一般，后个别；先概括，后具体。结构上一般分为总则、分则、附则三个部分，每部分按内容的多少分列若干章节或条款。内容较少的工作规约文书（如守则、公约等），只分条款，不分章节，也不分总则、分则、附则。

（1）总则。也称总纲、序言，一般是说明制定工作规约文书的依据、目的、原则和应用范围，可采用条文形式写，也可用前言形式写。分章节写的规章制度，第一章就是总则。内容较少、不分章节的工作规约文书没有总则，只在第一条条款里用简明扼要的文字说明制定的意义、要求等。

（2）分则。这是工作规约文书的主要部分，应分条具体地写明有关项目和内容。条目较多的，可先分章，加小标题，章下再分条，使读者一目了然，便于掌握。

（3）附则。这是工作规约文书的结尾，是分则的补充和说明。附则要分条写明工作规约文书施行的要求和注意事项，以及实施日期、解释权、修订权等。附则在正文的最后一章，按统一的条目序号排下来。内容较少、不分章节的工作规约文书，其结尾的一条或几条便是附则的内容。如果总则、分则已把所有内容写明,也可以不要附则。

2. 条款式

这种工作规约文书只分条目不分章节,适用于内容比较简单的工作规约文书。一般开头说明缘由、目的、要求等,主体部分分条列写出工作规约文书的具体内容。其第一条相当于分章列条式的总则,最后一条相当于附则的写法。

(三)落款

落款包括署名和日期。工作规约文书落款的写法与公文一样,先署名后署日期。制发单位名称如果已在标题中出现,或者已在标题下注明,就不署名。日期如果已用括号标注于标题下的,此处也同样不写。随公文发送的工作规约文书,可以不署名,也可以不写日期。

五、写作要求

1. 讲究体式结构的规范性。工作规约文书常见的种类之间既有联系又有区别,写作时应把握其不同的体式特点,准确地选用。在格式上,要求对条文的先后顺序、内容主次进行精心设计,注意条与条、段与段之间的内在逻辑关系。条款层次由大到小依次可分为七级:编、章、节、条、款、目、项,一般以章、条、款三层组成最为常见。

2. 维护工作规约的权威性。在起草时必须做到"三个明确":一要明确领导意图,吃透上级或主管部门的意向、目的和要求,从而准确把握工作规约文书的要点和重点。二要明确行文基调。写作前应深入了解该工作规约文书所针对对象的现状,做好调查研究。三要明确制发背景。起草前应弄清楚以前是否有过这方面的规定或要求,从各方面考虑内容的制约和平衡,用好有关参考资料。

3. 考虑条文内容的可行性。下级部门和单位制定的工作规约文书必须符合上级部门的有关要求。这里涉及诸多方面的问题,如工作规约文书从什么时间开始执行,各级有什么权限,衡量的标准是什么,等等。标准要统一,口径要一致,步调要协调,避免出现矛盾或混乱。用语要简洁、严密、规范,具有可操作性。

4. 重视定稿过程的完整性。一些重要的工作规约文书成型后,先要制成讨论稿,发至有关部门和单位,发给有关人员,经过有关会议或有关部门的认真讨论、逐条审议修改后,才能定稿。有些规章制度即使在反复讨论审定后印发下去,也还须标注"试行"或"暂行"字样,须经过一段时间实践的检验,并在实施中不断地完善和修订。

六、例文

【例一】

××市工业局廉政制度

为了保持清正廉洁，防止腐败，强化自我约束机制，根据省、市有关廉政建设规定，结合我局实际，经全体同志充分讨论，建立如下廉政制度：

一、要甘当公仆。全局工作人员要坚持为人民服务的宗旨，热爱本职工作，继续发扬密切联系群众、艰苦朴素、廉洁奉公的优良作风，不搞特权，不谋私利，多做贡献。

二、要改进作风。全体工作人员尤其是各级领导干部，要深入基层，调查研究，帮助基层解决实际问题，办实事，讲实效，不搞形式主义。要勤俭节约，不铺张浪费，不用公款请客送礼，开会不发纪念品，不办超标准的会议伙食，会议不搞旅游，对上、下级和外地客人，由分管领导或对口部门按标准，积极热情接待。到基层工作应在职工食堂就餐，并按规定交费。

三、要清正廉明。全体工作人员尤其是各级领导干部，不得用权力帮助子女、亲属升学、就业、参军、提干、晋级，不得利用职权在申报项目、产品鉴定、达标升级验收、资金物资分配、人员调动、转干提干等方面索贿受贿，不把职权范围的工作变为有偿服务。严格按照小汽车管理办法使用小汽车，因私用车要按规定付费；严禁贪污、挪用公款，不准多占住房和违法建私房，对多占住房和违法建房按规定认真处理。

四、要政务公开。全局性的工作，如年度计划、年度工作安排、总结、基建技改项目的审定、机关人员的调动、安排、职务的晋升、调资提级、奖金分配、住房调整、经费开支、计划物资分配、评选先进、职工奖惩、招工招干等重大问题，应广泛征求群众意见，领导集体讨论决定，必要时张榜公布，接受群众监督。讨论决定上述问题时，涉及的有关人员应该自觉回避。

五、要严格考核检查。上述决定由局监察室、纪检组负责考核，作为干部提升晋级、评选先进的重要内容，每季考核一次，年终总评。

××××年××月××日

【例二】

××股份有限公司章程

（××××年×月×日）

第一章　总则

第1条　××股份有限公司(以下简称公司)是以公有制为主体的股份制

企业。公司本部设在××市××路××号。

第2条　公司依照国家关于开办企业的规定，经政府管理部门批准成立，依法注册登记，领取营业执照，具有法人资格。

第3条　公司实行自主经营，独立核算，依法纳税，自负盈亏，并以其全部资产对债务承担有限经济责任。

第4条　公司为国家考核单位，所属工厂为公司的内部考核单位，公司归××市工业局主管。

第5条　公司的宗旨是：认真执行党和国家的方针、政策，为社会提供价廉物美、适销对路的电声产品，为国家和企业积累资金，多创外汇，为保障股东的合法权益，为在保证国家、企业增收的前提下，增加职工收入，为建设社会主义物质文明和精神文明作贡献。

第6条　公司在平等互利的原则下，积极发展横向经济联系和经济技术协作。

第二章　经营范围和方式

第7条　公司以开发、生产电声器件产品为主体，同时研制成套音响系统产品，承包音响系统工程，开展音响技术咨询服务。

第8条　研制生产电声器件的专用模具、设备和仪器。

第9条　公司根据资金状况和发展形势，组织生产经营其他领域的产品。

第10条　开拓国际市场，在国家授权范围内开展外贸业务。

第三章　股份

第11条……第13条(略)。

第四章　股东代表大会

第14条……第20条(略)。

第五章　董事会

第21条……第26条(略)。

第六章　总经理

第27条……第32条(略)。

第八章　分配

第33条　公司利润按下列顺序分配：

(一)依法向国家缴纳税金；

(二)归还技术改造贷款；

(三)分配公司五项基金。

第34条　公司五项基金的比例，由董事会视公司经济效益，兼顾国家、企业、职工、股东几方面的利益决定。

第 35 条 公司股票只计红利，不计股息。红利率由董事会决定。

第 36 条 公司发放红利于每年年终决算后进行。股票发行的第一年，自发行日至年终决算日实际不满一年的，红利的发放按实际月份计发。

公司发放红利时，对个人股按国家规定扣缴 20%的个人收入调节税。

第 37 条 公司如发生经营亏损，且未建立红利后备基金，当年不发红利，以后也不再补付。

第九章 股东权利和义务

第 38 条……第 41 条(略)

第十章 附则

第 42 条 本章程自董事会讨论通过之日起施行。

第 43 条 本章程解释权属公司董事会。

第三章 经济文书

第一节　经济文书概述

一、经济文书的含义和分类

经济文书是用于经济活动领域里的各种文体的总称，它们担负着反映经济情报、分析经济现状、预测经济形势、提供经济方案、规范经济交往、促进商品销售等项任务，其最终目的是为提高经济效益服务。经济文书是工商企业和一切涉及经济活动的单位或部门的必备文书。

经济文书的范围极为广泛，从写作内容到写作文体，差距都很大。按照体裁划分，有经济论文类、经济报告类、合同类、广告与说明书类等。

二、经济文书的特点

与其他文书相比，经济文书有如下几个特点：

（一）专业性强

经济类文书，无论是专题论文、经济报告、经济合同，还是广告和说明书等，尽管它们的体裁不同，经济结构不一，表达方式各有特点，但都集中地反映经济现象和问题，表现着一定的经济关系，是经济专业中的主要文体。

（二）理论联系实际的原则

经济类文书的写作都应发扬理论联系实际的文风，即从事实出发，反过来又为实际服务。经济预测是为了立足过去和现在而预测未来经济的实际发展变化；经济活动分析是对实际经济运动规律的总结和探索；经济项目可行性研究是对某个已在拟议中的经济项目进行研究，论证其实际的可行性及不可行性。这三者都是从事实和可能的事实出发，都需遵循理论联系实际的原则。

（三）具有潜在的政策法规性

部分经济类文书中的某些思想、观点很可能被政策法规所采纳，甚至制定、出台一项新的政策和新的法规，因此，这类经济文书是有一定权威的。了解这一点很重要，它要求我们重视这类经济文书的写作并注意到它可能被立为政策和法规的特点。

三、经济文书的写作要求

（一）区分特点，按要求写作

经济文书是一个大类，有各种相差很大的体裁，因此首先要严加区分不同体裁的特点。如经济论文是专题议论文，表达手法以议论为主，讲究逻辑推理，重点在于探索经济理论和经济规律。经济预测、经济活动分析、经济项目可行性研究等，要求材料充实、精确、可靠，分析或预测实事求是，具有现实性和可行性。经济合同则要求准确严密，严格依法操作，不允许有任何疏漏。

（二）客观真实，实事求是

从大的方面来说，经济类文书与国计民生密切相关，如果缺乏客观真实和实事求是，势必影响国家发展和人民生活。所以，经济文书一定要客观真实，具体说就是事实真实，数据真实，资料真实。

（三）边实践，边学习

经济文书是经济工作的重要组成部分，具有很强的专业化特点。要写好经济文书，首先要懂得经济工作，要深入到经济活动的实践中去，熟悉各种经济文体，逐渐培养和积累写作经验，最终使自己成为经济文书写作的行家里手。

第二节　经济合同

一、经济合同的概念和作用

经济合同是合同的一种。它是人们在经济交往中，为了保证信守所议定的事项，以法定形式拟定的、对双方都有约束力的文书。《中华人民共和国合同法》规定：经济合同是法人之间为实现一定经济目的、明确权利义务关系的协议。

经济合同以经济利益为纽带，把社会经济活动有机地联系起来，是一种对合同双方都具有同等约束力的文书。它有利于保护合同当事人的合法权益，有利于维护社会经济秩序，有利于加强专业化生产协作，有利于加强企业的经营管理，有利于发展对外贸易和经济技术交流。

二、经济合同的种类

经济合同种类繁多，可以从不同的角度去进行划分。

1. 按业务性质划分有购销（包括供应、采购、购销结合、协作、调剂等），建设工程承包，加工承揽，货物运输，供用电，仓储保管，财产租赁，借贷，财产保险和科技协作 10 种合同。

2. 按有效期限划分有长期经济合同（有效期限在一年以上）和短期经济合同（有效期限不足一年）。

3. 按经济合同与国家计划的关系划分有指令性计划的经济合同、指导性计划的经济合同和非计划性经济合同。

4. 按合同的标的划分有转移财产的经济合同和提供劳务的经济合同。

5. 按合同当事人的国际关系划分有国内经济合同和涉外经济合同。

三、经济合同的结构和写法

经济合同的书写形式有两种：一是条文式，二是表格式。除特殊情况外，一般用国家工商行政管理机关监制的合同纸。不论采用何种形式，合同的结构都应该包括以下四个部分：

（一）标题

经济合同的标题，应明确标出合同的性质，如购销合同、预购合同、供应合同等。

（二）签约双方名称

在正文之前写明签订合同的双方当事人的名称（要使用全称），然后用括号分称甲方、乙方或买方、卖方。如：

1. ××商场（甲方）
   ××工厂（乙方）
2. 供方：××××××××××
   需方：××××××××××

（三）正文

这是合同的主体。正文开始，先写订立合同的目的或根据。然后再逐条写明双方协议定妥的条款。这部分要注意条款完备、齐全，表述要准确、具体。其主要条款为：

1. 标的。标的是经济合同中确定当事人权利和义务共同指向的对象。标的可以是商品货物，也可以是劳务或工程项目，而借款合同的标的是货币。商品货物的标的包括商品的名称、规格、型号或代号、版号、商标等。任何合同都必须有标的，没有标的，双方的权利和义务就不能落实，合同就无法履行。

2. 数量。经济合同的数量指的是标的数量。数量要使用通用标准计量单位。在写明计量方法和计量单位的同时，还要写明交货数量的机动的正负尾差和合理磅差。

3. 质量。质量是合同标的产品或劳务的优劣程度。质量有两个方面的要求，一方面是指产品的外观形态，如造型、结构、色泽、味觉等；另一方面是指产品的内在成分、物理和机械性能、生物的特征等。合同标的质量的技术要求标准，力求详细、具体、明确。一般情况下，有国家或部颁标准的，按国家或部颁标准签约；没有国家标准或部颁标准的，由双方协议定一个标准；有的质量一下定不了的，可以拿样品，交货时凭样品交货，这些在合同中都要写清楚。样品必须在订立合同时由双方封存，以作为今后验收的依据。

国家标准化管理条例规定，产品质量标准分为国家标准、部颁标准和企业标准，每种标准都用代号表示。在签订合同时，要写明哪级和哪年颁的标准。订合同时，表示质量的方法有：说明书和图纸、货样、牌号、商标、产地名称、规定标的规格、检验。

4. 价款或酬金。价金是取得合同标的一方，向对方所支付的代价。价金以货币数量表示，是经济合同双方等价交换的经济关系的标志。价金条款一般包括产品的价格组成、作价方法、作价标准、调价处理办法等。确定条款时，凡国家定了价格或作价办法的商品，应遵守国家的规定；国家没有规定价格的商品，双方可以议价商定。

5. 期限。经济合同履行的期限，即合同议定的履行时间，是负有义务的双方按议定的时间履行合同的条款。它是确定合同是否按时履行或迟延履行的依据。履行期限可以按季、按月，有条件的可按旬、按日。少数产品有连续供应关系的，可按生产周期。但不能把类似“年内交货”等含糊词句写进合同。交货日期的计算：送货制以需方收货戳记为准；提货制以供方通知提货日期为准；代运制以发运产品时承运部门的戳记为准。

6. 地点。指履行合同的具体地点。这是分清双方责任的依据之一。书写这一条款时，必须写明交（提）货、付款、验收或劳务的具体地点，要注意表述确切。

7. 履行方式。指采用什么方法来实现合同所规定的当事人双方的义务。如运输合同中的运输方式，购销合同中的提货方式，借贷合同中的还贷方式等。

8. 结算。经济合同用货币履行义务时，除法律另有规定外，必须用人民币计算并通过银行转账结算。允许预付货款的商品，订立合同时，必须要注意写清开户银行、账号以及结算日期、结算方式。要注明是先付款后交货，还是先交货后付款。

9.违约责任。经济合同中规定这一条，是对不履行合同规定义务的一方的制裁措施。它是督促当事人自觉履行合同的一种手段，是实现合同的一种担保形式。合同中的违约责任是通过违约金反映的。违约金的数量，可依据法律规定，也可以由当事人双方依法商定，并要在合同中具体写明。

除上述主要条款外，产品的包装方法、要求，产品的验收方法，签约的时间、地点等也要在合同中写明。合同签订地是发生纠纷后确定管辖法院、仲裁机构的重要依据。

（四）结尾

结尾共有四项内容：一是注明合同附件；二是注明合同的有效期限；三是注明合同一式几份，交由谁保管；四是由订立合同的当事人签名盖章并写上签订的年月日。

特别提醒：

合同一经签订，对双方都具有法律效力。因此，在拟写经济合同时，要求做到以下几点：

1.合同的权利、义务以及其他条款要齐全、完备。

2.合同条款的规定必须具体、明确、毫不含糊。

3.合同的措辞要准确、严密、简练，没有歧义。类似“大概”、“估计”、“尽量”之类字眼一般不能使用，以防造成纠纷。

4.经济合同一经签订，即可生效。任何一方不得随意改动。如需修改、补充或更正，须经双方协商，将改动意见作为合同附件，正式签署后生效。

四、常见经济合同写作

（一）购销合同

购销合同是指供方将产品或商品出售给需方，需方应接受产品或商品并按规定支付价款的协议。

购销合同是我国当前在生产流通领域里常用的一种经济合同形式，是市场经济活动中，实现商品的生产和交换，搞活经济的一种重要法律手段，它具有双重性、有偿性和承诺性的特点。其种类主要有供应合同、采购合同、预购合同、购销结合合同、物资协作合同等。购销合同一般应根据当事人双方协商的具体内容制订。

【例文】

购销合同

销货方:__________(以下简称甲方)

购货方:__________(以下简称乙方)

签约时间:________________

签约地点:________________

第一条　经购销双方协商交易活动,必须履行本合同条款。具体品类(种),需签订要货成交单,并作为本购销合同的附件;本合同中的未尽事宜经双方协商需补充的条款可另附协议书,亦视为合同附件。合同附件与本合同具有同等效力。经双方确认的往来信函、传真、电子邮件等,将作为本合同的组成部分,具有合同的效力。

签订成交单,除上级规定按计划分配成交外,其余商品一律采取自由选购、看样成交的方式。

第二条　合同签订后,不得擅自变更和解除。如甲方遇不可抗拒的原因,确实无法履行合同;乙方因市场发生骤变或不能防止的原因,经双方协商同意后,可予变更或解除合同。但提出方应提前通知对方,并将"合同变更通知单"寄给对方,办理变更或解除合同的手续。

按乙方指定花色、品种、规格生产的商品,在安排生产后,双方都需严格执行合同。如需变更,由此而产生的损失,乙方负担;如甲方不能按期、按质、按量按指定要求履行合同,其损失,甲方负担。

第三条　成交单中的商品价格,由双方当事人商议决定,或以国家定价决定。

在签订合同时,确定价格有困难,可以暂定价格成交,上下幅度双方商定。

国家定价的商品,在合同规定的交(提)货期限内,如遇国家或地方行政部门调整价格,按交货(指运出)时的价格执行。

逾期交货的,如遇价格上调时,按原价执行;遇价格下调时,按新价执行。逾期提货的,遇价格上调时,按新价执行,遇价格下调时,按原价执行。由于调整价格而发生的差价,购销双方另行结算。

第四条　运输方式及运输费用等费用,由双方当事人协商决定。

第五条　各类商品质量标准,甲方严格执行合同规定的质量标准,保证商品质量。

第六条　商品包装,必须牢固,甲方应保障商品在运输途中的安全。乙方对商品包装有特殊要求,应在合同中注明,增加的包装费用由乙方负担。

第七条　商品调拨,应做到均衡、及时。对合同期内的商品可考虑按

3∶3∶4的比例分批发货；季节性商品按承运部门所规定的最迟、最早日期一次发货；当令商品，零配件和数量较少的品种，可一次发货。

第八条　对有有效期限的商品，其有效期在2/3以上的，甲方可以发货；有效期在2/3以下的，甲方应征得乙方同意后才能发货。

第九条　甲方应按乙方确定的合理运输路线、工具、到达站(港)委托承运单位发运，力求装足容量或吨位，以节约费用。

如一方需要变更运输路线、工具、到达站时，应及时通知对方，并进行协商，取得一致意见后，再办理发运，由此而影响合同期限，不以违约处理。

第十条　商品从到达承运部门时起，所有权即属乙方。在运输途中发生的丢失、缺少、残损等责任事故，由乙方负责向承运部门交涉赔偿，需要甲方协助时，甲方应积极提供有关资料。乙方在接收商品时发现问题，应及时向承运部门索取规定的记录和证明并立即详细检查，及时向有关责任方提出索赔；若因有关单据未能随货同行，货到后，乙方可先向承运部门具结接收，同时立即通知甲方，甲方在接到通知后5日内答复；属于多发、错运商品，乙方应做好详细记录，妥为保管，收货后10日内通知甲方，不能自行动用，因此而发生的一切费用由甲方负担。

第十一条　商品的外包装完整，发现溢缺、残损串错和商品质量等问题，在货到半年内(贵重商品在7天内)，责任确属甲方的，乙方可向甲方提出查询。

发现商品霉烂变质，应在30天内通知甲方，经双方共同研究，明确责任，损失由责任方负担。

接收进口商品和外贸库存转内销的商品，因关系到外贸查询，查询期为乙方收货后的60天，逾期甲方不再受理。

乙方向甲方提出查询时，应填写“查询单”，一货一单，不要混列。查询单的内容应包括唛头、品名、规格、单价、装箱单、开单日期、到货日期、溢缺数量、残损程度、合同号码、生产厂名、调拨单号等资料，并保留实物；甲方接到“查询单”后，10日内作出答复，要在30天内处理完毕。

为减少部分查询业务，凡一张调拨单所列一个品种损益在2元以下、残损在5元以下均不做查询处理(零件除外)。对笨重商品的查询(如缝纫机头、部件等的残品)乙方将残品直接寄运工厂，查询单寄交甲方并在单上注明寄运日期。

第十二条　商品货款、运杂费等款项的结算，购销双方应按中国人民银行结算办法的规定，商定适宜的结算方式，及时妥善办理。

货款结算中，要遵守结算纪律，坚持“钱货两清”原则，分期付款应在成交单上注明。有固定购销关系的国营、供销合作社商业企业，异地货款结算可采用“托收承付”结算方式；对情况不明的交易单位，可采用信用证结算方式，或先收款后交货。

第十三条 甲、乙双方的任何一方有违约行为的，应负违约责任并向对方支付违约金。因违约使对方遭受损失的，如违约金不足以抵补损失时，还应支付赔偿金以补偿其差额。如违约金过分高于或者低于造成的损失的，当事人可以请求人民法院或者仲裁机构予以适当减少或者增加。

1. 甲、乙两方所签订的具体合同要求，一方未能履行或未能完全履行合同时，应向对方支付违约合同货款总值___%的违约金。但遇双方协商办理变更或解除合同手续的，不按违约处理。

2. 自提商品，甲方未能按期发货，应负逾期交货责任，并承担乙方因此而支付的实际费用；乙方未按期提货，应按中国人民银行有关延期付款的规定，按逾期提货部分货款总值计算，向甲方偿付逾期提货的违约金，并承担甲方实际支付的保管费用。

3. 甲方提前交货和多交、错发货而造成的乙方在代保管期内实际支付的费用，应由甲方负担，乙方逾期付款的，应按照人民银行有关逾期付款的规定，向甲方偿付逾期付款违约金。

4. 对应偿付的违约金，赔偿金，保管、保养费用和各种经济损失，应在明确责任后，10天内主动汇给对方，否则，按逾期付款处理，但任何一方不得自行用扣发货物或扣付货款充抵。

第十四条 甲、乙两方履行合同，发生纠纷时，应及时协商解决，协商不成时，任何一方均可向仲裁机构申请仲裁或向人民法院起诉。（两者选一）

第十五条 本合同一式4份，甲、乙两方各执2份，并送交当地人民银行及有关部门，监督执行。

第十六条 本合同双方签章，依法生效，有效期为1年，期满双方如无异议，合同自动延长。凡涉及日期的，按收件人签收日期和邮局戳记日期为准。

开户银行：____________	开户银行：____________
账号：____________	账号：____________
地址：____________	地址：____________
传真：____________	传真：____________
电话：____________	电话：____________
销货方(甲方)签章：________	购货方(乙方)签章：________

________年____月____日

这是一份条文式购销合同，写得简明、具体、完备、规范。首先确定了购销的标的物，单价及总货款，然后规定了货物支付的时间、方式和地点，并且注明了付款方式和有关要求，还规定了包装方式和包装处理的要求以及质量标准，最后明确了双方的违约责任和处罚方法。该合同内容比较完备，对合同的履行有明显的制约作用。

第三节　经济活动分析报告

一、经济活动分析报告的概念和作用

经济活动分析报告是以经济理论和经济政策为指导，根据会计、统计、业务核算资料及调查研究所掌握的情况，运用科学的方法，对企业或单位的经济活动进展情况和效果如何进行分析研究后所写出的书面材料。在社会主义市场经济条件下，经济活动分析成为一种能动地认识经济规律的手段和加强经济管理的重要方法。特别在经济体制改革中，企业由单纯的生产型转变为生产经营型，进而转变为经营开拓型，客观上要求经济活动分析承担起了解环境信息、寻求最佳经营决策、挖掘生产潜力、谋求最佳经济效益的功能。因此，要求经济活动分析由服务上级向服务内部管理，重心由计划指标完成情况的评价转向经营决策的效益分析。这就要求跳出单纯财务报表分析的圈子，重视对社会主义市场经济的研究，注意分析经营环境、经营能力和经营目标的适应性，科学地谋划经营。这样形成的经济活动分析报告有着重要的作用：

（一）有助于企业改善经营管理，提高经济效益

经济活动分析报告，是加强企业管理的一项重要依据。企业管理的决策、计划、控制、总结评价等基本职能都离不开经济活动分析。通过分析，由现象到本质，发现问题，找出差距，提出改进措施，便于领导部门改善经营管理，提高经济效益。

（二）能帮助财政、银行等部门更好地发挥职能作用

经济活动分析报告在国民经济的一些职能部门也广泛地使用着。财政、税务、审计、银行、统计等部门都经常进行经济活动分析。通过分析，能帮助这些部门执行国家政策法令和财经纪律，促进和监督企业生产的正常进行，充分发挥这些经济部门的职能作用。

二、经济活动分析报告的种类和文体格式

(一)经济活动分析报告的种类

经济领域十分广泛,经济活动分析报告使用也十分频繁。因此经济活动分析报告种类繁多,且有着不同的层次级别和种类形式。归纳起来,主要的类型有:

1.按分析内容的广度划分,经济活动分析报告可分为综合分析报告和专题分析报告。综合分析报告是对某一部门或某一单位一定时期内的各项经济指标,作全面系统分析的报告,其目的是全面检查各项经济指标的完成情况,找出带有普遍性、关键性的问题进行分析,从总体上认识生产经营活动的成绩、问题和原因,对经济活动作出总的评价,提出改进工作的全面措施。

专题分析是指对某一具体的经济技术指标或经济活动的某个具体方面进行深入详细的专门分析。这种分析报告重点突出,针对性强,反馈迅速,可以及时指导工作。

2.按照时间和内容划分,可分为决策分析、控制分析、评价分析。

决策分析是在选择方案过程中,对各种方案预期经济效果的分析。通过分析,选出最佳方案。这是事前的分析。

控制分析是在计划执行过程中,为了全面控制企业的经济活动,以保证计划达到既定目标所进行的分析。这是事中的分析。

评价分析是总结性分析,通过分析,全面评价经济活动,找出成绩、问题,提出对策,使新一轮次的工作更好地展开。这是事后的分析。

传统的经济活动分析侧重于事后分析,这种分析有滞后的弊病,若有问题不能起到"防患于未然"的作用,所以现在经济活动分析正向事前、事中发展,以求形成全面经济活动分析体系。

3.按照形式划分,可分为文字分析报告和表格分析报告。实际使用时,常采用文字与表格相结合的方式表述。

(二)文体格式

1.标题。经济活动分析报告的标题,一般要标明被分析单位、分析期限、分析对象和文种,如《红日旅游公司2003年度经济活动分析报告》、《大地旅游产品公司2004年财务分析报告》。

除此以外,也可以将分析报告的主要内容加以高度概括,或用分析得出的主要结论及建议作为标题,如《电视机库存结构的分析》、《关于迅速整顿成品资金的建议》。也可用提问方式指示分析的内容,再以单位、分析期限、文种作

为副标题,如《财政收入为什么不能与生产同步增长——近三年财政收入分析》。

2.正文。正文开头可安排一个导语。这是全文的开头,常用的方式有以下几种:有的点明形势,指明所要分析的问题;有的介绍分析的时间、范围、对象;有的简述分析的原因、目的,这些方法可以交叉使用。也有的分析报告开门见山写主体部分,不写导语。

正文主体部分主要写三个内容:

(1)经济活动基本情况。这一部分主要根据会计核算、统计资料以及调查研究所掌握的情况,用对比分析法列出分析指标,指出成绩或问题。这一部分是分析的基础。为了保证分析的准确度和报告质量,文中的数字要准确,要能全面反映某一问题的全貌。

(2)成绩或问题的分析。这一部分主要分析经济活动"为什么这样"的问题,这是全文的重点,主要是根据前一部分的数字和数据进行分析,分析应形成结论。这一部分一般采用分条列项写法。

(3)提出建议。这一部分要提出解决问题的办法,回答"怎么办"的问题。应注意在得出科学结论的基础上,针对存在的问题,提出具体可行的意见和措施,落实到下期经济活动的实践中去。

三、分析经济活动的基本方法

1.比较分析法。比较分析法又叫对比分析法,就是将同一基础上(时间、内容、项目和条件等)可比的数字资料进行对比,根据比较的结果来研究经济活动的情况和不同结果。

2.因素分析法。因素分析法是研究各种因素变动对总体指标影响程度的定量分析方法。就是将经济指标按照分析目的的不同分解为若干因素,按顺序依次将因素的计划数替换为实际数,分别测定各个因素变动对经济指标影响程度的一种分析方法。

第四节 市场预测报告

一、市场预测报告的概念

市场预测报告是反映市场预测过程及其预测成果的一种书面报告,是根据市场调查得到的信息、资料,运用科学方法,对未来市场的需求变化作出分析、推测和判断,并把这一分析、推测和判断的过程及发现的规律用书面形式反映出来，为企业计划和经营提供参考的书面材料。

二、市场预测报告的作用

对市场进行准确预测，及时掌握市场变化趋势，能够增强企业商品经营的自觉性，减少和防止商品经营的盲目性，是企业开展经济活动、不断改革创新的重要保证，是企业制订发展规划的基础。正确的市场预测，能为企业提供科学的经济情报，使企业在竞争中掌握主动，避免风险和危机，为企业经营决策提供科学依据，使企业健康发展。

三、市场预测报告的特点

（一）预见性

市场预测报告的最大特点是对事物未来发展方向和特点的事前预测。这就要求市场预测必须通过充分的调查研究，运用有关的经济学理论和方法，正确地分析研究有关的数据资料，作出准确预测。

（二）科学性

客观的经济现象在各个发展阶段往往具有一定的内在联系。市场预测就是通过对经济现象的历史和现状的分析，掌握内在联系，提示发展规律，并推测未来的发展趋势。市场预测不只凭借实践经验来进行，更要依据科学的方法加以分析研究，力戒主观盲目，在占有详尽的信息资料基础上，经过严密的推理和科学的运算，得出准确结论，从而保证预测结果的科学性和精确度。

（三）时效性

市场预测报告必须及时对市场和产品的发展方向作出预测，并且及时将预测信息传递给有关部门，使企业及时准确地把握市场的现状和未来的发展趋势，在竞争中掌握主动。

四、市场预测报告的种类

（一）按预测的范围划分

可分为宏观预测报告和微观预测报告。一般地说，宏观预测和微观预测往往结合起来进行，这样得到的数据更为准确和可靠。

（二）按预测的对象划分

可分为市场需求预测报告、市场占有率预测报告、产品发展预测报告、资源预测报告等。

（三）按空间层次划分

可分为全国性市场预测报告、地区性市场预测报告。

(四)按时间层次划分

可分为短期、近期、中期和长期市场预测报告。

五、市场预测报告的结构和写法

市场预测报告一般由标题、正文和结尾三部分组成。

(一)标题

市场预测的标题一般有两种:

1. 公文式标题

由预测范围、期限、对象和文种构成,如《我国特大城市的粮食消费预测》。

2. 新闻式标题,有的是单标题,如《今冬取暖器市场旺中趋缓》;有的是双标题,如《今年电风扇市场发展趋向——讲究装饰,追求舒适》。

(二)正文

正文一般由前言和主体两部分组成。

1. 前言

一般简要介绍写作动因或说明有关情况,如预测的范围、对象、主要内容、主要观点或数据等。也有的预测报告不写前言,而把它的内容放在主体部分加以说明。

2. 主体

一般包括以下几部分:

(1)回顾历史,说明现状。根据经济现象的历史发展,用翔实、准确的材料来说明市场的发展现状,这是分析预测的前提和基础。说明现状应包括以下内容:一是企业自身状况,二是产品供求状况,三是消费者状况。在写作过程中,则要根据预测的目的和需要,有重点地加以取舍,抓住直接影响未来发展趋势的基本情况,突出主要矛盾和重点内容。

(2)分析事实,预测发展趋势。这是预测报告的核心内容。即根据上述各种现状,加以分析研究,总结规律,预测产品发展趋势,为企业产品的技术革新和发展提供依据。这一部分在写作上既要提出明确的预测结论,又要以充分的证据来预测结论;即要预测可见的、已出现的因素的影响,又要考虑潜在的、突变的因素的影响;即要考虑客观因素,又要考虑主观因素。

(3)提出建议和设想,为经营决策提供参考。市场预测报告的目的是预测市场发展趋势,使企业避免风险和危机,为企业的未来发展提供依据、建议或设想。因此,必须科学、可靠、准确。

(三)结尾

结尾或归纳全文,以深化主题;或重申观点,以加深认识。也可只写上预测单位或个人姓名，并注明时间即可。

在写作过程中，上述内容可有所侧重或有所省略。如：有的预测报告没有前言；有的把主体部分的历史回顾与现状写得十分简略，或予以省略，只把预测结果陈述出来；有的报告不写建议。但分析、预测部分不可缺少，它是预测报告的核心和重点。

六、写作要求

（一）实事求是

要立足于客观实际进行分析预测。分析资料数据要力求忠于事实；推断未来经济活动趋势更要力求科学、真实，要客观地报告预测结果。对预测结果所显示出来的必然性趋势，应将其必然性规律准确地提示出来；对预测结果所显示出来的可能性发展趋势，也应将其偶然性特征精确地提示出来，以忠实于预测结果的原貌。

（二）讲求时效

市场预测报告是为经济决策、经济计划服务的。经济决策、经济计划是为指导现实经济活动而制定的，具有很强的时效性。这就客观上要求市场调查与预测报告必须敏捷地捕捉经济活动的最新变化事实，及时地进行分析预测，迅速地将预测信息传递给经济决策部门及管理部门。

（三）分析、预测准确

分析预测的准确性直接关系到市场预测的科学性、经济决策的正确性、商业企业的经营效益。因此，应注意采用科学的方法，进行客观、准确的分析预测。

第五节　可行性研究报告

一、可行性研究报告的含义与作用

可行性研究报告是在调查研究的基础上，分析论证某个建设或改造项目有效可行，并通过比较，提出技术上合理、经济上合算的最佳方案的书面报告。

可行性研究报告是上级领导进行科学决策的依据，也是决定投资项目命运的关键。

二、可行性研究报告的分类

1. 新建项目可行性研究报告。

2.扩建项目可行性研究报告。

3.改造项目可行性研究报告。

三、可行性研究报告的基本格式和写作要求

1.标题

由编制报告单位、工程项目和文种三个因素构成。

2.项目及承办者

包括项目名称、承办单位、承办单位负责人、可行性研究技术负责人和可行性研究经济负责人等，以上内容分行拟写。

3.正文

主要包括概论、市场研究、技术论证、经济分析和结论五大块。

【例文】

年产2000吨优质大米加工厂建设项目可行性研究报告

一、项目概况

1.项目名称；2.项目建设地点；3.项目联系人；联系电话，传真；

4.项目建设类型；5.项目建设规模与内容；6.项目投资估算；7.效益分析。

二、项目建设的必要性和可行性

1.必要性（略）；2.可行性（略）。

三、项目市场供求分析及预测

1.市场分析（略）；2.市场预测（略）。

四、项目建设地点选择分析

1.地理位置（略）；2.区位条件（略）；3.交通运输现状（略）；4.通讯、电力（略）。

五、生产工艺技术方案

1.社会技术基础（略）；2.项目需要的技术力量（略）；3.主要技术工艺流程（略）。

六、项目建设目标

七、项目建设内容、规模和投资概算

八、项目总投资及资金筹措

九、环境保护与安全措施

1.环境保护（略）；2.安全措施（略）；3.消防措施（略）。

十、项目组织管理与保障措施

第六节　招标书、投标书

一、招标书的含义与作用

招标书是招标者为招人承包建筑工程或承买商品等，向国内或国际社会公布业务项目、项目标准、条件、价格、要求的文书。

招标书的作用是邀请签约，它能利用投标者之间的竞争来达到优选承办人或承买人的目的。过去招标书多用于建筑行业，现在随着竞争机制的引入，它已被多种行业采用。

二、招标书的分类

招标书按其传播方式与范围的不同，可分为：

1.招标通告(通过报刊、广播、电视等面向社会公开招标)；

2.招标信函(通过信函有选择地邀请有能力的单位参加投标)。

三、招标书的基本格式与写作要求

1.标题

一般由招标单位、文种名称两个部分组成。

2.正文

有关业务项目的具体条文，也有条文前面还加引言的。

3.落款

一般包括招标单位的名称、地址、邮编、电话、传真、电子邮件等，有的还写明联系人、开户银行和账号。

【例文】

××电器有限公司广告招标书

为了更好地塑造“××电器”品牌，更好地开展产品的市场推广和终端建设工作，××电器有限公司拟采用公开招标的方式选择合适的广告承担单位。

一、企业基本情况(略)

二、近期获得的荣誉(略)

三、招标项目

1.策划提炼××电器形象的广告语。要求：(略)

2.形象广告片和企业宣传片。要求：(略)

四、基本诉求(略)

五、广告要求(略)

六、招标公告(略)

联系方式(略)

七、评标方法(略)

招标起始时间自本标书公开发布之日起执行,解释权归××电器有限公司。

××电器有限公司
2009年1月20日

四、投标书的含义与作用

投标书是希望获得招标项目承办或承买权的单位或个人,根据招标要求,向招标者说明应招条件,并表达应招意愿的专用信函。

投标书的作用是让招标者了解投标者所具备的应招条件,以便在投标竞争中取得与招标者签订合同的优先权。

五、投标书的基本格式和写作要求

(一)格式

1.标题

一般只写文种名称,也有在文种名称前面加投标单位和项目类型的。

2.正文

一般包括送交对象、投标依据、投标条件说明、投标许诺、联系线索。

3.落款

写明投标人,或者投标单位名称及代表姓名,注明投标日期。

(二)写作要求

1.投标条件说明要符合实际,投标许诺应能够兑现。

2.文字表述要明白、准确。

3.完稿或寄出都要及时,不要超过招标截止日期。

【例文】

投标书

中国北京西郊二里沟中国机械进出口公司国际招标部:

依照你们为×项目提供×生产线的×号招标文件,×××(姓名、职务)经正式授权,代表投标者(投标者姓名、地址),特此提交下述文件,一份正本,五份副本。

一、投标价格明细表

二、供货说明汇总表

三、资格证明书

四、规格误差表

五、由×开证银行开出的×(金额)投标保证金

六、投标须知第12和第13款所要求的全部文件签署代表通过此信特此表明并同意下列几点:1—6(略)

七.有关这一投标的一切正式函件均寄往:

地址:(略) 邮政编码:(略) 电子邮件:(略) 电话:(略) 投标者单位、姓名:(略)

代表姓名职务:(略) 地址:(略)

代表签名:
(印章)

第四章 传播文书

第一节 传播文书概述

一、传播文书的含义和分类

传播是现代社会的重要概念，它是指向公众有目的地进行宣传的各种方式和手段的总和。传播以各种宣传手段和信息传递方式为媒介。对于信息发布者来说，其目的是使公众知晓自己及所发布的信息并给公众留下深刻印象；对于媒体来说，是获取信息传播费用的商业行为；对于公众来说，是获取有用信息的重要来源。

传播文书是指为了某种目的将特定信息传递并散布给大众的专用文书，其特点是必须客观地反映事实，不能虚构，不能歪曲真相。在真实、客观、准确的前提下，传播文书的写作手法可以多种多样。

传播文书按体裁可以分为新闻报道类、新闻评论类、宣传广告类和演讲类。

二、传播文书的作用

传播文书具有以下几方面的作用：

（一）思想上的宣传教育作用

传播文书的首要任务是通过传播发挥宣传教育的作用。它每天不断地把社会上发生、发现的新事实、新知识、新思想和新观念以各种形式传播出去，供读者采纳吸收，在客观叙述事件、现象和问题的同时，把主旨或主题、倾向传达出去，使读者自觉或不自觉地受到教育。

（二）舆论上的反映和引导作用

社会舆论是社会上广大人民群众对当前某项重要事务的大致相同的意

见，这种意见的力量是无形的，并且是有权威的，它是我们的生存环境。因此，传播文书要代表社会舆论进行报道、反映和监督，也要指导或引导社会公众舆论正确对待和处理，在社会上形成正确的愿望和行动。

（三）工作上的指导作用

传播文书这种工作上的指导作用在党政机关报纸和各种专业性报纸上不可或缺。它们在叙述、评论最近社会上发生的事件、现象和问题时，使人民群众从中得到经验、辨明方向、懂得做法，这就是指导作用。

（四）生活上的服务作用

传播文书在人们生活上的服务作用主要体现在把立足点转移到群众方面来。无论新闻报道或其他体裁，在思想上进行宣传教育、舆论上引导和工作上指导的同时，能够关注群众的日常生活和共同兴趣，想群众之所想，急群众之所急，全心全意为人民服务，如通过传播文书发布的医药、卫生、健康、体育、文学、艺术、烹调、服装、旅游、教育等方面的信息和知识，都体现了这种服务作用。

三、传播文书的特点和写作要求

传播文书的一般特点可以概括为公开性、真实性和针对性。公开性是指传播文书一般无保密要求，其受众是社会任何成员，可以公开报道、公开散发、公开张贴，目的就是尽可能让更多的人了解相关的信息和知识。真实性是指传播文书的内容必须完全真实，观点必须客观公正，绝不能任意虚构或歪曲事实，不能误导受众。针对性是指就某一篇特定的传播文书而言，是针对某一类特定人群的，是有的放矢而制作的，它根据特定对象的兴趣特点和生活需要，确定该说什么、怎么说和说多少。

传播文书的写作要求，主要是把握“两个优先”、“三个了解”。即优先明确传播意图，优先熟悉传播对象。了解各种传媒的特点，扬长避短；了解传播艺术，讲究文采；了解传播心理学，运用心理规律。

第二节　消息

一、消息的概念和特点

消息也常常被称为新闻，它是以简要明快的语言及时报道新闻事实的新闻体裁。

消息的特点：

(一)用事实说话

新闻是新近发生的事实的报道,因此消息首先要客观公正、真实准确。同时,新闻不同于理论,新闻的特点是让事实说话,也就是让活生生的真实无误的事实来说明客观情况、客观事理及作者的观点。就文体而言,让事实说话而不滥发议论则是新闻的本质特点,消息尤其如此。

(二)时效性强

新闻姓"新",特别是消息,要快、迅速、及时,从这个意义上说,消息是名副其实的"易碎品",一旦过时,成为"马后炮",就失去了应有的价值,因此,消息具有极强的时效性。

(三)短小精悍

消息除了要"真"、"快",还要短。"短些,短些,再短些"永远是对消息写作的基本要求。消息是高度提炼的新闻。从篇幅上看,短讯只有一句话,通常的消息三四百字左右,长消息不过七八百字。这是因为,消息就是要让读者在最短最快的时间内掌握最大的信息量。

二、消息的分类

(一)根据新闻所报道事件的性质,可分成动态消息和综合消息。

(二)根据报道内容,可分为政治新闻、经济新闻、科技新闻、军事新闻、体育新闻、教育新闻、文艺新闻、社会新闻等。

(三)根据播报的媒体载体,可分为报刊消息(文字、图片、图文)、广播消息、电视消息、网络消息等。

三、消息写作的基本结构

(一)倒金字塔结构:"倒金字塔"是一种逻辑结构,简单说,就是按内容轻重缓急安排写作结构,把最重量级的内容放最上面,其次的放后面,再次的再后面,形成一种重心居上的结构。这种结构中的消息的各个部分,分别为:标题、导语、主体、结尾,可图示如下:

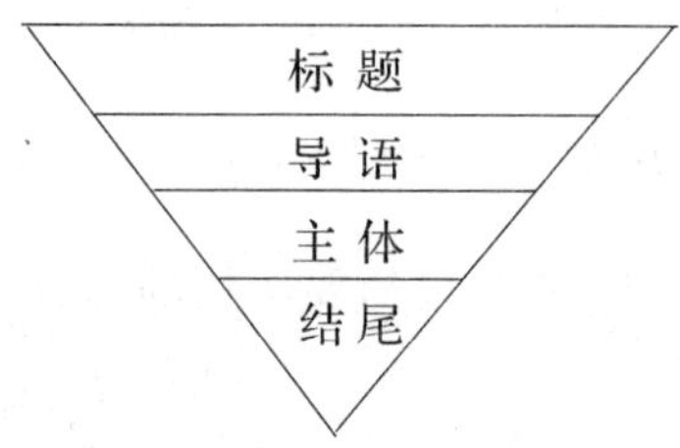

（二）金字塔结构：金字塔结构也称为编年体结构。它和倒金字塔结构相反，往往按时间顺序来安排事实，先发生的放在前面，后发生的放在后面。

（三）倒金字塔和金字塔相结合的结构形式：既能在开头点明事件的重要意义，又能够让人们了解到事件的完整真相。

下面是一则来自“浙江教育报刊总社”网的新闻

我省独立学院举行发展研讨会

本报讯（记者周洪波　通讯员沈燕维）1月5日，我省独立学院发展研讨会在杭州师范学院钱江学院举行，来自全省20所独立学院的院长、书记等40多人齐聚一堂，共商发展大计。

独立学院作为一种高等教育办学的探索和创新，自1999年创建以来，为高等教育发展和高校办学注入了新的活力，极大地推动了我省的高校建设。目前我省独立学院招生占全省本科招生人数的三分之一，让更多的人得到了接受高等教育的机会。在教育教学方面，独立学院锐意进取、不断创新，也为其他高等院校进行改革积累了宝贵经验。为总结前期发展的经验教训，进一步规范办学行为，实现可持续发展，全省20家独立学院自发举办了此次研讨会。

在研讨会上，与会代表围绕进一步规范办学行为的主题，就如何加强师资队伍建设、提升教学质量、强化自身办学特色和提升核心竞争力等问题展开了深入交流。代表们纷纷表示要按照国家教育部的要求，突出独立学院“民”、“独”、“优”的特征，充分利用高校和社会力量的优质资源，采用灵活机制，独立办学，实现独立学院的健康快速发展。

杭州师范学院院长、钱江学院董事长林正范出席了会议，钱江学院常务副院长左凯旋主持会议。

倒金字塔结构新闻的各个部分都能够相对独立，所以能够从下往上逐一删除而不破坏消息的完整性，而且永远留下最重要的内容。因此，这个模式一度大受欢迎，形成记者爱写，编辑爱用，读者爱读的局面。

第一，记者爱写。因为有一个固定模式，写作时就不必把时间浪费在篇章结构的推敲上，适合新闻必须抢时间发表的特点。

第二，编辑爱用。因为从重到轻，各段又相对完整，所以编辑排版都很方便。位置不够，就把结尾去掉；再不够就去掉主体，变成一句话新闻；还没位置，就把导语也去掉，变成标题新闻：“我省独立学院举行发展研讨会”，还是一则完整的新闻。

第三，读者爱看。一看标题就大致知道发生了什么事，有兴趣就往下看，没兴趣就随时打住，不会留下印象不完整的感觉。

下面按写作的过程从上往下分析：

1. 标题

新闻最重要的是标题，标题是新闻的眼睛。标题必须用最简单最清楚的方式呈现，必然就是一个主谓结构的单句，它能回答“谁怎么样”、“什么怎么样”、“哪里怎么样”等问题。

据说，美国总统林肯遇刺的消息是最早的倒金字塔消息，只有一句话“总统今晚在剧院遇刺重伤”——这是“谁怎么样”。“我省独立学院举行发展研讨会”——这是“什么怎么样”。“西湖连续三天温度超 20 度”——这是“哪里怎么样”。如果缺了主语或谓语，标题就不完整，如“教师节学生签名活动”(我校网站)，应该改为“我校举办教师节学生签名活动”。

正因为倒金字塔新闻的标题有相对的完整性，所以可以成为独立的新闻，通常形成一组一组，如：

□ 首届中国乡村旅游节在蓉开幕

□ 杭州年接待台湾游客突破 30 万人次

□ “三八”旅游散发浓浓女人味

□ 京杭大运河博物馆在杭州开馆

□ 浙江发布沿海超强台风警报

有时为了增加标题的信息容量，还可以在正题上面加上引题，下面加上副题，如：

“暖风熏得游人醉”

西湖连续三天温度超 20 度

成长型大学——独立学院怎么走发展之路

全省 20 所独立学院领导齐聚钱江学院共商发展大计

我校召开第十次学生代表大会

大会选举产生了新一届学生会，某某当选为学生会主席

有些重要会议新闻还可以兼有引题和副题，如上一则还可放上大会口号作引题，但是一般以简洁为好。

2. 导语

导语前面首先要有“电头”，如“新华社某月某日电”，“某报消息”等，字体加黑，与正文之间空一格。

导语由“五 W”组成，这是一个新闻术语，即指新闻中的何人(Who)、何事(What)、何时(When)、何地(Where)、何因(Why)这五个要素，因为在英语中都是以 W 开头的。如：

本报讯(记者周洪波　通讯员沈燕维)1月5日,我省独立学院发展研讨会在杭州师范学院钱江学院举行,来自全省20所独立学院的院长、书记等40多人齐聚一堂,共商发展大计。

导语用最简单的话说出这则新闻的“五W”,通常是由两三个单句组成的一个复句。导语应要言不烦,为主体的扩展留有余地。

3. 主体

主体是对导语的扩展。如:

浙江发布沿海超强台风警报

新华网浙江频道7月8日电　据浙江省气象台7月7日发布浙江沿海海面超强台风警报:今年第3号超强台风“艾云尼”中心正以每小时10～15千米的速度向西北偏北方向移动,逐渐向浙江省沿海靠近。

7月7日14时,台风中心位于北纬21.4度、东经127.4度,中心气压930百帕,近中心的最大风力16级。如果台风中心继续保持向西北发展,将对浙江沿海造成较大影响。因此气象部门提醒出海船舶和各有关方面引起注意。

浙江省气象台在7月7日16时43分将暴雨黄色预警信号升级为橙色预警信号:预计未来6小时内衢州、金华、绍兴、台州、杭州和宁波、舟山以及湖州和嘉兴的南部地区将出现50毫米以上的强降雨和强雷暴,有雷雨地区并伴有8—10级雷雨大风。

新华网浙江频道(2006-07-08　11:44:48)来源:新华社

4. 结尾

结尾是消息的补充说明部分,往往可有可无,如“独立学院”这则新闻最后部分“杭州师范学院院长、钱江学院董事长林正范出席了会议,钱江学院常务副院长左凯旋主持会议”,在同一记者写的同一专题的另一篇消息中有这个结尾,而上面那则消息则没有。

这个模式最有价值的地方还不是什么最重要的在最上头,而是这种格式可以收放自如,便于掌握,你永远知道自己第一步应该写什么,下一步应该写什么。标题是一个主谓结构的词组或单句,导语是一个包括“五W”的由五个分句组成的复句,主体要做的就是把每个分句扩展为几个句子或一个复句,哪一部分不能扩展,也许就是你采访工作薄弱的地方,那么就从这个地方再去深入。这种模式对于其他写作也是很有用的。

下面用这个结构来分析某网站上的两则新闻。

【例一】

“教师节”学生签名活动

9月10日上午，为庆祝教师节的到来，献上自己真诚的祝福，校学生会在生活区一期食堂进行了一场学生签名活动虽然此次活动的时间并不长，但前来签名的人却不少——有返校的高年级同学，也有刚提着行李来校的新生。当他们经过我们的签名台时都停下了脚步，在“老师您辛苦了”的红色横幅上写下了自己衷心的祝福。签名会上呈现着新的学期又有一份新的热情。

经过两个多小时的签名，横幅上无处不是同学的姓名和祝福，在签名会结束之后，我们将横幅悬挂在一期食堂二楼的西侧，希望每位老师看到我们的祝福时都会微笑。让每位学子都记得在我们身后默默工作的辛劳的教师们。对他们说一声“老师，您辛苦了！祝您节日快乐！”

校学生会旨在通过此次活动，向全校的老师表达自己真诚的心意，同时也创造机会，让每位普通的同学都能献上自己的祝福，校学生会就像是师生间的桥梁，在今后的日子里我们将多举行类似有意义的活动，希望每位同学都能踊跃参加。

发表日期:2006-9-10 来源:校学生会 作者:曹芳芳

这则新闻的标题不完整，也不符合新闻语体；正文里错误也很多。试修改：

我校举办教师节学生签名活动

本校9月10日消息 为庆祝教师节的到来，我校举办了一场学生签名活动。

今天是我国第22个教师节庆祝日，为了让每位同学都能献上自己的祝福，校学生会组织了这次学生签名活动。上午9点钟，生活区一期食堂门口一条写有“老师您辛苦了”字样的红色横幅吸引了过往同学。大家纷纷停下脚步，在上面签下自己的名字。其中有高年级的同学，也有提着行李刚来报到的新生，他们都希望通过这一形式，对默默工作的老师们说一声：老师，您辛苦了，祝您节日快乐！经过两个小时的活动，横幅上签满了同学们的名字和祝福。

学生会同学说，这条横幅将悬挂在一期食堂二楼的西侧，希望过往的老师都能看到。他们还表示今后还将举办此类有意义的活动。

【例二】

著名校友阿里巴巴首席执行官马云来我校作演讲

发表日期:2006-5-5 来源： 作者： 点击次数:153

4月28日下午，由浙江省社联、钱江晚报主办，浙江在线联办，我校承办的'06浙江人文大讲堂下沙讲堂之"文化是企业的DNA"在我校下沙校区艺术中心隆重开讲，本次演讲由著名校友，阿里巴巴董事局主席、首席执行官马云先生担任主讲，校长林正范担当主持。学校各领导老师，同学代表听取了本次演讲。

在林校长激情洋溢地介绍马云先生所取得的荣誉后，马先生从林校长手中接过聘书，被聘为杭州师范学院特聘教授。在排山倒海般的掌声中，马云先生开讲。

首先，马云先生很荣幸地向大家介绍他毕业于杭师院，并为此感到骄傲。接着，他和在场的领导、老师、学弟学妹们分享了他与他的团体，创建网站的艰辛成长历程，提出了一个企业CEO需要的使命感和价值观。从而推出文化对于一个企业的重要性，要想成功，就必须坚持自己的梦想，不断尝试，不断进步。他强调，一个团队的重要性，只有大家目标明确，方向一致，离成功才不会遥远。同时，作为一个成功的企业家，马云先生也对当代大学生提出了自己的要求跟希望，他认为一个大学生在大学期间最重要的是培养自己的学习能力、实践能力，学习各方面的知识来提高自己的综合素养。另外，他还指出，要善待身边的每一个人，要有意识地培养自己的职业精神和职业道德，永远不要去抱怨生活，遇到问题要迎头解决。马云先生幽默诙谐地语言，深情并茂地演讲，不时博得了场下阵阵掌声。

在其后的提问环节中，在场老师同学都踊跃提问，马云先生结合自身的经历对大家提出的问题予以了认真仔细的回答。最后，在场老师同学以最热烈的掌声，欢送马云先生离场。

通过此次讲座，不仅增加了同学们的成长阅历，激活了同学的思想，而且给予了我们深刻的启发。在为有这么个校友感到荣幸的同时，大家也深深体会到作为一个大学生，使命感的重要性，要树立起正确的价值观，有意识地培养自己各方面的能力，做一个能被社会所接受，对社会有用的人！

评：导语不简洁。校长主持不必写。聘任马云为特聘教授一段可放结尾，因为此事虽然重要，但是不属于人文讲堂的主题；如果要写，可以单独写成另一篇新闻，标题是"阿里巴巴首席执行官马云受聘为我校特聘教授"。结尾由作者发议论不妥。试修改：

阿里巴巴董事局主席、首席执行官
校友马云来我校作演讲

本校消息 4月28日下午，2006浙江人文大讲堂之下沙讲堂在我校下沙校区艺术中心隆重开讲，校友马云先生担任主讲。

马云毕业于杭师院，目前是阿里巴巴董事局主席、首席执行官，他演讲的题目是“文化是企业的DNA”。他在演讲中介绍了他与他的团队艰辛创业的历程，他把今天获得的辉煌成就归之于阿里巴巴独特的企业文化，这种文化强调团队精神的重要性，强调全体员工的敬业精神和职业道德。

在演讲中，马云先生对学弟学妹们提出了要求和希望，他认为大学生在大学期间最重要的是培养自己的学习能力、实践能力，提高自己的综合素养，他希望同学们要善待身边的每一个人，永远不要去抱怨生活，而是要设法解决问题。随后，他一一回答了在场老师同学的提问。马云先生深情并茂的演讲，幽默诙谐的语言，不时博得场下阵阵掌声。

这次活动是由浙江省社联、《钱江晚报》主办，浙江在线联办，我校承办的，校长林正范主持会议，并向马云颁发聘书，聘请他为我校特聘教授。

第三节　通讯

一、通讯的含义

通讯是综合运用叙述、描写、抒情、议论等多种手法，详细地报道新闻事件或典型人物的一种报道形式。

二、通讯的特点

（一）新闻性

通讯既然属于新闻报道，其内容就必然具有新闻性，也就是说，要具有新闻价值。这种价值首先是新鲜及时，其次有意义，再次是要有共同兴趣，为受众所喜闻乐见。

（二）形象性

通讯必须形象地报道真人真事，它比消息更生动形象，表达方法上更自由灵活，语言更丰富多彩，描写更具体传神。总之，通讯在某种程度上更多地借用文学手法而具有形象思维的特点。

（三）完整性

如果说消息相当于电报，通讯便相当于写信，因此，通讯要详细地展示所报道人物和事件的具体情况，要反映事件的全过程。通讯的这种完整性，要求作者掌握更加丰富扎实的材料，采访要深入再深入，多次反复，挖掘细节，把握全貌。

三、通讯的分类

（一）人物通讯

以报道社会精英和各条战线上的先进人物为主的通讯。这类通讯着重写人的精神面貌，通过写人物的事迹写出人物的先进思想，使之成为社会的正面引导形象。人物通讯也可以表现一般人的喜怒哀乐、成败得失，只要内容具有一定的普遍意义，并为大家所关心。

（二）事件通讯

详细报道典型的、为受众所关心的事件；详细报道各类突发性事件的相关事实和人物；详细报道典型的、有普遍教育意义和社会意义的新闻事件。事件通讯要具有新闻性和典型性，以小见大，为群众所喜闻乐见。

（三）工作通讯

通过各种典型事实，反映各地区、各单位、各条战线贯彻执行党和政府的各项方针政策的具体经验和方法；提出实际工作中需要解决而没有获得解决的各种问题；对一些新问题、新现象进行探讨和研究，引导大家在实际工作中因地制宜、与时俱进地解决问题和推广经验。

（四）风貌通讯

也称为概貌通讯或者综合通讯，这类通讯反映现实生活的变化、日新月异的面貌，用以沟通情况，开阔眼界，激发感情，增长知识。采写时要求作者善于观察，抓住特征，叙议结合，旁征博引。

四、通讯的写作要求

（一）选好典型，确立主题；
（二）写好人物；
（三）安排好结构。

【例一】

百姓心中的丰碑
——追记公安局长的楷模任长霞

任长霞，1964 年 2 月 8 日生于郑州；1983 年 10 月从河南省人民警察学校毕业后分配到郑州市公安局中原分局工作，先后任预审科民警、预审科副科长、法制室主任；1996 年 10 月任郑州市公安局法制室副主任，1998 年 11 月任郑州市公安局技侦支队支队长；2001 年 4 月调任登封市公安局党委书记、局长。曾获全国“五一”劳动奖章、中国十大女杰、全国三八红旗手、全国青年岗位能手、全国优秀人民警察等荣誉。

细雨绵绵，如泣如诉，灵堂已撤，诗墙依旧。

（略）

面对每一位受访者的泪眼，面对照片上英雄的微笑，记者视线模糊。

大德无碑，大道无形。谁心里装着百姓，百姓就把你刻上心碑！历史就这么公道！

（《人民日报》2004 年 6 月 3 日）

【例二】

创新为天津科技进步领航

——天津依靠科技进步实现跨越发展纪实

本报记者 陈建强 通讯员 祖延辉

1993 年，原国家科委开始对全国各省市进行科技综合实力评价，当年天津排位第七，1994 年上升到第五，1995 年至今连续 7 年排在第三、第四位。

十年来，天津扎扎实实推进科技进步，发展先进生产力，在实现科技与经济紧密结合的过程中，在实现向高科技城市转化的过程中，时刻保持着可贵的创新精神，为天津科技进步开路领航。

观念创新：用市场经济观念抓科技（略）

机制创新：集成创新要素抓平台（略）

管理创新：改革体制抓环境（略）

一个以高新技术为主导的产业布局已经摆开，一个有利于先进生产力发展的创新环境已经形成，老企业焕发了青春，高科技企业以集群之势迅猛发展。

（《光明日报》2002 年 11 月 2 日）

【例三】

牡丹新姿

——洛阳市打造“中西部最佳人居城市”工作巡礼

本报记者 刘先琴 本报通讯员 石文禹

芳菲三月，又是牡丹开放时。当全国各地的客人汇聚洛阳时，映入眼帘的不仅是国色天香，只见大街小巷干净整洁，环城高速之内，龙门山、周山、邙山满目苍翠，流经城市的伊、洛、瀍、涧四条河流清可见底，城市环境优美，秩序良好，如一幅美丽的画卷。

（下略）

拆旧、改造、治污，城市变得越来越清新(略)

绿化、美化、开发，城市变得越来越靓丽(略)

跨洛河　建新城，洛阳城建大手笔(略)

(下略)

洛阳全力打造中西部最佳人居城市的工作，收到许多意想不到的效果。一些科研单位出现了人才“回流”现象，外商投资不断增加。前不久，洛阳市政府组织洛阳房地产业暨旅游产品展示会，良好的居住环境和美好的发展前景，吸引了众多外地人到洛阳购房。

(《光明日报》2006 年 4 月 20 日)

第四节　广告文案

一、广告的概念及作用

广告，汉字字面意思就是“广而告之”、“广泛劝告”，即向公众告知某件事，它是一种传播信息的重要手段。

广义广告包括经济广告和非经济广告。经济广告也就是人们通常所说的商业广告，是一种付费的宣传形式。是以盈利为目的，广告主支付一定的费用，通过各种面向大众的传播媒介传递有关商品、劳务、观念方面的信息，从而影响公众行为的一种信息传播活动。非经济广告是为了达到某种宣传目的的非营利性广告，如声明、启示以及防止空气污染、美化经济环境、维护交通秩序、促进公共福利事业等内容的社会公益广告。狭义的广告，专指商业广告。

现代社会已经没有不做广告的企业和企业家，也没有不依赖于广告进行商品销售的商业活动。广告已成为促进供需的道路，沟通产销的桥梁，活跃市场的媒介，生产生活的向导。现代社会的全部经济活动都离不开广告，广告已被公认为人类文明中的第八艺术。

二、广告策划及文案写作

(一) 广告策划

广告策划是广告承担者思维主体运用知识和能力对广告整体战略、策略进行思考、运筹和谋划的活动。广告策划对整体广告活动具有指导性、系统性、超前性和创造性的特征。

广告策划的内容有：

1. 广告环境分析。包括市场分析、企业分析、产品分析、销售分析、消费分析、地域分析等。

2.广告目标。包括知名度目标、品牌形象目标、市场占有目标、消费目标等。

3.广告主题。包括广告口号、广告象征物、广告观念等。

4.广告媒体。包括报刊、广播、电视、网络等。

5.广告预算。包括策划费、制作费、刊播费等。

(二)广告文案写作

广告文案是指广告作品中用以表达广告主题和创意的全部语言文字。

今天,广告的表现手段和发布形式已经或正发生着重大的变化,由过去简单、单一的手段和形式发展为声、光、电,色彩、图片、装饰、雕刻等多种手段和表现形式。但无论如何,广告文案的语言和文字的组织、撰写都是重中之重。没有良好的创意文案就不会产生出优秀的广告。

广告文案一般包括标题、正文、标语、随文四部分。

1.标题

广告标题是广告文稿的精髓,被称为广告的灵魂。广告标题是标明广告主旨和区分不同内容的标志,反映广告的精神和主题。出色的标题不仅能帮助消费者了解广告客体的主旨、内容及独特的个性,还能在瞬间激发消费者的兴趣。

广告标题分为直接标题、间接标题和复合标题三种。

(1)直接标题。即以简明的文字表明广告的内容,使人们一看就知道广告的信息内涵。如:“云南国际旅游服务公司为您提供优质服务”,“今天我要喝——娃哈哈果奶”。

(2)间接标题。这种标题往往不直接说明产品或与产品有关的情况,而是先用富有趣味性和戏剧性的语言抓住人们的好奇心和注意力,使人们非弄明白不可,直到读了广告正文才恍然大悟。如:“出门前轻轻一按,回到家有饭有菜”(黄山牌电饭锅),“老人、女士也能脚下生风”(天津港田牌后四轮驱动助力自行车)。

(3)复合标题。把直接标题和间接标题复合起来,一则广告有两个或三个标题,形成复合标题。例如:

①军旗升起的地方(引标)

——“八一”起义纪念馆(主标)

②四川特产,口味一流(引标)

天府花生(主标)

越吃越开心(副标)

2. 正文

正文是广告的中心和主体。主要凭借正文来体现广告的目的和内容，它包括三方面内容：首先，对标题提出的商品或其他方面加以说明或解释；其次，具体说明提供商品或其他方面的细节，让人消除疑虑，这是正文的中心段；最后是结尾，用热情诚恳的语言诱导消费者去购买。

3. 标语

为了加强公众印象，在广告中长期、反复使用的一种简明扼要的口号性语句就是广告标语，有人称其为广告的“商标”。它可以出现在正文的任何部位，一般情况下，独立于正文之外，作为广告相对独立的一部分。它高度概括，语言凝练，具有很强的号召力。广告标语的特点是简洁、整齐、有韵、上口、易记。

4. 随文

是正文的附属，又称附文、落款，对广告正文起补充、说明作用。它包括广告单位名称、地址、邮编、电话号码、电子邮件、银行账号、负责人或业务联系人姓名等。

(三)广告的创意与技巧

广告创意是从表现主题的需要，经过精心策划和思考，运用恰到好处的表现方式和特有的艺术表现手段，创造出新颖独特、感人至深的意境的全部过程。广告创意是表现广告主题的构思。

说话、写文章要有主题，广告创意同样要有主题。主题是广告创意的灵魂和统帅。广告创意的主题要求鲜明突出，重点明晰，层次清楚，能以简洁的语言传递出一种明确的思想和意念。

成功的广告创意，能够引起消费者注意，激起消费者兴趣，诱发消费者欲望，加深消费者记忆，促成消费者行动。

广告创意要具备以下几个特征：

1. 新颖独特

今天，广告已经是铺天盖地，无处不在，这就更要求广告创意要新颖独特。比如在广告语言上要更加鲜活、生动，富于感染力。“质量上乘，物美价廉”，“誉满全球”，“实行三包”，“超级服务”等一些陈旧的广告词语已经难以引人注意。要激发人们的兴趣，就要与时俱进，不断创新。

2. 情趣生动

广告创意要设置优美的意境，将人们带进一个情趣高雅、生动活泼的艺术境界中去。

3. 形象逼真

20 世纪 70 年代中期，美国《广告时代》邀请广告界 97 位专家对“至今为止最杰出的广告"进行评选。这次获得最高荣誉奖的是 DDB 广告公司制作的"大众汽车广告",它获得了 97 张选票中的 60 张选票。这则广告清晰、准确、简洁、逼真的风格给人以震撼心灵的创意效果:在黑白色彩对照下,以大片空白突出了"小甲壳虫"的形象。这种逼真的形象令人难忘。

广告创意离不开形象设计,无论是人是物,都要形象逼真,鲜活感人。要通过画面、语言和声音的运用,调动一切手段,运用一切方法,塑造出活生生的艺术形象,给人留下过目不忘的深刻印象。

4.通俗易懂

广告的对象是大众,如果晦涩难懂,就会脱离群众,普通人看不明白,事倍功半。相反,如果庸俗低下,曲意迎合,遭大众唾弃,就会得不偿失。只有通俗易懂,喜闻乐见,才能两全其美。

5.升华艺术

梦中花园——丽江古城
兼山乡之容、水乡之貌
一座依顺自然的山水之城
一座亲和自然的田园之城
丽江古城
载纳西民俗风情
深层历史文化
一个以人为本的世外桃源
一个天人合一的梦中家园
滇西北雪域大江中
在熙攘浮躁的当今世界,这座古城已成了
难得一闻的一曲远山清音,红尘牧歌

这是一则丽江古城的旅游宣传广告。它在创意上以丽江古城的自然之美、古朴之美、人文之美为铺垫,使自然与人、历史与文化、仙境与人间,水乳交融。在远山清音之中,升华出一片人们久已向往远离尘世的净土。到这里来吧,这里有古文化的熏陶,世外桃源的宁静,在这里能够得到大自然的洗礼。这就是这则广告创意达到的艺术效果。

广告文案是一种特殊的艺术形式,具有深刻文化内涵和审美属性。优秀的广告创意不仅能快速、准确地传递商品信息,同时还应该有丰富的精神内涵,创造较高的审美价值,实现审美性和功利性完美地结合。要体现广告信息的完整性,使受众从广告文案中得到审美享受,获得某种精神上的愉悦。

6.别出心裁

具备创新性是广告成功的关键。任何一件广告作品，人云亦云都会使人感到厌倦。

第五节　演讲稿

一、演讲稿的概念、意义和特点

演讲稿是演讲者在演讲时所依据的文稿。通常情况下，演讲者演讲都是有准备、有文稿可以遵循参照的。

演讲是为达到某种目的而集中系统的语言表达，是展现一个人口才的最好形式，“是一个人面对群众的谈话”。它的特点是声形合一，感召力强，情景交融。张志公说:“演讲是科学、演讲是艺术、演讲是武器”。对于今天来说，一个没有口才和演讲能力的人很难适应工作和生活需要。

演讲具有强大的鼓动性，强烈的政治性和社会效应，演讲也是一个人思想水平和各种才华技艺的集中亮相。

写好演讲稿是演讲成功的关键，也是一个成功的演讲者所应具备的基本功夫。

二、演讲稿的结构

演讲稿的基本结构一般由称谓、开头、正文和结尾四个部分构成。

1.称谓。演讲的对象不同、场合不同称谓也就不同。常见的有“各位领导”、“各位来宾”、“女士们、先生们”、“同志们”、“朋友们”等，通常在称谓前加上“尊敬的”、“敬爱的”等词，以示尊重和友好。

2.开头。这部分是演讲稿的导入部分。写作时要简短、精彩，很快与听众沟通，引人入胜，调动听众的情绪，为后边内容的展开打下基础。

3.正文。这部分是演讲稿的中心部分。要根据演讲对象、内容的特点加以选择材料，要选取有生命力的例子，要条理分明，层次清晰。语言的运用要把握好节奏，时时抓住听众的情绪，做到张弛有道。

4.结尾。演讲稿的结尾要力求做到简洁明快。要善于运用感情色彩浓郁的词语或修辞手法，要富于鼓动性，给人留下深刻的印象。

三、演讲稿的写作方法

演讲稿的写作，既要遵循写作的一般规律，又要掌握自身的写作特点和技巧。

（一）心中装着听众，倾注真情实感

写作演讲稿时要多作换位思考。假如自己是听众，自己最想听的是什么，最不想听的是什么。只有站在听众的角度上，与听众平等相待，了解听众的心理，才有可能写出好的演讲稿。对演讲者来说，听众是上帝，听众的反映是演讲成功与否的试金石。“己所不欲，勿施于人。”不要写假话、空话、套话、大话，弄虚作假，听众不买账，演讲也就成了空对空。

（二）精心安排结构，开头精巧，结尾有力

元代乔梦符说：“作乐府亦有法，曰凤头、猪肚、豹尾是也。”演讲稿的写作也是如此。“凤头”比喻新颖精巧，出语不凡，引出正题。“猪肚”比喻正文内容充实，材料丰富，血肉丰满。“豹尾”比喻简短有力，深化主题，引人深思。

1. 开头精彩，抓住听众

万事开头难，演讲时最重要的，就是一开始就有立刻抓住听众兴趣的力量。演讲词的开场在形式上要力求新颖、别致、有趣味性；在内容上要有新意，出奇制胜，使人耳目一新；在容量上要意境深远，内涵丰富；在气势上要排山倒海，雄伟磅礴。

2. 构思精巧，巧妙切入

有一名大学生在演讲比赛时，先向听众展示出罗中立的油画《我的父亲》，然后才开始演讲《为了我们的父亲》。演讲者用实物来切入，吸引听众，构思巧妙，最终获得了大奖。

3. 内容丰富，引人入胜

演讲既是思想和感情的交流，也是信息和知识的传播，因此演讲者一定要掌握较多的信息量，要有丰富的知识储备。在不“离题万里”的情况下，要尽量做到幽默风趣，讲究艺术性和感染力，传递更多的信息和知识，切忌干巴枯燥，空洞无物。

4. 结尾精彩，留有余香

与一般文章的结尾多为“收”的方法不同，演讲稿的结尾应该呈现“放”的特点，就是说要精彩大气，形成一个高潮，将听众的情绪充分调动起来。同时又要隽永绵长，意味深远，留有思考的余地。

卡耐基曾写道：“最后的也是最重要的，缄口之前挂在嘴边的词儿，可能使人记得最久。”一篇之妙在于落句。整个演讲犹如画龙，而演讲的最后则犹如点睛。好的结尾能给人留下深刻印象。

常见的结尾方式有：(1)总结全文式；(2)展示前景式；(3)借用名言式；(4)哲理升华式；(5)风趣幽默式；(6)激励号召式；(7)余味无穷式。

特别提醒结束语五忌：一忌草草收场，敷衍了事；二忌拖泥带水，画蛇添足；三忌精疲力竭，底气已尽；四忌翻来覆去，冷饭回锅；五忌故作谦虚，言不由衷。

5.标新立异，见解独到

如果一个演讲者在写作演讲稿时力求创新，那就可以标新立异，别具风采。

（三）理、事、情、景并举，深刻表现主题

"感人心者莫先乎情"，"唯有真情能动人"。富有真情的演讲才具有强烈的鼓动性、感染性。真挚而炽热的感情最容易打动人心，引起共鸣，并促使人行动。要凭借自己的观察力和思考力，从身边发现无处不在的理、事、情、景。一篇演讲稿水平的高低，既取决于作者对主题深刻的理解和把握、语言表达功力，又取决于对写作技巧的掌握和娴熟的运用。虽然对每一篇演讲稿来说在理、事、情、景方面各有侧重，但优秀的演讲稿无一不是理、事、情、景的有机交融。思想的穿透力，事实的震撼力，情性的感染力，物景烘衬力横贯其中，演讲主题才能得到深刻的表现。

（四）短小精悍，妙语连珠

演讲稿最忌讳穿靴戴帽、庞杂冗长、繁文缛节，千篇一律、言语陈腐无异于自欺欺人，绝对不受欢迎。契诃夫说："简洁是才能的姊妹。"短小精悍、内容新颖的演讲总是受人欢迎、令人印象深刻的。林语堂曾幽默地说："演讲稿如同美女的裙子，越短越好。"短而精，是才情的标尺、成功的要素。写作演讲稿，既要求主题集中，思想凝练，又要求构思用语奇妙，言简意赅。

（五）语言幽默，风趣智慧

幽默是演讲者常用的一种艺术手法。演讲的幽默法，是用诙谐的语言、逗人发笑的"材料"或饶有兴趣的方式来表达演讲内容，抒发演讲者感情的一种艺术手法。莎士比亚曾说过："幽默和风趣是智慧的闪现。"林语堂说："幽默是人类心灵舒展的花朵，它是心灵的放纵或者放纵的心灵。"幽默是一种很高的人生境界，金钱买不来，权势弄不到。幽默在演讲中有相当重要的作用，它所产生的谐趣对听众具有巨大的吸引力和感染力。演讲中运用幽默的方法可以愉悦听众，启迪听众，委婉地表达演讲内容。它多用于即兴、开场、应变、讽刺或批评。

演讲中运用幽默法应注意的事项：

1.幽默的运用必须服从于演讲的主题，突出演讲的中心。否则就是为幽默而幽默，成了喧宾夺主的单纯笑料。

2.演讲者如果没有丰富的生活体验和广博的知识，就硬要运用幽默法演讲，其幽默就可能沦为低级趣味的滑稽。

3. 幽默法的运用，还需看场合和演讲的具体情境而定。在庄重悲哀的场合不宜多用幽默的语言，而在喜庆的宴会上发表演讲，则可通篇妙趣横生、诙谐幽默。

第六节　新闻时评

一、新闻时评的含义和特点

（一）含义

新闻时评是新闻报道的一种，是指以夹叙夹议的表达方式反映国内外重要事件与问题的带评论性的新闻体裁，是以事实为基础的评论，又是以评论为核心的新闻。

（二）特点

1. 现实性。新闻时评是以新闻为前提的，或是以当前事件为前提而发表的，这就是新闻时评的现实性，其具体体现为强烈的时效性、鲜明的针对性和切实的可行性。

2. 政治性。新闻时评具有鲜明的政治性，也就是说，评论的内容必须符合党的路线、方针、政策和基本主张，必须关心人民疾苦，反映人民心声，捍卫人民利益，引导人民树立全局观念，自觉为国家民族的根本利益而奋斗。

3. 评价性。评论和新闻报道是构成新闻传播媒介的两类主要体裁，新闻重在报道事实的客观真相，评论重在评价事物的内在本质。新闻事实只有通过评论的揭示、分析、引申、升华，才能充分地为人们所认识。因此，评论的主要功能就是对新闻事实作出实事求是和恰如其分的评价，这种评价性是新闻时评的生命力之所在。

二、新闻时评的分类

（一）按评论对象的内容：有政治评论、军事评论、经济评论、社会评论、文教评论、国际评论。

（二）按评论的性质功用：有解说型评论、鼓舞型评论、批评型评论、论战型评论等。

（三）按评论的表达方式、作者身份和发表郑重程度的不同：可分为社论、编辑部文章、评论、本报评论员文章、短评、编后、编者按、思想评论、专栏评论、新闻述评、论文、漫谈、专论、杂感等。

三、新闻时评的作用

(一)宣传教育的作用

新闻时评是宣传党的路线、方针、政策和国家的法律规章的重要工具,是教育群众的重要手段。它在宣传教育上的特点是,它总是和当前形势的发展和实际工作的进程结合起来,与社会现实中的主要矛盾和广大群众的思想情绪挂起钩来,因而更能打动人的心弦,起到正面宣传教育的作用。

(二)引导舆论的作用

引导舆论是新闻时评的另一个重要功能。所谓舆论,是指人民大众对社会现实中某种事态所持的大体一致的意见,对人们的行为起着导向或制约的作用。大众传媒是社会中最重要的舆论机关,负有引导社会舆论的责任。新闻时评是完成这个使命的主要手段之一。

(三)指导工作的作用

指导工作是新闻时评的直接目的之一,因此,报刊上的评论除了宏观上引导社会舆论以外,还发挥具体的工作指导功能,比如在农业生产、工业布局、教育规划、社会发展等重大决策上的问题,经常可以在报纸上看到指导性意见。可以说,新闻时评是大众传媒的旗帜,其指导作用是其他任何文体都不能替代的。

四、新闻时评的写作要领

(一)开门见山

新闻贵在快、新、短,新闻时评也应该开门见山,单刀直入,不落俗套,不生枝蔓。所谓开门见山,不等于信笔胡写,而是要抓住要害,认清本质,直奔主题。行文要干净利落,短小精悍,观点要鲜明,表述要清晰,不模棱两可,不含糊其辞。文章要有风格,但不要过分讲究文采或铺排,以免分散读者注意力,影响文章的思想性。

(二)态度鲜明

新闻时评的任务是辨别是非,引导舆论,因而态度必须鲜明,作者赞成什么,反对什么,提倡什么,批判什么,必须明白无误,不能吞吞吐吐,不能像文学作品那样含而不露。但是,鲜明不等于一览无余的浮浅表态和没有回味的直白说教,而是要寓教于理,寓理于情,事理并举,文情并茂,这样才能起到打动读者,说服读者,教育读者的作用。

(三)针对性强

新闻时评针对现实中迫切需要解决的问题,加以褒贬,及时引导,而不是坐而论道，言不及义。它或者针对社会上的某种倾向，提醒人们注意；或者针对工作中的种种弊端，要求加以克服；或者针对大家关心的问题，给予正确的回答；或者针对陈旧落后的观念，冀人弃旧图新；或者表彰新生事物，引起人们关注；或者揭示腐败现象，使之无处遁形。它所起的是扶正祛邪、兴利除弊的作用。

（四）讲究时效

发现问题，或接受任务，立即命笔，迅速发表，以期及早发挥作用，这是新闻时评不同于一般评论文章的特有的写作要求。新闻时评的价值在于速战速决，立竿见影，而不是追求“不朽”和“深刻”。这就要求评论的作者具有敏锐的观察力、敏捷的思维能力和熟练的写作能力，所谓“倚马万言”、“文思泉涌”。这种才能，全靠平日磨砺，同时也依赖作者的政治敏感和生活嗅觉。

【例一】

战胜新挑战 夺取新胜利

6 月 13 日，中央在京召开省区市和中央部门主要负责同志会议。这次会议是在国际国内形势出现不少新的复杂因素、党和国家工作面临不少新的严峻挑战的情况下，在我国抗震救灾和恢复重建、经济社会发展、北京奥运会筹办等工作的关键时刻，召开的一次极其重要的会议。

（略）

战胜新挑战，夺取新胜利，关键在加强和改进党的领导。各级党委要增强政治意识、大局意识、责任意识，坚决贯彻落实中央的决策部署，紧紧围绕全党的中心任务，以开拓创新的精神，以迎难而上的锐气，以昂扬向上的斗志，以坚忍不拔的品格，以求真务实的作风，更好地发挥领导核心作用。在工作实际中，要坚持统筹兼顾、突出重点，充分发挥各级党组织和广大党员、干部的作用，特别是要大力弘扬抗震救灾的伟大精神，使之转化为自力更生、艰苦奋斗、重建家园的坚定意志，转化为办好奥运、建设祖国的实际行动，转化为推动科学发展、促进社会和谐的强大力量，经受住任何困难和风险考验，不断把党和国家事业推向前进。

（《人民日报》2008 年 6 月 13 日）

【例二】

热情迎圣火 激情办盛会

3 月 31 日，在万众企盼中，采自希腊奥林匹亚的奥运圣火穿越万里，来到第二十九届奥林匹克运动会举办地——中国北京。作为 2008 年北京奥运会的东道主，中国人民以隆重、热烈的方式欢迎奥运圣火的到来。

在天安门广场举行的北京2008年奥运会圣火欢迎仪式暨火炬传递接力启动仪式上，国家主席胡锦涛亲自点燃北京2008年奥运会圣火，并宣布北京2008奥运火炬接力启动，向全世界表达了中国政府和中国人民的美好愿望和庄严承诺：中国向所有热爱奥林匹克运动的人们敞开大门，中国将为世界呈现一届有特色、高水平的体育盛会。

（略）

我们相信，在奥林匹克圣火的引领下，在中国和世界各国人民的共同努力下，我们有信心有能力办好北京奥运会，实现13亿中国人民真诚的希望：同一个世界，同一个梦想。让奥林匹克圣火永远燃烧在人民的心中，永远照亮人类追求和平、友谊、进步的航程。（本报评论员）

（《人民日报》2008年4月1日）

【例三】

女足别太把连胜当回事

姚广安

连胜，是很刺激神经的事儿，尤其当一支球队连续受到打击之后。

从年初阿尔加夫杯四连败，到如今新帅到任后的三连胜，很多人感慨“换帅如换刀”。事实上，3∶2胜世界明星联队的那一场，也就是王海鸣执教的最后一场，也应该算在多曼斯基头上——如果不是多曼斯基亲临现场，女足姑娘们也不会爆发出那样的表现欲。

瑞典人真的有这么大魔力？这些胜利究竟有多大含金量？

记者亲赴武汉采访的一个小花絮是：所谓世界明星联队，其实是一支度假球队。众女星们甚至带上自己的丈夫男友，比赛期间很人性化地享受休假的乐趣。

而3∶1、2∶1两胜世界排名在自己之前的加拿大队，和5∶2大胜近邻韩国队三场可以归在多曼斯基名下的胜利，也有很多折扣在内：加拿大队因为很可能要在世界杯淘汰赛阶段遭遇中国队，因此她们是有所保留的，就像故意胡乱穿球衣的中国女足一样。韩国女足则是由于要参加奥运会预选赛而把中国女足作为假想对手，当然不能毫无保留地血拼。

所以，这个打了折的连胜只能称之为“准三连胜”或“准四连胜”。再加上多曼斯基并未灌输实质性战术，也不能算是脱胎换骨。所以，大可不必太当回事。

（《辽沈晚报》2007年05月14日）

第五章 社交礼仪文书

第一节 社交礼仪文书概述

一、社交礼仪文书的概念和种类

礼仪是礼节和仪式的总称。礼仪文书是指用于各种交往礼仪活动的文书。

我国是文明古国,是世界上有名的礼仪之邦,人们的社会交往活动和思想感情的交流,有许多都是通过一定的礼仪形式和一定的文化活动方式来进行的。礼仪文书就是人们在各种礼节中使用的文体。

礼仪文书的种类很多,常用的是机关、团体、人民群众在节日和红白喜事中用的各种请柬、欢迎词、祝词、欢送词、悼词、祭文、贺信、贺电、讣告、唁电、碑文、对联等。

二、礼仪文书的结构形式

礼仪文书一般都由标题、称谓、开头、主体、结尾和署名六个部分组成。

称谓应有尊敬之意和亲切之感。人名要用全名,通常在姓名之前冠以“尊敬的”、“亲爱的”之类的词语,后边加上头衔,或加以“先生”、“女士”之类。对外国元首应加“阁下”等。

主体部分,是礼仪文书的主要部分。要注意以诚相见,给人一种真情实意之感。不同场合,措辞要特别慎重,注意用词要恰当,不能信口开河。

结尾部分,要有结束语,结束语结合文种的不同类型作出相应的表达。

需要特别注意的是,礼仪文书的篇幅要简短,切忌拖沓冗长。

第二节　礼仪类文书

礼仪类文书有欢迎词、祝词、请柬等。

一、欢迎词

（一）欢迎词的概念和写作要求

欢迎词是由东道主出面对宾客的到来表示欢迎的讲话文稿，或由行政机关、企事业单位、社会团体或个人在公共场合欢迎友好团体或个人来访时致辞的讲话稿。

欢迎词的写作要求主要有以下几个方面：

1. 看对象说话。欢迎词多用于对外交往，在各社会组织的对外交往中，所欢迎的宾客可能是多方面的，如上级领导、检查团、考察团等。来访目的不同，欢迎的情由也应不同。欢迎词要有针对性，看对象说话，表达不同的情谊。

2. 看场合说话。欢迎的场合、仪式也是多种多样的，有隆重的欢迎大会、酒会、宴会、记者招待会；有一般的座谈会、展销会、订货会等。欢迎词要看场合说话，该严肃则严肃，该轻松则轻松。

3. 热情而不失分寸。欢迎应出于真心实意，热情、谦逊、有礼；要语言亲切，饱含真情；还要注意分寸，不卑不亢。

4. 关于称呼。由于是用于对外交往，欢迎词的称呼比开幕词、闭幕词更具有感情色彩，更需热情有礼。为表示尊重，要称呼全名。在姓名前或后面加上职衔或“先生”、“女士”、“亲爱的”、“尊敬的”、“敬爱的”等敬语表示亲切。

（二）欢迎词的特点

1. 欢愉性

中国有句古话是“有朋自远方来，不亦乐乎”，所以致欢迎词应当有一种愉快的心情，言辞用语务必富有激情和表现出致辞人的真诚。只有这样才能给客人一种宾至如归的感觉，为下一步各种活动的完满举行打下好的基础。

2. 口语性

欢迎词本意是现场当面向宾客口头表达的，所以口语化是欢迎词文字上的必然要求，在遣词用语上要运用生活化的语言，既简洁又富有生活的情趣。口语化会拉近主人同来宾的亲切关系。

（三）欢迎词的分类

从表达方式上分为：

1. 现场讲演欢迎词。一般由欢迎人在被欢迎人到达时在现场口头发表的欢迎稿。

2.报刊发表欢迎词。这是发表在公开发行的报纸或刊物上的欢迎稿，它一般在客人到达前后发表。

从社交的公关性质上分为：

1.私人交往欢迎词。一般是在个人举行较大型的宴会、聚会、茶会、舞会、讨论会等非官方的场合使用的欢迎稿。通常要在正式活动开始前进行。私人交往欢迎词往往具有很大的即时性、现场性。

2.公事往来欢迎词。一般在较庄重的公共事务中使用。要有事先准备好的得体的书面稿，文字措辞上的要求较私人交往欢迎词要正式和严格。

(四)欢迎词的结构和写作要求

欢迎词的结构由标题、称呼、开头、主体、结语和署名六部分组成。

1.标题。标题有两种形式：

(1)欢迎场合或对象加文种构成，如《在校庆75周年纪念会上的欢迎词》。

(2)用文种“欢迎词”作为标题。

2.称呼。标题下一行顶格加冒号称呼对象。面对宾客，宜用亲切的尊称，如“亲爱的朋友”、“尊敬的领导”等。

3.开头。通常应说明现场举行的是何种仪式，发言者代表什么人向哪些来宾表示欢迎，用一句话表示欢迎的意思。

4.主体。这一部分一般要阐述和回顾宾主双方在共同的领域所持的共同立场、观点、目标、原则等内容，较具体地介绍来宾在各个方面的成就及在某些方面做出的突出贡献，同时要指出来宾本次到访或光临对增加宾主友谊及合作交流所具有的现实意义和历史意义。也就是说明欢迎的情由，可叙述彼此的交往、情谊，说明交往的意义。对初次来访者，可多介绍本组织的情况。

5.结语。通常在结尾处再次向来宾表示欢迎，并表达自己对今后合作的良好祝愿。

6.署名。用于讲话的欢迎词不需要署名，需刊载的在题目下面或者文末署名。

(五)欢迎词写作的注意事项

欢迎词是出于礼仪的需要而使用的，因此要十分注意礼貌：

1.称呼要用尊称，感情要真挚，要能较为得体地表达自己的原则立场。

2.措辞要慎重，勿信口开河，同时注意尊重对方的风俗习惯，应避开对方的忌讳，以免发生误会。

3.语言要精确、热情、友好、温和、礼貌。

4.篇幅短小，言简意赅，是一种礼节性的外交或公关辞令，宜短小精悍，不必长篇大论。

【例文】

欢迎词

安瑞克先生，

女士们，先生们：

今天，我们有机会在这里与安瑞克先生欢聚一堂，感到非常荣幸。首先让我代表出席晚会的全体人员向远道而来的安瑞克先生表示热烈的欢迎和真挚的问候。

安瑞克先生在市场营销方面卓有成效，他带领下的百事可乐世界饮料部提出以“顾客为中心”的口号，早已成为世界许多跨国大公司的营销战略，获得巨大成功。

现在请安瑞克先生给我们讲话。

二、祝词、贺词

(一)概念

祝词，指在各种喜庆场合中对人对事表示祝贺的言辞或文章。祝词是行政机关、企事业单位、社会团体或个人在喜庆场合对某人或某项即将开始的工作、事业表示祝福的言辞或文章。祝词一般是在事情未果时表示的一种祝愿和希望。

贺词是行政机关、企事业单位、社会团体或个人在喜庆场合对某人或某项已经取得成功的工作、事业表示祝贺的言辞或文章。贺词一般是在事情既果时表示的庆贺和道喜。

祝词和贺词在某种场合可以互用，但它们所包含的意思并不同。

(二)祝词、贺词的特点

1.喜庆性。祝词、贺词是在喜庆的场合对祝贺对象的一种真诚的祈送祝福和良好心愿的表达，因此喜庆性是祝词、贺词的基本特点。在措辞用语上务必体现出一种喜悦、美好之情。

2.体裁的多样性。祝词、贺词无须拘泥于某种文体，而可以根据祝贺对象的具体情况采用合适贴切的文章体裁。

(三)分类

祝词、贺词从祝贺对象上看可以分为四类：

1.祝贺寿诞。其主要对象是老年人。在祝贺中，既赞颂他已经取得的辉煌成绩，又祝愿他幸福健康长寿。祝贺寿诞的对象也可以是新得子女的一对夫妻，贺其喜得子嗣，祝其夫妻生活更加甜美。祝贺寿诞的对象还可以是自己，称自寿。自寿往往抒发个人的感慨、抱负或自勉。

2. 祝贺事业。事业成功的祝贺涉及范围极广。如会议开始时祝其圆满成功，会议结束时贺会议圆满结束；展览会剪彩时祝其取得较好的社会效益，展览会结束时贺其已取得了预期目的；某人考入大学时，贺其金榜题名，祝其鹏程万里、百尺竿头再进一步；其他如公司开业、银行开张、报刊创刊、社团纪念等均可贺其已取得的成就，祝其今后事业的顺利发达。

3. 祝贺婚嫁。既贺新婚，又祝新人婚姻今后和谐美满。

4. 祝贺酒宴，以酒助兴。酒是人们交往中的一种媒介形式，酒宴上的祝词、贺词，其实是在向赴宴宾客表达的一种祝福和庆贺。

祝词、贺词从表达形式上看可以分为两类：

1. 现场即席致祝贺词。一般来说，在较为随意轻松的场合可以即兴表示祝贺；但在公共事务场合下，为庄重严肃起见，应按事先拟好的祝贺词发言。

2. 信函电传祝贺。有时祝贺人无法到场祝贺，在这样的情况下，可以用书信的方式祝贺，也可以拍发电报、传真或用电子邮件来表示祝贺之意。

(四)祝词、贺词的基本格式和写法

祝词、贺词通常由标题、称呼、正文和落款四部分组成。

1. 标题。有两种构成方式，一种是由致辞者、致辞场合和文种共同构成；另一种是由致辞对象和致辞内容共同构成。

2. 称呼。写在开头顶格处，写明祝词或贺词对象的姓名，一般要在姓名后面加上称呼甚至有关的职务头衔，以示尊重，如“尊敬的史密斯博士”。

3. 正文。一般由三项内容构成。

(1)向受辞方致意，要说明自己代表何人或何种组织向受辞方及何项事业祝福贺喜；

(2)概括评价受辞方已取得的成就；

(3)展望未来美好前景，再次向受辞方表示衷心的祝贺。

4. 落款。署上致辞单位名称，或致辞人姓名，还有成文日期。

(五)祝词、贺词的写作要求和注意事项

1. 写作要求

语言要求充满热情，具有喜悦、鼓励、希望、褒扬之意，以便使对方感到温暖和愉快，受到激励与鼓舞。

祝词不应使用辩论、谴责批评等词句和语气。

颂扬与祝贺要恰如其分，过分的赞美之词会使对方感到不安，自己也难免有谄媚之嫌。

2.注意事项

祝词、贺词要求热情洋溢，充满喜庆，满怀诚意地表达自己的良好祝愿。多用褒扬、赞美、激励之词，但又千万不可滥用美辞，以免给人以阿谀奉承之嫌。

祝词、贺词文体上可以多种多样，只要写出特色，表达诚挚的祝愿即可。

【例文】

在黄河小浪底水利枢纽工程截流仪式上的讲话

李　鹏

（1997 年 10 月 28 日）

女士们、先生们、同志们：

今天，小浪底工程成功地实现了按期截流，这标志着小浪底工程取得了重要的阶段性成果，也表明了我国在治理黄河的道路上又迈出了可喜的一步。我代表党中央、国务院对截流成功表示热烈的祝贺！对小浪底工程全体中外建设者表示亲切的慰问！对河南、山西两省广大人民群众对工程的支持表示诚挚的谢意！

1997 年是我国历史上极不平凡的一年，香港回归祖国，亿万人民群众欢欣鼓舞。党的十五大胜利召开，对我国改革开放和现代化建设跨世纪的发展提出了奋斗目标，做出了全面的部署。当前，全国各族人民正在高举邓小平理论的伟大旗帜，认真学习和贯彻、落实十五大精神，进一步解放思想，实事求是，抓住机遇，开拓进取，把建设有中国特色的社会主义事业全面推向二十一世纪。

我国正处在社会主义的初级阶段，大力发展生产力是我们的根本任务。水利作为国民经济的基础设施和基础产业，在促进国民经济发展、保持社会稳定中发挥着越来越重要的作用。黄河是我国的第二大河，是中华文明的发祥地。然而，黄河水患曾给我们带来了无数的灾难，是中华民族的心腹大患。治理黄河水患、开发黄河水利，历来是党中央、国务院十分关注的大事。兴建小浪底水利枢纽工程正是党和政府为此而采取的重要举措。小浪底工程是一项具有防洪、防凌、减淤、灌溉、供水、发电等综合效益的水利枢纽工程。小浪底工程的建成将使黄河中下游防洪由现在防御六十年一遇洪水的标准，提高到防御一千年一遇洪水的标准，并且为下游河道整治争取宝贵的时间，为开展黄土高原水土保持提供良好的机遇，也为黄河中下游经济的发展打下坚实的基础。

希望你们再接再厉，顽强拼搏，努力争创一流的设计，一流的质量，一流的管理，一流的效益，为小浪底工程1997年发电，为夺取工程建设的全面胜利，为我国社会主义现代化建设作出新的贡献。

（新华社小浪底工地10月28日电）

三、请柬

请柬是为邀请宾客参加某一活动时所使用的一种书面形式的通知。一般用于联谊会、友好交往的各种纪念活动、婚宴、诞辰或重要会议等。发送请柬是为了表示举行的隆重。请柬通常也称为请帖。

在古代，柬与帖有一定的区别。请柬的“柬”字，本为“简”。造纸术发明以前，简一般是较普遍的写作材料。简是将木材或竹木经过加工后制成的狭长的片。简一般指竹简，木制的写作材料古人称“牍”。人们把文字刻到在简上用来记事，由于书写面积有限，篆刻也有些难度，所以用简书写，其文字容量是较小的。人们把简连缀在一起而成“册”。到了魏晋时代，“简”就专门用来指一种短小的信札，这一说法沿用至今。

（一）请柬的基本格式和写法

请柬从形式上又分为横式写法和竖式写法两种。竖式写法是从右边向左边写。但从内容上看，请柬作为书信的一种，又有其特殊的格式要求。

请柬一般由标题、称呼、正文、结尾、落款五部分构成。

1. 标题

在封面上写的“请柬”（请帖）二字就是标题，一般要做一些艺术加工，可用美术体的文字，文字的色彩可以烫金，可以有图案装饰等。需说明的是，通常请柬已按照书信格式印制好，发文者只需填写正文而已。封面也已直接印上了名称“请柬”或“请帖”字样。

2. 称呼

要顶格写出被邀请者（单位或个人）的姓名名称，称呼后加上冒号。

3. 正文

要写清活动内容，如开座谈会、联欢晚会、生日派对、国庆宴会、婚礼、寿诞等。写明时间、地点、方式。如果是请人看戏或其他表演还应将入场券附上。若有其他要求也需注明，如“请准备发言”、“请准备节目”等。

4. 结尾

要写上礼节性问候语或恭候语，如“致以——敬礼”、“顺致——崇高的敬意”、“敬请光临”等，在古代这叫做“具礼”。

5. 落款

署上邀请者（单位或个人）的名称和发柬日期。

（二）请柬写作的文字要求

我国文化历史悠久，历来对语言文字的推敲十分重视，何况请柬是较庄重正式的一种文体，而且文字量有限，所以要摒弃那些繁文造作或干瘪乏味的语言。具体而言有以下几点：

1.求其“达”，即要通顺明白，又不要堆砌辞藻或套用公式化的语言。

2.求其“雅”，即要讲究文字美。请柬是礼仪交往的媒介，乏味的或浮华的语言会使人很不舒服的。

3.请柬文字尽量用口语，不可为求“雅”而去追求古文言。要尽量用鲜活的语言。雅致的文言词语可偶尔用之，但需恰到好处。

4.整体而讲，要根据具体的场合、内容、对象、时间认真地选词用句，语言要文雅、大方、热情。

（三）请柬写作的注意事项

1.请柬主要是表明对被邀请者的尊敬，同时也表明邀请者对此事的郑重态度.所以邀请双方即便近在咫尺，也必须送请柬。凡属比较隆重的喜庆活动，邀请客人均以请柬为准，切忌随便口头招呼，顾此失彼。

2.请柬是邀请宾客用的，所以在款式设计上，要注意其艺术性，一帧精美的请柬会使人感到快乐和亲切。

3.选用市场出售的各种专用请柬时，要根据实际需要选购合适的类别、色彩、图案。

4.请柬要在合适的场合发送。一般说来，举行重大的活动，对方又是作为宾客参加，才发送请柬。寻常聚会，或活动性质极其严肃、郑重，对方也不作为客人参加时，不应发请柬。

5.措辞务必简洁明确、文雅庄重、热情得体。

【例文】

××女士/先生：

兹定于9月12日晚7:00～9:00在市政协礼堂举行中秋茶话会，届时敬请光临。

此致

敬礼！

中国人民政治协商会议××市委员会

2008年9月10日

第三节　祭吊类文书

祭吊类文书有讣告、唁电、悼词等。

一、讣告

（一）讣告的概念

讣告又称“讣闻”、“讣文”。“讣”原指报丧的意思，就是将人死了的消息报告给人家。讣告是机关、单位、个人，把某人去世的不幸消息向死者的亲戚、朋友、家属发出通告性文书。党和国家领导人去世，现在一般不用讣告而用公告或宣告，以表示隆重、庄严。生死是人生中的大事，人死之后，机关、单位或死者亲属一般要进行一些悼念活动，来表示对死者的哀悼之情、寄托哀思，上至国家领导人下至平民百姓无不如此。自古以来，人们在进行悼念活动时已形成了一些较为稳固的形式，然而对于这些文体的写作情况，人们却知之甚少，本文就有关写作格式和要求进行系统介绍。

（二）讣告的分类

讣告通常有三种形式。

1. 一般性讣告：普通公民去世，用讣告发布消息。

2. 公关式讣告：党和国家领导人去世，用此种讣告发布消息，以示隆重。

3. 简便式公告：作为一般消息晓谕社会，告知个人。

讣告的分类不同，写作方法和内容格式也稍有不同。为了给大家一个完整全面的认识，我们将分别予以介绍。

（三）一般性讣告的格式写法及注意事项

一般性讣告是最常见的讣告形式，主要内容通常包括以下三个方面。

1. 标题：有两种形式，一种由文种名称组成，在第一行中间写“讣告”二字；另一种由死者名和文种名共同构成。

标题一般要字体略大于正文字体，或者给标题字加黑。

2. 正文。通常有以下几项内容：

首先写明死者的姓名、身份、死因、逝世的日期、具体时间、地点、终年岁数。这里需要指出的是，终年也有写为享年的，意思是享受过的有生之年。享年一般用于自己的长辈或人们所尊敬的老者。终年指死时已活到多少岁，终年的用法较为广泛，不带有感情色彩。

然后介绍死者生平、主要经历及政治、学术、艺术、技术方面的主要成就。这里死者的经历是其代表性的经历，而不是其个人履历的一种复写。

最后告知吊唁、追悼会的时间、地点、接送车辆安排等其他有关事宜。

3.落款，署明发讣告的单位、团体或个人的名称或姓名、时间。

一般性讣告写作注意事项：

讣告的语言要求准确、简练、严肃、郑重；讣告用纸，一般忌用红色，用白纸，上书黑字；需要在告别仪式之前尽早发出，以便使死者亲友及时地做出必要的安排和准备，如备花圈、写挽联等。

【例文】

鲁迅先生讣告

鲁迅(周树人)先生于一九三六年十月十九日上午五时二十五分病卒于上海寓所，享年五十六岁。即日移至万国殡仪馆，由二十日上午十时至下午五时为各界瞻仰遗容的时间。依先生的遗言："不得因为丧事收受任何人的一文钱。"除祭奠和表示哀悼的挽词、花圈等以外，谢绝一切金钱上的赠送。

谨此讣闻。

鲁迅先生治丧委员会

蔡元培、内山完造
宋庆龄、A·史沫特莱
沈钧儒、萧三、曹靖华
许季、茅盾、胡愈之
胡风、周作人、周建人

(四)公告式讣告的格式写法及注意事项

公告式讣告比一般性讣告要隆重、庄严得多。它一般由党和国家领导人或一定级别的政府机关、企事业单位、团体等作出决定才发出的。

公告式讣告一般由公告以及其他一些文件(消息)共同组成。在内容上公告式讣告与一般性讣告基本无大差别，但在结构安排上有显著不同。这样做的目的是为了显示其性质的庄严隆重。

公告式讣告的写法一般有以下几项：

1.公布消息

(1)标题。由发文单位、团体的名称和文种名共同构成。这一点与一般性讣告不同，公告前为发文单位的名称，而一般性讣告前为死者的姓名。

(2)正文。要求写明死者的职务、姓名、逝世原因、时间、地点以及享年岁数；对死者的简单评价和哀悼之辞。

(3)落款，署明公告时间。

2.治丧委员会公告

这是讣告的核心部分，着重交代一些主要事宜：

(1)标题。用粗体大写字写明“××同志治丧委员会公告”字样。

(2)正文。写明对丧事的安排及具体要求,如吊唁或瞻仰遗容的具体时间、地点、参加人;具体召开追悼会的时间地点,以及追悼会召开时的其他事宜,诸如社会各界、机关单位、人名群众团体的吊唁活动安排等。

(3)结尾和落款。结尾注明“特此公告”,右下方署明公告发布日期。

3.公布治丧委员会名单

治丧委员会名单的安排通常分两部分。一个是治丧委员会领导成员名单,一般按职务排名。一个是全体治丧委员会名单,一般以姓氏笔画排列。要交代清楚治丧委员会成员人数。

4.公告式讣告注意事项

公告式讣告由“公告”、“治丧委员会公告”、“治丧委员会名单”等几部分共同组成一个完整的讣告,因此各部分要同时公布于众。

公告式讣告的使用对象一般是党和国家领导人,不可乱用。

(五)简便式讣告

简便式讣告依据其存在的形式可以分为以下两种:

1.新闻报道式。这种形式常作为一般的消息在报纸或电台、电视台上公布,旨在晓谕社会,内容和形式极其简单。一般只有短短的几句话,只告知死者的姓名、身份、逝世的时间、地点、终年岁数即可。

2.讣贴。讣贴是抄送给个人的一种讣告形式,其内容同一般性讣告完全一样,只是在形式上更为短小。

【例文】

中共中央 全国人大常委会 国务院 全国政协 中央军委沉痛宣告
杨尚昆同志在北京逝世

杨尚昆同志是伟大的无产阶级革命家、政治家、军事家,党、国家和人民军队的卓越领导人。

杨尚昆同志的一生,是光辉的、战斗的一生。他为中国人民的解放事业,为社会主义革命和建设事业,建立了不可磨灭的历史功勋。

杨尚昆同志的逝世,是党、国家和人民军队的巨大损失。我们要化悲痛为力量、认真学习他的崇高革命精神和思想品德,紧密地团结在以江泽民同志为核心的党中央周围,高举邓小平理论的伟大旗帜,为把我国建设成为社会主义现代化强国而努力奋斗。

新华社北京9月14日电 中共中央、全国人大常委会、国务院、全国政协、中央军委讣告中国共产党中央委员会、中华人民共和国全国人民代表大会常务委员会、中华人民共和国国务院、中国人民政治协商会议全国委员会、中央军事委员会沉痛宣告:伟大的无产阶级革命家、政治家、军事家,坚定的马克思主义者,党、国家和人民军队卓越领导人杨尚昆同志,因病医治无效,于1998年9月14日1时17分在北京逝世,享年92岁。

杨尚昆同志的一生,是光辉的、战斗的一生。他为中国人民的解放事业,为社会主义革命和建设事业,建立了不可磨灭的历史功勋。

从青年时代起,杨尚昆同志就投身于反帝反封建的革命斗争。1926年初由共青团员转为中国共产党党员。从此,他把自己的一生献给为共产主义奋斗的壮丽事业。1926年11月,他到莫斯科中山大学学习。1931年初,从苏联回国后,相继担任中华全国总工会宣传部长和中共中央宣传部长等职,参与领导工人运动和抗日救亡运动。

1933年初,杨尚昆同志到达中央革命根据地,先后任中央苏区中央局宣传干事和马克思共产主义大学副校长等职。6月,任红军第一方面军政治部主任,转战前方。1934年1月,接任红三军团政治委员,同月,在中共六届五中全会上当选为中央候补委员。此后,他和三军团军团长彭德怀同志一起,在中央苏区第五次反"围剿"中,指挥所部赢得许多战斗的胜利。

1934年10月,杨尚昆同志和彭德怀同志率领红三军团长征。1935年3月,他参加在遵义召开的中共中央政治局扩大会议,批评博古、李德在军事指挥上的严重错误,拥护毛泽东同志的正确主张。长征路上,他和彭德怀同志率领三军团浴血奋战,经过抢占娄山关、同一军团再克遵义城、四渡赤水和南渡乌江等一系列极其艰苦的战役和战斗,在危急关头为革命作出了重大贡献。8月,调任红军总政治部副主任,随毛泽东同志率领的右路军行动,坚决同张国焘分裂主义进行斗争。到达陕北后,他先后在西北革命军事委员会和红军前敌总指挥部领导机构中负责政治工作,战斗在抗战前线。

1937年8月和11月,杨尚昆同志先后任中共中央北方局副书记、书记,积极开展华北抗日根据地的建党、建军和建政工作,推动了华北地区群众抗日运动的高涨。

1941年,他回到延安,留在中共中央机关工作,在这期间参加了整风运动。1945年4月,出席党的第七次全国代表大会。抗日战争胜利后,他任中共中央军委秘书长兼中央外事工作组副组长。以后,担任中共中央办公厅主任。1947年4月,任中央后方委员会副书记,和书记叶剑英同志统筹党中央的后方工作。1948年4月,他又担任中共中央副秘书长等职,积极协助周恩来同志处理党中央和中央军委日常工作。

中华人民共和国成立后，杨尚昆同志继续担任中共中央副秘书长、中央办公厅主任，兼任中央军委秘书长、中直机关党委书记，他领导调整和健全了中央办公厅工作机构，创立了行之有效的为党中央服务的工作运转机制。1956年9月，在党的第八次全国代表大会和八届一中全会上，分别当选为中央委员、中央书记处候补书记。

杨尚昆同志在“文化大革命”的动乱岁月里，受到林彪、江青两个反革命集团的长期迫害，被监禁达12年之久。在逆境中，他仍然坚持学习马列主义、毛泽东思想，始终关注党和社会主义建设事业的前途与命运。中共十一届三中全会后，党中央为杨尚昆同志彻底平反，恢复了名誉。

1978年12月至1980年底，杨尚昆同志相继担任中共广东省委第二书记、副省长，中共广州市委第一书记、革命委员会主任，兼任广东省军区第一政委、党委第一书记。他思想敏锐，勇于进取，坚决贯彻执行改革开放的政策，竭尽全力贯彻执行以邓小平同志为核心的党中央制定的把工作重心转移到四化建设上来的历史性决策和一系列方针政策，积极参与领导广东实行特殊政策、试办经济特区等工作，使广东成为全国改革开放的前哨和示范区，为国家实行对外开放政策提供了宝贵经验。

1979年9月，杨尚昆同志被补选为中共中央委员。1980年9月，被补选为全国人大常委会副委员长兼秘书长。1981年7月，他任中央军委常委兼秘书长，第二年9月，任中央军委常务副主席兼秘书长。他协助军委主席邓小平同志主持中央军委日常工作，和其他军委常委一道，坚决贯彻党中央和邓小平同志关于新时期军队建设的思想和军事战略，严格执行党中央和中央军委的决策，对“文化大革命”中由于林彪、“四人帮”的干扰对军队造成的严重破坏拨乱反正，对新的历史条件下军队现代化的一系列重大问题，进行深入探讨和研究，强调人民解放军应走有中国特色的精兵之路。主持实行军队建设指导思想的战略性转变、改革军队体制、精简整编、调整国防工业体制和加速实现武器装备现代化等一系列重要措施，取得了显著成就。在80年代中期，他积极贯彻执行邓小平同志提出的裁军100万的重大决策，胜利地完成了这项光荣而艰巨的任务。

在1982年和1987年召开的中共第十二次、第十三次全国代表大会上，杨尚昆同志当选为中共中央委员，在十二届一中全会上当选为中央政治局委员，继任中央军委常务副主席兼秘书长。他积极参与党和国家各项重大决策，为新时期社会主义现代化建设和改革开放事业，作出了重大贡献。1989年11月担任中央军委第一副主席后，他协助中央军委主席江泽民同志，主持中央军委日常工作。

1988 年 4 月，在第七届全国人大第一次会议上，杨尚昆同志当选为中华人民共和国主席。他不辞辛劳，奔走各地，了解国家经济发展和改革开放的进程，指导工作，解决问题。他同党和国家其他领导人一道，处理了发生在 1989 年春夏之交的政治风波，维护了国家的独立、尊严、安全和稳定。他密切关注国际形势的发展与变化，参与制定和调整新时期的国家外交政策，同时承担繁重的外事活动，赢得了国际社会的尊敬和信任。

1992 年 10 月和 1993 年 3 月，杨尚昆同志先后从中共中央政治局、中央军委和国家主席的领导岗位完全退下来，但仍然关注国家社会主义建设事业和祖国统一大业。

杨尚昆同志的逝世，是党、国家和人民军队的巨大损失。我们要化悲痛为力量，认真学习他的崇高革命精神和思想品德，紧密地团结在以江泽民同志为核心的党中央周围，高举邓小平理论的伟大旗帜，为把我国建设成为社会主义现代化强国而努力奋斗。

杨尚昆同志永垂不朽！

还要包括治丧委员会的公告，具体说明吊唁活动安排等。

二、唁电

(一)唁电的概念及分类

唁电是向丧家表示吊问的电报。它既可以表示对死者的悼念，也可以向丧家表示安慰和问候。唁电依据发布方的情形大致可以分为三种：

1. 单位团体之间拍发的唁电

这类唁电所悼念的死者多是原机关单位或群众团体的主要领导人或在某方面有建树，为社会做出了巨大贡献的杰出人物、英雄、模范、艺术家、科技工作者，还有其他方面的知名人士等。这类情况往往因为发电方同逝世者不在一地，来不及前往悼念，故而以唁电形式表示哀悼和慰问。

2. 以个人名义向丧家发的唁电

这类唁电的发者和逝者生前往往是志同道合的朋友，有过密切交往或深受其教诲、关怀、帮助的。在惊闻噩耗后，以唁电表示悼念之情。

3. 国与国之间拍发的唁电

这类唁电一般发给对方的国家政府机关或其他相应的重要国家政府机关。逝世者一般为重要的国家领导人或为两国之间的和睦关系、经济发展做出过巨大贡献的重要人物。

(二)唁电的写作格式和主要内容

无论哪种类型的唁电，一般都由标题、开头、正文、结尾和落款几部分构成。

1. 标题。有两种，一种是直接由文种名构成，一种由逝者亲属姓名或单位名称和文种名构成。

2. 开头。是收唁电方的单位或逝者家属的称呼。收唁电者是家属的，一般应在姓名后面加“同志”、“先生”、“女士”、“夫人”等相应称呼。写法是顶格写，称呼后面加冒号。

3. 正文。另起一行，空两格写如下内容：

(1)直接抒写噩耗传来之后的悲恸心情，不需要很多话；

(2)以沉痛的心情简述双方在交往中逝者生前所表现的优秀品德及功绩；

(3)表达致电单位或个人对逝者遗志的继承和决心，或表达一定要在逝者优秀品德或精神的感召下奋勇前进等；

(4)向逝者家属表示亲切的问候和安慰。

4. 结尾。一般写“肃此电达”、“特电慰问”等字样。

5. 落款。写在右下方，写明拍发唁电的单位名称或个人姓名，发电时间。

(三)写唁电应注意的事项

拍发电报一般要求短小精悍，用语简洁明了，写唁电应尽量避免用修饰语，篇幅要短小。唁电写作格式的五部分的分法是就完整性而言的，实际上电文中有些部分可以省略，如标题。

唁电要表达一种悲恸之情，要写得深沉、淳朴、自然、催人泪下，不可油腔滑调。

叙述死者生前品德、情操、功绩时，要突出本质方面，不可一一赘述或本末倒置。

【例文】

周经理：

我怀着十分悲痛的心情获悉贵公司的总经理×× 先生不幸去世的消息。我一直敬仰×× 先生坦诚正直、坚忍不拔的精神。对贵公司蒙受的巨大损失，我和我的同仁表示真挚的同情。

××：

惊闻你的母亲大人不幸病逝，我可以想象你和你家人所遭受的打击及痛苦。你母亲是那样一位热情而又善良的人，我和所有了解和热爱她的人一起分担你的悲痛。请节哀顺变。

三、悼词

(一)悼词的概念

悼词是对死者表示哀悼的话或文章,它有广义和狭义之分。广义的悼词指向死者表示哀悼、缅怀与敬意的一切形式的悼念性文章。狭义的悼词专指在追悼大会上对死者表示敬意与哀思的宣读式的专用哀悼的文体。悼词是指向死者表示哀悼、缅怀与敬意的悼念性文章。

今天的悼词是从古代的诔辞、哀辞、吊文、祭文一步步演化而来的。诔辞作为我国哀悼文体的最古形式,最早是一种专门表彰死者功德的宣读性的哀悼文体。哀辞文体是诔辞的旁支。诔辞的主要对象是王公、贵族、士大夫并以赞颂死者功德为主;而哀辞的对象主要是"童弱夭折,不以寿终者",同时以抒发生者哀悼之情为主。吊文指凭吊性的文章,"吊"有慰问之意。吊文内容较诔辞、哀辞广泛,也较其庞杂。可以说吊文是我国古代群众性的哀悼文体。它不一定是歌功颂德的文字,如汉代司马相如的《吊秦二世赋》;也可以对具体事物而言,成为一种咏怀性的文体,如《吊古战场文》之类。祭文是古时祭祀天地鬼神和死者时所诵读的文章。屈原的《九歌》是最早的祭文。祭文范围较广,只有祭奠死者的文章才属于哀悼文体的范畴。

今天我们所说的悼词是五四新文化运动的产物,它反映出新时代的新变化,无论在形式上还是在内容上,同古代的诔辞、哀辞、吊文、祭文均有实质性的不同。

(二)悼词的特征

1. 总结死者生平业绩,肯定其一生的贡献。现代性悼词是一种具有高度思想性和现实性的文体,人们以此既寄托哀思又通过死者的业绩激励后来者。

2. 悼词的内容是积极向上的,情感基调是昂扬健康的。它不像古代哀悼文,一味宣泄情绪,充满悲伤的情调,让人感到愁闷压抑,它应该排除一切感伤主义、悲观主义、虚无主义等消极内容。它不是面向过去,而是面向现在和将来,人们常说的"化悲痛为力量"就是说的这个意思。

3. 表现形式和表现手法的多样性。悼词既可以写成记叙文或议论文,又可以写成优秀的散文作品;既能以叙事为主,也能以议论为主,还可以抒情为主;同时,既有供宣读的形式,又有书面形式。概括来讲,充分肯定死者对社会的贡献,真诚表达生者对死者的悼念和敬意,以质朴无华的语言和多种多样的形式体现化悲痛为力量的积极内容。

(三)悼词的分类

1. 按照用途分

(1)宣读体悼词。这种悼词专用于追悼大会,由有一定身份的人进行宣读。它是对在场参加追悼的人讲话，而不是对死者讲话。悼词表达出全体在场的人对死者的敬意与哀思，同时勉励众人化悲痛为力量。宣读体悼词以记叙或议论死者的生平功绩为主，而不以个人抒情为主。另外，宣读体悼词受追悼大会本身的时间、地点、条件的限制，在形式上相对来说也较为稳定。

(2)艺术散文类悼词。这类悼词内容广泛，包括所有的向死者表示哀悼、缅怀与敬意的情文并茂的文章，大都发表在报纸杂志上。这种文章通过对死者过去事情的回忆，展现死者的品质和精神，虽志在怀念，但却落脚在死者的精神对活着的人的鼓舞和激励上。

2.按照表现的手段分

(1)记叙类悼词。记叙类悼词以记叙死者的生平业绩为主，并适当地结合抒情和议论。这是现代悼词最常见的类型。朴实的记叙文体，字里行间却充满对死者的哀悼和怀念之情，宣读体悼词和书面体悼词均可以采用这种形式，如朱自清的《哀韦杰三君》。

(2)议论类悼词。以议论为主，抒情、叙事为辅的悼词。这类悼词重在评价死者对社会的贡献。议论类悼词能够和现实生活紧密结合，是社会意义较强的一种哀悼文体，如恩格斯的《在马克思墓前的讲话》。

(3)抒情类悼词。这类悼词以抒发对死者的悼念之情为主，并适当地结合叙事或议论。抒情类悼词经常以抒情散文的形式出现，文学色彩浓厚，能在情感上打动人。它与一般抒情散文的不同在于悼词的情感不同于普通的情感，它崇高而真挚，质朴而自然，如郭沫若的《罗曼·罗兰悼词》。

(四)悼词的基本格式和写作

通常来讲，悼词没有固定的格式，但宣读体悼词形式却相对稳定。宣读体悼词主要由三部分构成。

1.标题。分两种情况：一种是直接由文种名称承担标题，如《悼词》；另一种由死者姓名和文种名共同构成，如《在宋庆龄同志追悼会上的悼词》。

2.正文。悼词的正文通常由开头、中段、结尾三部分构成。

(1)开头。以沉痛的心情说明召开或参加此次追悼会的目的，尽可能全面而准确地说明死者的职务、职称和称呼，以示尊崇。要注意这些称呼之间的先后排列顺序，接着简要地概述死者何年何月何日何时何原因与世长辞，以及所享年龄等。

(2)中段。承接开头，缅怀死者。这是悼词的主体部分，该部分主要由两方面组成。一是介绍死者的生平事迹，即对死者的籍贯、学历以及生平业绩进行集中介绍，应突出死者对人民、对社会的贡献；二是对死者的思想、精神、作风、品质、修养等做出综合的评价，介绍其对他人和社会产生的积极影响，如鼓舞、激励了青年人，为后人树立了榜样等。该部分的介绍可先概括地说，再具体介绍；也可先具体地介绍，再概括地总结。

(3)结尾。主要说明生者对死者的悼念及如何向死者学习、继承其未竟的事业、化悲痛为力量，为国家、为社会做出更大的贡献等内容。最后要写上“永垂不朽”、“精神长存”或“安息吧”之类的话。悼词的结尾要积极向上，不应该是消极的，所以，最后的结尾，尽量不用“安息吧”这句话，因为“安息吧”是西方天主教为死者举行仪式时用的一句话，这里面含有人生在世是痛苦的，只有死后才能幸福的消极思想。

3.落款。悼词一般在开头就已经介绍了参加追悼会的人员情况，所以，悼词的最后落款一般只署上成文的日期即可。

【例文】

罗曼·罗兰悼词

郭沫若

罗曼·罗兰先生，你是一位人生的成功者，你现在虽然休息了，可你是永远存在着的。你不仅是法兰西民族的夸耀，欧罗巴的夸耀，而且是全世界、全人类的夸耀。你的一生，在精神生产上的多方面的努力，对于人类的贡献非常的宏大，人类是会永远纪念着你的。你将和历史上各个民族各时代的伟大的灵魂们，象太空中的星群一样，永远在我们人类的头上照耀。

罗曼·罗兰先生，在二十年前你的杰作《约翰·克利斯朵夫》初次介绍到中国来的时候，你曾经向我们中国作家说过这样的话：“我不认识欧洲和亚洲，我只知道世界是两种民族——一种是上升，一种是下降。上升的民族是忍耐、热烈、恒久而勇敢地趋向光明的人们——趋向一切的光明、学问、美、人类爱、公众进步；而另一方面的下降的民族是压迫的势力，是黑暗、愚昧、懒惰、迷信和野蛮。”你说，只上升的民族是你的朋友，你的同志，你的弟兄。你说，你的祖国是自由的人类。这些话对于我们中国的文艺工作者是给予了多么正确的指示，多么有力的鼓励呀！

在今天的世界，正是这两种民族斗争着生死存亡的时候。你所说的上升的民族就是我们代表正义人道的民主阵线，你所说的下降的民族就是构成轴心势力的法西斯蒂。一边是赴汤蹈火，视死如归，牺牲自己的一切以解救人类的困厄，另一种是奴役，饥饿，活埋，杀人工场，毒气车，庞大的集中营，一个鬼哭神号的活地狱。但今天，上升的不断上升，下降的不断下降，光明终究快要把黑暗征服了。我们要使全人类都不断地上升，全世界成为自由人类的共同祖国。

罗曼·罗兰先生，你伟大的法兰西民族的儿子，当你看到法兰西民族又恢复了她的光荣的自由，而你自己在这时候终结了你七十九年的人生旅程，在你那肃穆的容颜上，怕必然表露出一抹更加肃穆的微笑的吧？但当你想到你的朋友，你的同志，你的兄弟的好些民族，依然还呻吟在法西斯蒂的控制下边没有得到自由，在和死亡、饥饿、奴役、恐怖作决死的斗争，在你那肃穆的容颜上，怕也必然表露出了一抹更加肃穆的悲愤的吧？

但是，罗曼·罗兰先生，伟大的人类爱的使徒，你请安息吧。上升的要不断上升，下降的要不断地使它下降，我们要以一切为了人类解放而英勇地战斗着的民族为模范，我们要不避任何的艰险，尽力趋向一切的光明，不避任何的艰险，尽力和黑暗、愚昧、残忍、凶暴的压迫势力、法西斯蒂、现世界的魔鬼，搏斗！我们中国是绝对不会灭亡的，人类是必然要得到解放的，法西斯魔鬼们是必然要消灭的！

罗曼·罗兰先生，你请安息吧。我们中国的文艺工作者们，更一定要以你为模范。要象你一样，把“背后的桥梁”完全斩断，不断地前进，决不回头；要象你一样、始终走着民主的大道，把自己的根须深深插进黑土里面去，从人民大众吸收充分的营养，再从黑土里面生长出来。我们一定要依照你的宝贵指示：“每天早上，我们都得把新的工作担当起来，把前一天开始的斗争继续下去。……对于错误，对于不公正，对于死，我们必须不断地力争，为着更大的胜利。”

1945 年 2 月 21 日

第四节 题赠类文书

题赠类文书有对联、题词、碑文等。

一、对联

对联是指用字数相等、对仗工整的文字组成的、意义关联而又书写在其他实用物上的两个句子，一个上联，一个下联。对联一般构思巧妙，形式多样，既可抒情写意，绘景叙事，也可贺喜、庆功或题于亭榭楼台、庙宇碑祠、客厅书斋。对联是我国人民喜闻乐见的一种文体形式，是集书法、文学等于一体的综合性艺术。对联又叫对子、联语、楹贴、楹联。

对联具有鲜明的阶级和时代特征，其内容往往是有很强的针对性，什么时候使用什么样的对联基本是一定的。同时出于对联本身含有美的属性，所以人们也可将其作为艺术品来欣赏和回味。

（一）对联的分类

对联的分类与对联撰写很有关系，不明确对联的分类，就写不出内容准确的好对联来。具体来讲，对联有以下几种分法。

1. 按使用的范围分，可分为应用联和装饰联两大类。

装饰联主要指用于美化环境的对联，如装饰亭台、楼阁、名胜古迹的对联；装饰书房卧室、名画宝砚的对联等。装饰联一般富有哲理，回味无穷。

应用联是指有较强针对性的对联。它可以分为专用于庆祝春节的春联；用于某一具体事项的对联，如挽联、寿联、婚联、喜联、行业联等；还有人们在各种交往中所用的交际联。总之，从时间、空间的使用范围看，对联的分法如下表所示。

对联：1. 装饰联
　　2. 应用联 (1)春联
　　　　(2)交际联——赠联、题答联
　　　　(3)专用联——挽联、寿联、婚联、喜联、行业联、座右铭联等

2. 按上下联在内容上的关系分，对联可分为正对、反对、流水对三种。

(1)正对，指对联上下两联的内容相关或相似，从不同的角度说明大致相同的道理。如：

墙上芦苇，头重脚轻根底浅；山间竹笋，嘴尖皮厚腹中空。

一派春光明四海，万枝桃李艳三江。

大肚能容，容天下难容之事；开口便笑，笑世间可笑之人。

(2)反对，指上下联内容相反，对比鲜明，这种对联往往从正反两面来说明同一个问题。在对比中突出表达效果。如：

青山有幸埋忠骨，白铁无辜铸佞臣。

莫忘当年创业苦，喜看今朝生活甜。

横眉冷对千夫指，俯首甘为孺子牛。

(3)流水对，也叫串对，指一个意思分两句说，两句合起来是一个整体，上下联有承接、假设、递进、因果、条件等关系。如：

江河无止终而为海，
桃李不言下自成蹊。

3. 从形式字数上分，对联可分为四字联、五字联、六字联、七字联、八字联、九字联、几十字联、几百字的长联等。如：

昼夜不舍；天地同流。

峭石千重立，藤萝百道开。

泉自几时冷起，峰从何处飞来。

漓江洒绿招凉去，常侍诗清赏雨来。

桃李增华坐帐无鹤，琴书做伴支床有龟。

红花并蒂同朝阳比艳，紫燕同飞向浩宇高歌。

君不见为人百岁谁不死，意难平行世一时志未酬。

（二）对联的形式特点

就本质而言，对联是有历史性、政治性、时代性和审美性的一种文体形式。认识这一点对写作对联创出新意很有帮助。对联又有其特殊的外在形式，掌握其形式特点很重要，具体来讲，对联形式有以下几个特点。

1. 上下两联数字相等，长短一致

对联由上下联组成，上下联又分别可以称为出句、对句，有的对联还有横批，也叫横额。横批就好像是对联的题目一样，同对联内容相关，起画龙点睛的作用。

对联无论长短，对上下两联而言字数都是一样的，也就是说不能一个字数多，一个字数少。再长的对联也是这样。需指出的是对联不管多短多长，何为上联，何为下联，要搭配好，一般次序不宜颠倒。另外，对联写作的长短一般视所挂的地方的需要而定。

2. 上下两联要求对称

具体来讲就是上下两联要名词对名词，动词对动词，形容词对形容词，数词对数词，代词对代词，副词对副词，介词对介词。词与词之间所构成的关系也需一致，要主谓结构对主谓结构，动宾结构对动宾结构，述补结构对述补结构等。另外要求人名对人名，地名对地名，数字对数字。

当然有的对联要求也不十分严格，只要词性、结构基本相对就行了，这种对联叫宽式对。如：

蝉噪林愈静，鸟鸣山更幽。

这里“蝉”对“鸟”，“林”对“山”是名词对名词；“愈”对“更”是副词对副词；“静”对“幽”是形容词对形容词；“噪”对“鸣”是动词对动词；“蝉噪”对“鸟鸣”是主谓相对；“林愈静”对“山更幽”也是主谓相对。同时两句话的意思又分别是由一种因果关系构成的，这是两联对仗工整的句子。

翠翠红红处处莺莺燕燕，

风风雨雨年年暮暮朝朝。

这是一句宽式对，上下联的词性都不相对，物名之间也不构成对应关系。

3. 上下两联要求平仄相对

平仄即从声调、节奏、韵律方面讲。对联和律诗中间的对偶句不同，不必押脚韵，但必须分节奏，调平仄。对联要有节奏感，念起来顺口，听起来悦耳。节奏感在对联中是重要的，不论是五字联、七字联，都需节拍谐调，长短强弱不能乱。长对联是由许多短句组成的，其节拍可依据短句的要求而定。

对联要注意平仄相对，遵守"上仄下平"的规则。即上句最末一字要用仄声字，下句最末一字要用平声字。在古汉语中，四声为"平、上、去、入"。今天的阴平、阳平相当于"平"，上声、去声相当于"仄"。而古汉话的入声字是分别派入到现代汉语四声之中了，入声字归入仄。

过去人们流传这样一个口诀叫"平对仄，仄对平，平仄要分清。一三五不论，二四六分明"。这就是说，上下联相应的字平仄要相对，每句的第一、三、五个字可以不受限制，而第二、四、六这三个字则必须按照平仄格式，要平仄分明。

平仄的基本句式有以下几种：

三言句：平平仄、仄平平；仄仄平、平仄仄：

四言句：平平仄仄、仄仄平平；仄平平仄、平仄仄平；

五言句：平平平仄仄、仄仄仄平平；仄仄平平仄、平平仄仄平。

七言句：仄仄仄平平仄仄、平平平仄仄平平；平平仄仄平平仄、仄仄平平仄仄平。

掌握好对联的平仄和它的分布规律非常重要。仄声字具有短促有力的特点，平声字具有舒缓悠长的特点，故平仄的交替安排，往往可以抑扬顿挫，富有节奏，产生轻重、抑扬、回旋的音乐美。如：

海阔凭鱼跃(仄仄平平仄)

天高任鸟飞(平平仄仄平)

(三)对联的写作和修辞作用

对联是中国文化中的一枝奇葩，世界上独此一家，外国的字母文字无法仿制。不仅如此，一般的实用文体，不要求有文学性。而对联的文学性却很强。其文学价值越高，其实用价值也就越大。在我国对联久盛不衰，一些老对联在广泛使用，一些新对联又不断地被创造出来。

1. 对联的生成方式

具体在写作对联时，人们一般采用以下几种方式：

(1)诗词联句。把前人诗词、文、赋中的句子连缀在一起形成对联，一般这种对联所占比例不大。如：古来才大难为用，老去诗名不厌低。该句集杜甫、陆游诗句而成。

(2)改诗词。将前人的诗词、文章或流传的格言等，略加修改，赋予新意。如：

红花叶翠秀丽黄莺鸣暖树，

人勤春早辛劳紫燕衔新泥。(白居易诗)

(3)重新创作。重新创作的对联往往立意好,有针对性,富有时代精神,给人以鼓舞、启迪和美的享受。这类对联在今天的对联队伍中居多数。如:

改革开放拓宽市场月月繁荣国力蒸蒸日上,

引进推出活跃商潮心心喜悦民情节节高昂。

2.对联的修辞艺术

今天人们所写的对联,有很多思想内容很好而艺术魅力不够,难以引起人们回味和玩赏。一般来讲,对联的艺术魅力取决于其是否讲究修辞。对联的修辞分为特殊修辞法和普通修辞法两种。

(1)特殊修辞法

其一,把人名、地名、物名等专用名词嵌于对联之中,犹如藏头诗,以此暗寓褒贬。如:

月照纱窗,个个孔明诸葛亮,

风送幽香,郁郁畹华梅兰芳。

其二,把一个汉字拆成两个或把几个汉字合成一个,从而联文成对。如:

閒看门中月,("閒"拆成"门"和"月")

思耕心上田。("思"拆成"心"和"田")

其三,在对联中使用古代故事、民间习俗或有出处的警语。如:

殷干酷刑,宋岳枉戮,臣本无恨,君亦何尤,当效正学先生,启口问成王安在?

汉室党锢,晋代清谈,振古无斯,于今为烈,恰如子胥相国,悬睛看越寇飞来。

这是康有为为"戊戌六君子"死难而作。共用六典:比干、岳飞、党锢、清谈、方孝孺、伍子胥,使其内容复杂、丰富、深刻、绝非一般直陈可比。

其四,一副对子有两层意思,字面意思虚设,骨子里意思实意;形成双关,颇有回味。如:

两猿截木山中,问猴儿如何对锯?

飞马陷身泥里,看畜生怎样出蹄。

据说,唐朝杨国忠妒忌李白,故约李白对三步句。杨出的上联,李对的下联。这里"蹄"谐"题",进而借指杨的脚,杨欲惩李,反被辱。

其五,顺读、倒读皆成诗句,形成回文。如:

雾锁山头山锁雾,

天连水尾水连天。

其六,利用相同的字叠加或用一多义多音字相加。如:

风风雨雨,暖暖寒寒,处处寻寻觅觅;莺莺燕燕,花花叶叶,卿卿暮暮朝朝。

海水朝朝朝朝朝起朝落，浮云长长长长长长长消。

(2) 普通修辞法

即用人们常见的一些修辞方式，诸如比喻、反复、顶真、拟人、夸张、对比、排比等构成对联。如：

心血操尽，革命伟业似巍巍泰山笼寰宇；骨灰撒遍，深海恩情如滴滴甘露润人心。(比喻)

福如东海长流水，寿比南山不老松。(比喻)

绿柳舒眉观新岁，红桃开口笑丰年。(拟人)

校园近春绿，桃李向阳红。(象征)

品在竹之间，格在梅以上。(对比、比喻)

二、题词

(一)题词的概念和作用

题词，又作“题辞”。一船指为留作纪念而题写的文字。如党和国家领导人题词、师长题词等。

因为题词对人、对事、对物持一种积极肯定的态度，所以在社会主义精神文明建设中起到一定的积极作用。

(二)题词的格式

题词的格式比较自由，往往因人而异，大致有以下三种：

1. 上款、正文、下款都具备。

上款。在题词正文的前边写上被题词者的姓名或单位名称，有的还简要说明题词原因。

正文。即所题写的留作纪念的文辞。

下款。在正文的后边注上题词者的名字和题词日期。

2. 上款从略，只有正文和下款。

下款有的写上为谁而题、题词者、题词日期；有的只写为谁而题、题词者；有的写题词者、题词日期。

3. 只有题词正文，上、下款均无。

(三)特点及分类

题词的写作可用散句，也可用诗句；可自编，也可摘录前人或他人的名言佳句。精短、简练是题词最大的特点。

按题词的范围和对象的不同，可分给人题词、给事题词和给物题词三大类。

1. 给人题词

(1)领导人给英雄人物题词。被题词的对象可能是一个人,也可能是一个集体。除勉励表扬之外,还有表示纪念和号召的作用。

(2)长辈为晚辈题词。当长辈对晚辈表示关怀、奖掖、鼓励时,可采用题词的方式。

(3)同辈之间的题词。同窗好友、同事、亲密战友等可以相互题词,借以共勉。往往写上"赠×××",也可直接写题词内容。

2. 给事题词

此类题词是指领导同志、部队首长、著名学者、专家和较有名望的人为某个单位、某项事业所题写的文辞。如江泽民同志于 1992 年教师节慰问北京大学全体师生并题词:

吸收和借鉴人类文明的一切优秀成果,谱写中国教育的新篇章。

3. 给物题词

此类题词有对自然物、建筑物、生活用品、书籍等的题词。

(四)写作要求

1. 给人题词,要对被题词对象的事迹有全面而深入的了解,这样写出来的题词才能深刻有力。

2. 给物题词,可以起到自然美与文化美交相辉映、融会统一的效果,使其相映成趣,因此不可乱涂乱抹,否则只能适得其反。

三、碑文

墓碑历史悠久,周朝时即已有于墓前置碑者。据说秦以前的碑是木制的,汉后改石制。用石主要求其久远。东汉盛行。

碑文是一种文体,它自成一格。包括姓名、籍贯、家业、经历、文章著作、逝世时间,然后是某年某月葬于某地,最后是铭文。

现在的碑文,多立于坟墓前或坟墓后,也有立于墓侧的。历代的墓碑文埋在墓中,其原因是怕死者会因陵谷变迁,后人不知是谁人之墓,故求日后所稽考。

铭文是总括性的赞语,多是韵文,有三言、五言、七言。也有骚体,文字有的长,有的短;有的用文言写,也有的用白话写。

碑文分正、背两面。

正面刻写死者的姓名、立碑人及立碑时间。这里要注意对死者的称谓,尤其是对长者不宜直呼其名,一般在名字之前加"讳"字;单位或组织为死者立碑,多用"×××同志之墓"字样。关于传统称呼,主要有:

显祖考××太府君之墓(对祖父)

显祖妣××太夫人之墓(对祖母)

显考×××府君之墓(对父亲)

显考×公××之墓(对父亲)

显妣××太夫人之墓(对母亲)

显妣×母×孺人之墓(对母亲)

岳父大人×××之墓(对岳父)

岳母×太夫人之墓(对岳母)

夫子××大人之墓(对老师)

先夫××君之墓(对丈夫)

先室×夫人之墓(对妻子)

×君××仁兄之墓(对友人)

×君××贤弟之墓(对弟子或朋友)

墓碑的背面写碑文的内容。主要包括姓名、籍贯、家世、经历、著述、逝世时间、评价描述。碑文要求语言精练,真实可信。

【例一】

冯玉祥范公事隶书璃文

兵甲富胸中,纵教他虏骑横飞,也怕那范小老子。

忧乐关天下,愿令人砥砺振奋,都学这秀才先生。

民国二十三年五月
冯玉祥敬书

【例二】

韦素园墓记

鲁迅

韦君素园之墓。

君以1902年6月18日生,1932年8月1日卒。

呜呼,宏才远志,厄于短年:文苑失英,明者永悼。

弟丛芜,友静农,霁野立表;鲁迅书。

第五节　信函类文书

信函类文书有求职信、慰问信、感谢信、条据、申请书等。

一、求职信

求职信是学校毕业生、无业、下岗待业和欲转岗就业者向公私机构求职的专用书信。

（一）求职信的适用范围

求职信是欲就业或欲转新岗位的人向用人单位申请职业的信件，一般来说，它适用于这样一些情况：

1. 用人单位发布出信息欲招收职员、用人单位出于工作需要招收新的职工或负责人面向社会公开招聘，欲应聘的人员可根据用人单位发布的用人信息，对照自己的能力和特长向该单位申请就职。这种情况下所写的求职信往往目的性强，只要符合条件的人员均可前往应聘。

2. 求职者无明确的用人单位，而只是根据自己的特长而求职的，这样的求职信也只是适用于那些有意招收员工的用人单位。

（二）求职信的分类

1. 从求职者的身份不同分

（1）毕业生求职信。我国每年有大量的各类院校的毕业生，这些学生其中大部分需靠自己去联系工作，寻求合作的用人单位，这些毕业生就业时同用人单位的交往主要就是以求职信的方式来进行的。

（2）待业、下岗人员的求职信。非学校毕业的许多将参加工作的人称为待业者，他们求职大都也主要靠向用人单位介绍自己，发求职信的方式来求得工作岗位。

在社会主义市场经济的条件下，由于市场的竞争、企业的重新组合，也会出现许多的下岗工人。他们要谋求到新的工作岗位，除了进行相应的技能培训外，还得学会客观真实地把自己推荐给有关单位，因此求职信对他们再就业来说也是极其重要的一种求职工具。

（3）在岗者求职信。已有工作岗位的人，由于不适应该岗位，或学无所用，潜能得不到发挥，或为了谋求更好的职位，也会向用人单位“发文”寻求新的工作岗位。这种状况下所写的求职信，我们称之为在岗者求职信。

2. 从求职对象的情况分

（1）有明确单位的求职信。有明确单位的求职信是指求职者有确定的求职单位，求职信只是写给该单位，意欲在此单位谋职。这类求职信，可以根据该单位的用人情况，目的明确地介绍自己的情况，达到用人单位的使用要求。

（2）广泛性的求职信。广泛性的求职信是指求职者无确定的求职单位，求职信只写给所有同类性质的单位。这种求职信只能根据自己的专长和技能，根据用人单位通常的用人标准来进行写作。

（三）求职信的特点

1. 自我推荐的特性

求职信是写给可能招收自己成为其中一员的单位的，其目的就是推荐自己，以期成功地得到自己想要的工作岗位，所以从这一角度讲，求职信要阐明自己的专长和技能，向用人单位推荐自我。

2. 个人对单位、组织的行文关系

求职是面对集体、单位的，它不是个人与个人的书信交往，所以求职信是个人向单位向组织“发文”的一种专用书信。这也是求职信的一个显著特点。

（四）求职信的基本格式和写法

求职信既然是一种书信文体，所以它同书信的写作格式基本是一致的。求职信一般包括以下几部分，即标题、称呼、正文、祝语、落款和附件。

1. 标题

求职信的标题通常只由文种名称组成，即在第一行中间写上“求职信”三个字。

2. 称呼

求职信要顶格写明求职单位的领导或负责人的姓名和称呼，要在称呼后加冒号，有时也可直接称呼其职务，如“尊敬的××局局长：”。

3. 正文

在称呼下行空两格写。正文包括以下内容：

开门见山的写明你要申请的职位和你是如何得知该职位的招聘信息的，要说明求职的原因、目的。

推销自己，说明你如何满足公司的要求，陈述个人技能和个性特征。求职者自我介绍、自我推荐，挖掘自身优势及个人愿望和要求。信的第二部分要简短地叙述自己所学的专业以及才能，特别是这些才能将满足公司的需要。没有必要具体陈述，详细内容引导对方查看你的简历。此外，推销时要适度，不能夸大其词。

写明联系方式，表明你希望迅速得到回音，给出你电话预约面试的可能时间范围，并标明与你联系的最佳方式。

结尾，感谢他们阅读并考虑你的应聘。

求职信还应包括你所取得的成果及解决的问题的事例，这些事例应与你所申请的工作类型相关。

4. 祝语

一般采用正式敬语词，在正文结束后写“此致”，另起一行顶格写“敬礼”等。

5.落款

应写明求职者的姓名。姓名下写上发信时间。

6.附件

如有附件,应在结尾的左下方注明“附上附件 x 份”,并开列细目,也可附上联系地址、电话和邮政编码。

附件内容一般包括:免冠半身照片一张、简历一份,学历证书、个人能力证明、职称资格证明、获奖证书、学术成果证书、待业证等复印件。

(五)求职信的写作要求

1.要说明求职的原因。

2.要适当介绍自己,不卑不亢。介绍自己,就是自荐给对方。为此,应具体地介绍自己的学历、专长。所谓“适当”,就是要做到不卑不亢。如果过于谦卑,则自降身价,会给人以碌碌无为的感觉;过于高傲,狂妄自大,会给人以轻佻浮夸的恶劣印象。二者都不能达到求职目的。因此,叙述应注意分寸,用语要得体。在介绍自己时最好用一些“基本”、“较”等比较词,以对自己肯定的长处稍加平衡。同时,在涉及用人单位时,要注意措辞的恭敬、礼貌。但也不能卑躬屈膝,形同乞怜。一份好的求职信应谦恭有度,展自己之长而不令人反感,颂对方之优而无讨好之嫌。

3.既要实事求是,又要投其所需。实事求是是对适当介绍自己而言的,个人的学历、资历、专长都必须实事求是地介绍给对方,绝不能弄虚作假。所谓投其所需,是指尽可能地根据用人单位的需求介绍自己,否则,会适得其反。

4.言简意赅,书写工整。写求职信的目的是希望被用人单位录用,因此要写得言简意赅,直截了当,应避免冗长累赘。言简意赅不仅反映了自己的写作水平,而且会给人精明练达的好印象。行文中应注意格式规范,书写工整。如果书写潦草,会给人留下办事草率的不良印象。

另外还有几点是一定要注意的:

不要粘贴或附带太多支持文件,诸如证书、奖状等复印件,除非是招聘单位在招聘广告中特别申明要求的,否则寄了厚厚一大叠材料,成本代价不菲,收效可能甚微。

态度要诚恳,不需要任何豪言壮语,也不用使用任何华丽的词汇,只要让对方读来觉得亲切、自然、实实在在就可以了。

求职信应是寄给有职位的某一特定的人,使用高档纸书写,仔细校对,避免打字或语法方面的错误,要自存副本档案。

【例文】

何××致××商学院

××商学院：

我出生于1960年，1983年毕业于×省财经学院经济系，毕业后在×财经学院任教至今，现任职经济系副教授。本人祖籍广州，爱人在广州工作，有高龄双亲在穗居住。为解决两地分居之苦，愿到贵院从教，未知贵院尚有教职空缺否？今特不揣冒昧，愿效毛遂之荐。我在广州已有住房，学院无须安排宿舍。现随函将本人简历、学历及职称资格证和近期发表的学术论文三篇等复印件呈上。

如蒙俯允，不胜感谢。伫候德音。

此致

敬礼！

何××
2009年2月4日

二、感谢信、慰问信

(一)感谢信

感谢信是对某单位或个人的关心、支持或帮助表示感谢的专用书信。

感谢信有两种，一种是公开贴出来的感谢信，一种是写在纸上，寄给单位或个人。两种感谢信写法一样。

感谢信写法：

1.标题。在第一行正中间写"感谢信"三个字。

2.称呼。在第二行顶格写被感谢单位的名称，并加冒号。

3.正文。另起一行，空两格写，这是主要部分。要把对方的关怀、帮助或支援写清楚，接着对对方的模范行动，表示敬意，并表示向对方学习。

4.结尾。写表示感谢的话，如"此致敬礼"等。

5.署名和日期。正文写完，写单位名称或个人名字，在署名右下方写上年月日。

写感谢信应注意的几个问题：

1.感谢信要以满腔的热情感谢对方的关怀、帮助和支援。

2.感谢信的语言要亲切、朴素。

3.感谢信可登报，也可在广播、电视中播出。

4.以单位名义写的感谢信，要加盖公章，以示负责。

【例文】

感谢信

××医院：

我父亲×××，因上山伐木不幸被木头压断了左脚，流血不止，得贵医院×××医师采取有效措施给予抢救，并在贵院医生、护士的精心治疗下，经过六个月的住院，已可行步。你们救死扶伤的白求恩精神，我们铭记不忘。特写此感谢信，向贵院医务工作者，表示真挚的感谢！

此致

敬礼！

××敬上

×年×月×日

（二）慰问信

慰问信是机关、单位向劳动模范、战斗英雄、军烈属表示慰劳、关怀、问候、鼓励和致意的专用书信。

慰问信的内容应根据写信的目的和对象而定。但一般来说，应写两方面的内容：一是热烈赞扬对方在工作、生产、学习等方面取得的优异成绩，并表示亲切的慰问和崇高的敬意；二是表示向对方学习。如果是上级写给下级的慰问信，还应提出一些要求和希望。慰问信要写得热情诚恳，亲切具体，力求在信中充分表达自己的真情实感和对对方的关心和问候。

慰问信的写法：

1. 标题。在第一行正中间写“慰问信”三个字。

2. 称呼。第二行顶格写被慰问的单位名称或个人姓名。

3. 正文。另起一行，空两格写起。一开始就要写出其背景，然后表达慰问的心情，最后表示慰问。

4. 结尾。写完正文，写表示慰问的话，如“祝你们取得更大成绩”。

5. 署名和日期。慰问信写完了，署上写慰问信的单位名称，并加盖公章；如是个人则写上名字。然后，署名的右下方写上年月日。

写慰问信应注意的几个问题：

1. 慰问信要亲切、热烈、诚恳。

2. 慰问信要不说套话、空话和大话，针对性要强。

3. 慰问信要赞颂对方在某些方面所取得的成绩和作出的贡献，使被慰问者在精神上得到安慰和鼓励。

4. 慰问信除用纸抄出外，还可登报，也可在广播、电视中播出。

5. 以单位名义发的慰问信要加盖公章。

【例文】

慰问信

尊敬的各位老干部、老同志，尊敬的各位同仁：

银蛇轮去，金马驰来，又是一年春草绿！

刚刚过去的2001年，是我县信用合作事业发展史上极不平凡的一年。全县广大同仁在各级党委、政府的正确领导下，能够同心同德、自我加压、负重奋进，积极实践"团结紧张、严肃活泼、政令畅通、雷厉风行"的工作作风，各项经营指标均创历史最高水平。截止2001年底(不含原城区社)，各项存、贷款总额分别达到85867万元、74706万元，分别较年初增长1.25亿元、1.62亿元，实现历史性的跨越；按可比口径计算，实现盈利137万元，上缴税款275万元，同比减亏1441万元，终于走出了长期亏损的怪圈，改写了连续八年亏损的历史；全年累计投放信贷资金8.3亿元，播撒了我县农村经济腾飞的"星星之火"。

进入2002年以来，全体同仁一鼓作气，顺利完成了城区社的平稳过渡，业务工作实现了开门红。1月份存款共增长2282万元，发放贷款6368万元，存贷总额分别达到114623万元、94757万元。在收获的时刻，我们不会忘记为我县信合事业打下江山的各位老干部、老同志，不会忘记默默无闻耕耘着信合事业的全体同仁。值此新春佳节到来之际，我谨代表联社党组，向为信合事业做出贡献的同志们致以节日的祝贺和诚挚的问候！

创业难，守业更难。在社会主义市场经济的大舞台上，发展的良机属于那些知难而进、勇于创新的人们。面对如火如荼的信合事业，我们的出路只有一条，那就是向前、再向前！在2002年工作中，联社党组将以开展"以素质教育促效益提高年"活动为主线，通过举办培训班、"走出去、请进来"等多种形式，全面提高员工的整体素质，培养一支纪律严明、业务过硬、作风扎实的信合队伍，努力把2002年办成信合发展史上的"效益年"、"培训年"，进而推动各项工作的稳健、快速发展。具体目标确定为，在2001年业务基础上，各项存款净增1.2亿元，贷款净增1.5亿元，累计投放贷款达到10亿元以上；不良贷款下降绝对额5000万元，下降比率不低于8个百分点；经营利润、上缴税款分别力争突破600万元、350万元；联社争创省级文明单位，成为文明系统。人心齐，泰山移。只要全社上下拧成一股绳，就没有完不成的任务，就没有克服不了的困难。

众人拾柴火焰高。让我们团结起来，在充满艰辛、充满希望的新征程中，迎接风雨的冲击，接受竞争的锤炼，不断创造新的辉煌！

最后，请允许我再次代表联社党组、联社理事会，并以我个人的名义向您拜年，祝大家春节愉快、万事如意；祝我们共同的事业蒸蒸日上、再攀新高！

信合服务、天天进步。付出艰辛的努力，胜利永远属于我们！

×××
×年×月×日

三、条据

条据是日常生活和工作中经常使用的一种应用文。如请假条、借条等，都属于这一类。条据可分为便条和字据两大类，便条包括请假条、留言条；字据包括收条、借条、领条、欠条。

下面分别介绍各种条据的作用及写作要求。

（一）请假条

因病、因事不能上班、上工、上课、开会和参加预定的某项活动，为向有关方面负责人说明情况、请求准假所写的字条叫请假条。请假条一般不要标题，开头第一行顶格写称谓——受理假条的单位和人名。第二行空两格写正文，说明请假的原因和请假的天数，用“特此请假”、“请予批准”等期准语结尾。正文下面写敬辞“此致敬礼”，假条右下角写请假人姓名和日期。

【例文】

孙处长：

我因临时有急重病人需要做手术，今天上午院科研处召开的座谈会不能出席，特此请假。

此致

敬礼！

外科病房林永明
×年×月×日

（二）留言条

用于给别人留话的字条叫留言条。格式和一般信件相同，开头第一行顶格写称谓，第二行空两格写正文。如果找人不在时留言，可写明前来的目的，或另约定时间、地点面谈；如果临时离开岗位给别人留言，须把托别人办理的事情交代清楚，最好再写点表示谢意的词语。正文下面写不写“此致敬礼”等敬语，视内容而定。留言条右下角写留言者姓名和留言的时间。

【例文】

×××同志：

今日与市科协××来访，打算商谈筹措××××活动资金问题，可巧您外出开会。请您抽空给我挂个电话，另约定面谈时间。

此致

敬礼！

宋秀全

×年×月×日

（三）借条

借钱借物时，借方给出借方留下的凭据。格式十分简单，标题写上“借条”二字。如果第一行写“今借到”三字，也可省去标题。正文写清楚下列内容：一是从什么单位借到的什么东西，二是借物的数量。必要时要写明借物的品种、质量、型号、式样、规格等，以防归还时产生麻烦。根据出借者的要求，也可写上归还的时间。最后由借方经手人签字盖章，写下立据日期。

【例文】

借　条

今借到双星砖瓦厂铁牛牌双轮手推车20辆，其中10辆是新车，10辆是旧车。借期一周。于本月20日归还。

经手人　××中学　王　伟

×年×月×日

（四）欠条

欠条与借条作用相仿，是借物方给出借方留的凭据。一般用于证明开具方所欠钱物的数量。使用欠条有两种情况：一是借方只归还了一部分所借物品，借条销毁后，借方对所欠物品再写一张欠条，以供出借方日后作为追还欠物的凭证；二是并非按正常手续借出的数量不多的物品，收物方给供物方留一张欠条作为凭据。

欠条格式与借条相同。正文部分主要写清楚以下两点：借出方是谁；所欠的是什么东西，多大数量。

欠　条

尚欠5月8日从光明路街道办事处基建科借到的铁锨6把，特留此据。

经手人：东区医院赵广生

×年×月×日

（五）收条

收到归还、送发的钱、物之后，给对方写的凭证性的字条叫收条。一般用“今收到”、“现收到”、“已收到”开头，然后写明所收的钱、物以及数量。

收　条

今收到细纱车间大米预购款陆佰伍拾元整。

经手人：行政处赵兴国
×年×月×日

四、申请书

（一）概念

申请书是个人或集体向组织、机关、企事业单位或社会团体表述愿望、提出请求时使用的一种文书。

申请书的使用范围十分广泛，尤其是今天，商品经济的大潮，人们的交往越来越多，申请书的使用大有用武之地。个人对党团组织和其他群众团体表述志愿、理想和希望，要使用申请书；下级在工作、生产、学习、生活等方面对上级有所请求时，也可以使用申请书。

申请书把个人或单位的愿望、要求向组织或上级领导表述出来，让组织和领导加深对自己或下级的了解，争取组织和领导的帮助与批准，加强上下之间、集体与个人之间的关系，对促进社会主义物质文明和精神文明的建设具有巨大作用。

申请书也是一种专用书信，它同一般书信一样，也是表情达意的工具。申请书要求一事一议，内容要单纯。

（二）申请书的分类

申请书的分类，从用途上划分，有以下几类：

1.思想政治生活方面的申请

这种政治申请一般是指加入某些进步的党派团体，如申请加入中国共产主义青年团、中国共产党、少先队、工会等。

2.工作学习方面的申请

求学或在实际工作中所写的申请，如入学申请书、在职进修申请书、工作调动申请书等。

3.日常生活方面的申请

日常生活中，柴米油盐、吃穿住行，我们常常会遇到一些问题，需要个人申请才可以被组织、集体、单位考虑、照顾或着手给予解决，诸如申请福利性住房、申请结婚、个人申请开业或困难补助等。

（三）申请书的特点

申请书主要有以下一些特点：

1. 申请书请求的特性

"申请"顾名思义是申述自己的理由有所请求的意思。无论是个人在政治生活上入团入党的申请,或者个人、单位在其他方面的申请,均是一种请求满足要求的公用文书。所以,请求的特性是申请书的一个根本的特点。

2. 申请书采用书信体格式

申请书是一种专用书信,因此它也必须按照书信的格式来行文。内容因要求不同而不同,形式都基本保持不变。

3. 申请书是个人向组织、下级向上级的行文方式

这是申请书的性质所决定的。所以申请书在语言的使用上,语言的选择上均需符合这种下对上的行文标准。

(四)入党入团申请书

入团申请书是指申请加入中国共产主义青年团组织而写的表示入团志愿的文书。入党申请书是申请加入中国共产党组织的人员依据章程规定而写的表示自己入党愿望和决心的文书。

1. 入党入团申请书的基本格式和写法

入党入团申请书的写作格式一般来讲都是固定的,它的内容主要包括五个部分:标题、称呼、正文、结尾、落款。

(1)标题

入党入团申请书一般由申请内容和文种共同构成,如"入团申请书"、"入党申请书"。题目要在申请书第一行的正中书写,而且字体要稍大。入党入团申请书,题目也可单独写在第一页上,字体醒目。

(2)称呼

通常称呼要在标题下空一两行顶格写出接受申请书的党团的支部或委员会的名称,并在称号后面加冒号,如"尊敬的中文系党支部:"或"敬爱的夏华中学团支部:"。

(3)正文

这是申请书的主要部分,通常要先介绍一下个人的现实情况、个人简历、家庭成员及社会关系情况。然后,要写明申请入党入团的动机、理由、对党团的认识、自己的决心等。对个人情况的介绍可以较简单,而把重点放在入党(团)的动机、对党(团)的认识以及自己的决心上。

正文要从接受申请书的党(团)组织名称下一行空两格处写起。申请书的正文部分一般篇幅较长,所以要注意分段。下面我们将详细地分析入党(团)申请书的具体写法。

①介绍个人的现实情况。对个人现实情况的介绍,是为了让党(团)组织

对自己现在的身份、情况有一个初步和大致的了解，不用展开来写，简明扼要即可。

②个人简历和家庭成员及社会关系的情况。这一部分的内容也要简单，无须多用笔墨，但也必须清楚明白个人简历的写法。一般要求从上学时写起，到目前为止。只需依据时间的顺序，一项项地排列出来即可。

主要家庭成员及社会关系的情况，在申请书正文中可以简单地介绍一下，也可以不写，要视具体情况而定。有的家庭成员及主要社会关系可附在申请书后。

③入党、入团动机和理由。入党、入团的动机、理由要重点写。申请的理由比较多，则可以从几个方面、几个阶段来写。从对党的认识，对入党的态度，自己的表现及愿望等几个方面来谈，反映认识的深化过程。

④对党(团)的认识。对党(团)的认识往往是同个人的成长经历有关，这在申述自己的入党(团) 动机时已经涉及。

⑤自己的心情、决心。这一部分是抒写自己入党(团)的强烈愿望，表达自己决心的部分。

(4)结尾

申请书可以有结尾，也可以没有。结尾一般写上“此致敬礼”之类表示敬意的话即可。

(5)落款

落款，即要署上申请人姓名和成文日期。

2.入党入团申请书写作的注意事项

(1)写清楚申请入党(团)的动机、理由，使党(团)组织可以透彻地了解申请人的愿望和要求。

(2)如实叙述自己的经历和家庭等情况，不可弄虚作假，以便党(团)组织对你进行考察和了解。

(3)入党(团)申请书，主要使用叙述的方法，文中也可抒情、议论兼有。

(4)入党(团)申请书切忌东拉西扯，故弄玄虚，废话太多。要有真情实感，不可为写申请书而写申请书，给人一种不严肃、不认真的印象，影响组织对自己的认识。

(五)困难补助申请书

困难补助申请书是指生活和经济非常困难的个人向集体、上级组织或有关单位申请给予经济帮助的一种申请书。

1.困难补助申请书的适用范围

困难补助申请书适用下列情况：

(1)特困学生写的困难补助申请

在求学期间,由于家庭经济条件较差,在校学习时交不起学费,或生活上极其困难的学生向学校申请特困补助。这是一项国家专门为在校困难学生发放的一种补助,作为一项工程,它已使许多困难的学生安心地在校读书学习。

(2)下岗人员的困难补助申请

改革的深化,使大批富余人员从工作岗位上走下来。在他们找到工作前,国家为保证下岗工人的基本生活水平,也为他们设置了一项基本生活补助基金。另外,单位、集体还给他们发放其他一些辅助金。这样下岗工人在申请困难补助或其他补助时,需写补助申请书。

(3)其他人员的困难补助申请

农村中的孤寡老人或偏远的地区、经济欠发达的地区生活特别困难的家庭,也可写困难补助申请。

2.困难补助申请书的分类

困难补助申请书从发放的单位来看有两种,一种是单位自筹困难补助资金,由个人向单位申请发放的申请书;另一种是由国家筹措资金,个人向有关单位申请的申请书。

3.困难补助申请书的基本格式和写法

困难补助申请书一般由标题、称呼、正文、结尾和落款五部分组成。

(1)标题。这类申请书的标题一般也是写在第一行中间位置,以醒目的字体写出来。标题由文种和申请事由共同构成,如“困难补助申请”、也有的直接以“申请救济”作为标题的。

(2)称呼。称呼写在标题下一行,顶格,称呼后加冒号。所谓称呼即要写出所要申请的单位名称或领导的称呼。有的还要在名称前加上修饰语,如“尊敬的校学生处领导”等。

(3)正文。正文要求阐明自己申请的理由。写困难补助申请需将自己的生活情况、家庭负担、下岗情况等一些困难都写出来,该部分要有理有据地写;正文的最后还要写出自己的希望或写出“特此申请”字样。

(4)结尾。结尾要写些表示敬意的话,如“此致敬礼”等字样。

(5)落款。落款写在全文右下方,署上申请者的姓名并注上申请日期。

4.困难补助申请书写作的注意事项

(1)困难补助申请要实事求是地写,不夸大自己的困难,不占国家和集体的便宜。

(2)困难补助申请目的明确,行文不要长篇大论,只要将情况如实写出来即可,文字要简练,篇幅要短小。

【例文】

困难补助申请

研究生处：

我叫张玉庭，法学院九七级刑法学研究生。我来自××省××市一个贫穷落后的山区，一家七口人。上有爷爷奶奶，下有一个弟弟，一个妹妹，正在上学，而我又在读研究生，一家人的全部费用均靠父母守着的那几亩薄地的收入。我由于是自费生，家里已为我欠下了近万元的债务，每每念及这些，我总是心存深深的愧疚，唯有以加倍的努力学习来报答他们。

最近听说研究生处要发放一笔困难补助金，我本不愿给学校添麻烦，但觉得若能拿到困难补助，也可以减轻些家里的负担，所以特此提出申请，望能批准。

此致

敬礼！

学生：张玉庭

×年×月×日

第六章 司法文书

第一节　司法文书概述

一、司法文书的概念及种类

司法文书一般有广义和狭义两种解释。

广义的司法文书是指公安机关、国家安全机关、检察机关、法院、监狱等司法机关、律师组织、公证机关、仲裁机关、当事人及诉讼参与人依法制作的处理各类诉讼案件及非诉讼事件的具有法律效力或法律意义的文书的总称。

狭义的司法文书仅指司法机关在办理各类诉讼案件中依法制作的各类文书,具有国家公文的性质,是严格意义上的司法文书。

司法文书一般包括起诉状、答辩状、法律意见书、公证书、授权委托书、仲裁调解书、判决书等。

二、司法文书的特点

1.制作的合法性

司法文书的制作总是和一定的法律程序相联系的,有着严格的规定。什么情况下依据什么法律,应制作什么文书,制作的主体是谁,制作的内容与要求是什么,如何提交送达等,都必须有法律依据。任何单位和个人都不能随心所欲地进行制作。

2.形式的程式性

司法文书是一种具有明显程式性特点的文书。每一种司法文书都必须按照国家有关机关颁布的统一格式样本制作,不允许别出心裁,另搞一套。主要表现在结构规定化、用语规范化、称谓统一化。

3.实施的有效性

司法文书是处理司法实务的文字凭证,具有法律效力或法律意义。

三、司法文书的作用

1.司法实践活动的忠实记录

司法文书是司法实践全过程各阶段进行情况的文字记录和法律凭证,所以我们可以从一个案件的完整司法文书中看出整个诉讼活动和诉讼事件的前因后果及办理过程。

2.实施法律的有效保证

法律的强大威力在它具有国家性和强制性,司法文书正是在保证法律得以实施的重要手段和得力工具。司法文书中的裁判决定就是实际执法行为的法律凭据,从而使法律发挥其应有的效用。

3.检查执法情况的有力工具

司法文书是一种宝贵的档案资料。如刑事案件,通过对立案、侦察、批捕、起诉、判决、执行等阶段司法文书案卷的查阅和分析,可检查执法的情况。

4.考察干部及普法教育的重要依据

司法文书可以作为一种综合尺度,考察司法干部的思想业务素质和语言文字能力。对教育当事人和增强广大群众的法律意识也是一种实际、具体、生动的教材。

第二节　起诉状与行政诉讼公文

一、起诉状

(一)起诉状的概念

起诉状是法律文书中应用最为广泛的一类文书,它是指在诉讼过程中,诉讼当事人一方向法院提起诉讼的法律文书。

在诉讼过程中提出诉讼者,即为原告,被诉讼者即为被告。原告诉讼时应向人民法院提交诉状,并具有正本和副本,其中正本一份,副本份数根据被告人数确定,有一个被告就有一个副本。根据诉讼法的规定,自己书写诉状确有困难而又没有请人代书的,当事人可以口头诉讼,并由人民法院制作笔录。

(二)起诉状的种类

起诉状根据其适用的不同性质的诉讼程序,可分为民事起诉状、刑事自诉状及行政起诉状。

(三)起诉状的格式

起诉状分为首部、正文和尾部。首部包括标题和当事人情况;正文包括诉讼请求、事实和理由、证据和证据来源;尾部为落款、附项、日期等内容。

(四)民事起诉状

1.民事起诉状的概念

民事起诉状是指原告对与自己有直接利害关系的民事权利和义务方面的争执或其他民事纠纷,向应当作为第一审受理本案的人民法院提起诉讼的法律文书。

2.民事起诉状的起诉条件

民事诉讼是法律行为,《中华人民共和国民事诉讼法》中规定,民事起诉应具备如下条件:

(1)必须有民事权益或者其他民事纠纷才能写诉状。这些纠纷应属于民法、经济法、婚姻法的调整范围。例如涉及财产继承权,知识产权(著作、发明、发现),债权,经济合同纠纷以及婚姻家庭纠纷等。

(2)原告必须是与本案有直接利害关系的人。

(3)有明确的被告。

(4)有具体的诉讼请求和事实。

(5)诉讼必须向应当作为第一审受理本案的人民法院提起。所谓第一审人民法院一般是指被告所在地的辖区基层法院。

3.民事起诉状的写法

(1)首部:包括标题和当事人基本情况。

①标题。一律写“起诉状”或“民事起诉状”。

②当事人基本情况。当事人包括原告、被告和他们的代理人。原告和被告如果是自然人,就要写清楚他们的姓名、性别、年龄、工作单位、住址;如果原告和被告之间有亲属关系,还应当写明他们之间的亲属关系。如果当事人是法人或其他组织,在“原告”这个称谓下面,要写明单位的名称和所在地,并写清楚该单位的法定代表人或主要负责人姓名、职务、电话;企业性质、工商登记核准号;经营范围和方式;开户银行、账号。如果该单位委托业务经办人或律师代理进行诉讼的,要写“委托代理人”及其姓名、单位、职务等。原告或被告如果不止一人,那么要依次列写。

(2)正文:包括诉讼请求、事实理由和证据及其来源。

①诉讼请求。诉讼请求是原告向法院提起诉讼的目的,也称为案由。诉讼请求要写得明确、具体、合法,各自独立的请求事项要分项列出,最后一项通常为诉讼费用的负担要求。

②事实和理由。事实与理由部分是诉状的核心内容。事实要按事件的基本要素叙述清楚，即时间、地点、人物、事件、原因、结果这六个要素要齐全；叙述事实，要主次分明，并明确双方争执的焦点。理由要明确是非，着重论证纠纷的性质、被告应负的法律责任，原告诉讼请求的合法性。最后要有针对性地引用相关法律条文，以获得法律上的支持。

③证据及其来源。这一部分，一般采用清单式列举的方法，即只需要依照一定的顺序列出证据和证据来源、证人姓名和住址，不需要写出证据的具体内容，也不需要对证据进行分析。

(3)尾部：写明受诉法院名称、附项、起诉人姓名或名称、起诉状制作日期。其中，附项部分要注明副本的份数，如果起诉时提交证据的，还要注明证据的名称和数量。

【例文】

原告：姓名、性别、年龄、民族、籍贯、职业或者工作单位和职务、住址、联系电话。

被告：姓名、性别、年龄、民族、籍贯、职业或者工作单位和职务、住址、联系电话。

案由：离婚纠纷

诉讼请求：

1. 判决与被告离婚；

2. 婚生儿子(女儿)由谁抚养，抚育费由谁负担；

3. 夫妻共同财产如何分割；

4. 案件受理费由谁负担。

事实和理由：

婚姻状况。原告和被告经人介绍于某年某月相识或自由恋爱，某年某月某日登记结婚，某年某月某日生育一男(女)孩，取名某某(户口本上登记的姓名)。

离婚理由。婚姻基础怎样、婚后感情怎样，为何提出离婚请求，何时何地何种原因发生纠纷。是否经过单位或其他组织调解、处理过，说明感情破裂的程度，现是否分居，分居的时间等。最后向法院明确表示对离婚的态度和离婚后子女抚养的意见以及对财产(共同财产、个人财产、债权债务)处理的意见。

此致

某某市(县)人民法院

具状人：(签名或盖章)

×年×月×日

附：

1.本状副本一份。

2.证据(证明自己主张的人证、物证、书证等)清单。

(五)刑事自诉状

1.刑事自诉状的概念

刑事自诉状是指被害人直接向人民法院提起诉讼，控告被告人侵犯其人身权利或其他合法权益的犯罪行为，要求追究被告人刑事责任的法律文书。

在刑事自诉状中，还可以提起附带民事诉讼。提起附带民事诉讼有两种情况：被害人由于被告人的犯罪行为而遭受物质损失的，在刑事诉讼过程中，有权提出附带民事诉讼；如果是国家财产、集体财产遭受损失的，人民检察院在提起公诉的时候，可以提起附带民事诉讼。

2.刑事自诉状适用的案件

根据刑事诉讼法的规定可以使用刑事自诉状的自诉案件包括以下三类：告诉才处理的案件，这类案件指侮辱案、诽谤案、暴力干涉婚姻案、虐待家庭成员案；被害人有证据证明的轻微刑事案件，这类案件指伤害案、重婚案、遗弃案、破坏现役军人婚姻案、抗拒执行判决裁定案等；被害人有证据证明对被告人侵犯自己人身、财产权利的行为应当依法追究刑事责任，而公安机关或者人民检察院不予追究被告人刑事责任的案件。

3.刑事自诉状的自诉条件

(1)必须是被害人或其法定代理人提起自诉的书状，其他人无权提起。

(2)被告人的行为，必须是构成犯罪的行为。

(3)是向对本案有管辖权的第一审人民法院起诉的书状。它既不同于上诉状，也不同于申诉状。

(4)必须是对法定的自诉案件提起诉讼的书状，即对起诉才处理或其他不需要进行侦查的轻微刑事案件提起自诉的。

4.刑事自诉状的写法

(1)首部：包括标题和当事人的基本情况。

①标题。文书名称写“刑事自诉状”；附带民事诉讼的，文书名称写“刑事附带民事起诉状”。

②当事人基本情况。当事人包括自诉人和被告人，要写清姓名、性别、出生年月日、民族、籍贯、职业或工作单位和职务、住址等。对被告人的出生年月日确实不知的，可写其年龄。如果是刑事附带民事诉讼，则当事人部分应分别称为“自诉人附带民事原告人”和“被告人”。如果民事被告不是刑事被告人的，写“被告”。有法定代理人的，在当事人之下写明法定代理人的情况。

(2)正文

①案由。写明所控告人犯了什么具体罪名。

②诉讼请求。写明请求人民法院依法追究被告人刑事责任,如果有附带民事诉讼的,应分条写明要求被告人赔偿损失的项目和具体数额。

③事实与理由。事实部分要写清楚被告人的具体犯罪行为,一般按照被告人实施犯罪行为的先后顺序写明起因、经过和结果,并应注意写出时间、地点、人物、动机、目的、手段等事实的基本要素。理由部分要通过事实概括被告人的行为,引述刑法分则有关条款,证明被告人所犯罪名和应该承担的刑事责任。提起附带民事诉讼的,还要引述民法有关条款,证明被告人应当承担的民事责任。

④证据和证据来源。证据在诉讼中具有关键地位。刑事诉讼法第一百二十六条第三项规定:"缺乏罪证的自诉案件,如果自诉人提不出补充证据,经人民法院调查又未能收集到必要的证据,应当说服自诉人撤回自诉,或者裁定驳回。"这表明自诉人首先负有举证责任。因此,对刑事诉状中所控告的事实,必须举出证据加以证明。因此,在诉状中自诉人要列出证据名称和证据的来源,列出证人的姓名和地址,以便法院查证。

(3)尾部:写受诉法院名称、附项,自诉人签名或盖章、文书制作日期。其中,附项应当写明副本份数以及递交的证据清单。

【例文】

案情介绍:2009年12月25日上午8时许,张三来到海淀图书城南口"麦当劳"用早餐。排队时由于人多,张三被后面的人拥挤,踩了李四的脚,李四口出污言秽语,肆意辱骂张三。双方争执中,张三的一句"你们民工就是这么没教养"激怒了李四,李四当场撕扯张三的衣服至内衣破裂,并骂出一些不堪入耳的话,后在"麦当劳"员工王五和围观群众赵六的劝阻下,双方才罢休。

刑事自诉状

自诉人:张三、男、1976年1月10日生、汉族、北京市人、××大学教授、家住北京市海淀区中关村南街第1234号

被告人:李四、男,23岁,无业

案由和诉讼请求:

2009年12月25日,自诉人在海淀图书市场"麦当劳"用早餐时遭到被告人无故侮辱,特此提请人民法院依法伸张正义,判决被告人:

1.赔偿自诉人精神损失费500元人民币;

2.在《北京晚报》上向自诉人刊登赔礼道歉声明;

3.承担本案的全部诉讼费用。

事实和理由：

2009年12月25日上午8时左右，自诉人来到海淀图书城南侧的“麦当劳”用早餐，在排队等候过程中……根据《中华人民共和国刑法》第二百四十六条的关于侮辱罪的规定……

证据和证人：

1.王五，“麦当劳”当值公司员工；

2.赵六，海淀图书城“博雅”书店职工。

此致

北京市海淀区人民法院

自诉人：张三

代书人：李××

×年×月×日

（附：本诉状副本1份）

二、行政诉讼公文

（一）行政诉讼公文的概念

行政诉讼公文是指公民、法人或者其他组织认为行政机关和行政机关工作人员的具体行政行为侵犯其合法权益，按照我国行政诉讼法的规定，向人民法院提起诉讼时书写的文书。

（二）行政诉讼公文的特点

1.制作的合法性

行政诉讼公文必须依据《行政诉讼法》的程序制作，若涉及实体内容则还要依据相关的行政法规。如经行政机关处罚的当事人，不服该行政机关的处罚，而欲请求其上级机关予以复议，则同样要依据我国有关行政复议的法律规定，制作行政复议申请书，呈送其上级行政机关，以引起行政复议工作。

2.形式的程序性

行政诉讼公文必须按照相关部门规定的统一书写格式样本制作，主要表现在结构固定化、用语规范化、称谓统一化。行政诉讼公文结构包括首部、正文、尾部三部分。

3.实施的有效性

行政诉讼公文是人民法院受理行政案件，引起行政诉讼程序的文字凭证和依据，具有法律效力和法律意义。

（三）行政起诉状的起诉条件

《中华人民共和国行政诉讼法》第四十一条规定，提起诉讼应当符合下列条件：

1.原告是认为具体行政行为侵犯其合法权益的公民、法人或者是其他组织。

2.有明确的被告。

3.有具体的诉讼请求和事实根据。

4.属于人民法院受案范围和受诉人民法院管辖。“属于人民法院受案范围”有其特定的含义，它与人民法院对刑事、民事案件有完全的管辖权不同，而是实行特定主管的原则。这就是说，人民法院只主管法律规定由他主管的那一部分行政案件，对法律没有规定由他主管的，则不予受理。因此，要提起行政诉讼，首先必须弄清楚自己起诉的行政案件确属法律规定由人民法院主管，然后才能撰写行政起诉状，进行诉讼活动。

（四）行政诉讼公文的作用

1.维护合法权益的重要手段。撰写行政诉讼公文，是《行政诉讼法》赋予公民的一种权力。原告被国家行政机关或其工作人员的具体行政行为侵犯之后，为了维护合法权益，可以向人民法院提起诉讼。被告通过答辩状反驳原告的诉讼请求，阐述自己的正当要求或做法，有利于保护被告的合法权益。

2.行政诉讼活动的忠实记录。行政诉讼公文是行政诉讼过程进行情况的文字记录和法律凭证，诉讼环节中要有行政诉讼文书开启案情以及发挥承前启后的法律功能作用，此外，它还具有重要的历史档案价值。如对受理行政诉讼的人民法院来说，起诉状是引起行政诉讼程序的根据，并成为审判结论的重要依据。

3.全面了解案情的重要工具。依照我国行政诉讼法的有关规定，行政诉讼中原告、被告依法行使权利，可以明确地阐述自己行政行为的合理性、合法性和自己的主张，有利于人民法院全面客观地查清案件事实，正确地适用法律。

（五）行政诉讼公文的种类

行政诉讼公文主要包括行政起诉状、行政申诉状、行政上诉状、行政答辩状等。

1.行政起诉状

行政起诉状是行政机关或行政机关工作人员的具体行为所涉及的公民、法人或者其他组织向人民法院递交的，请求人民法院对该行政行为是否合法予以裁决，用以保护当事人合法权益的行政诉讼文书。

行政起诉状的特点：

(1)起因的单一性。行政起诉引起争议的对象是专指国家行政机关或其工作人员的具体行政行为,其他的不能提起行政诉讼。

(2)起诉权的专属性。起诉人,即原告是专指受国家行政机关或其工作人员具体行政行为侵害的公民、法人或其他组织,被告的国家行政机关不能提出起诉。

(3)起诉程序的规范性。行政诉讼的起诉有两种程序:一种是原告直接向人民法院起诉;另一种是申请行政复议,对复议决定不服才向人民法院起诉。

2.行政申诉状

行政申诉状是行政诉讼中的当事人或其法定代理人、被害人及其家属等,对已经产生法律效力的判决、裁定不服,在规定的上诉期限过后,向人民法院或者人民检察院提出申请复查纠正的书状。它是运用特殊程序维护申诉人合法权益的文书。

3.行政上诉状

行政上诉状是行政诉讼的当事人不服人民法院作出的未生效的第一审行政判决、裁定,在法定期限内向上一级人民法院提交的请求重新审理、并撤销或变更原审裁判的法律文书。行政上诉状既是行政诉讼当事人声明上诉的诉讼文书,也是第二审人民法院适用行政诉讼法中规定的第二审程序对行政案件进行重新审理的依据。

行政申诉状与行政上诉状有着明显的区别。行政申诉状是对已经发生法律效力的判决、裁定认为确有错误而提出的书状。行政上诉状是对未发生法律效力的判决、裁定认为确有错误而提出的书状。

4.行政答辩状

行政答辩状是行政诉讼中的被告或被上诉人,收到原告的起诉状或上诉状副本后,在法定的期限内,针对原告或上诉人在诉状中提出的诉讼请求和事实证据,进行回答和辩解的文书。

(六)行政起诉状、行政申诉状、行政上诉状的格式

行政起诉状、行政申诉状、行政上诉状的格式包括标题、首部、正文、尾部四部分。

1.标题。写明诉状名称,如行政起诉状。

2.首部。必须分别写明原告和被告的有关情况。原告要写明姓名、性别、年龄、民族、籍贯、地址等情况。由于人民法院受理行政诉讼案有管辖的范围,被告栏要写明被告机关或组织的全称、地址,以及其法定代表人或负责人的姓名、职务。

3.正文。正文是行政诉讼状的核心内容,内容包括诉讼请求、事实与理由、证据和证据来源、证人姓名和地址。

(1)诉讼请求。诉讼请求是正文的第一项内容,即是原告提起行政诉讼要解决的问题,要达到的目的。根据行政案件的特点,原告所提出的诉讼请求主要有部分或全部撤销判决、处罚决定,变更判决处罚决定,提出赔偿损失等。

诉讼请求要表述明确、具体。原告可以针对被告具体行政行为的性质或判决的内容以及自己的权益受损害的程度,依法提出恰如其分的请求。

(2)事实与理由。这部分要写清楚提出诉讼请求的事实根据和法律依据。

事实是人民法院审理案件的依据,诉状必须写明被告侵犯起诉人合法权益的事实经过、原因及造成的结果,指出行政争议的焦点。如果是经过行政复议或判决后不服提出起诉的,还要写清楚复议行政机关作出复议决定或判决过程和结果。

理由是在叙述事实的基础上,依据法律法规进行分析、论证诉讼请求合理合法。例如,对被告侵犯起诉人人身权和财产权的案件,原告要着重论述被告实施的具体行政行为所依据的事实不真实、证据不充分;或者违反了法定程序,所适用的法律有错误;或者被告纯属超越职权范围、滥用职权的行为;或者该行政处罚过重,侵害了原告正当权益等。其理由应根据案件的不同而有所侧重,但引用法律、法规条文必须准确,理由务必充分。

(3)证据和证据来源、证人姓名和住址。这部分内容要求原告就诉讼请求、列举的事实、阐述的理由所举的证据,应当真实、详细、准确,以便人民法院在办案过程中核对查实。

4.尾部。包括受诉法院名称、附项和落款。要写明起诉人的姓名、日期,在附项中写明本诉状副本份数。

(七)行政起诉状、行政申诉状、行政上诉状的写作要求

1.在诉状中叙述纠纷事实时,必须注意边叙述事实边列举证据,以证明原告所提供的事实是证据确凿的,无可辩驳的。这样便于为法院受理案件提供依据。

2.在行文方法上,案情事实比较复杂的,一般先写明纠纷事实或被告人犯罪事实,然后再用专门段落阐述理由。如果案情简单,法律事实比较清楚,也可以阐述诉讼理由为主线,结合说明事实情况。

3.注意人称的一致性。目前诉状人称有两种写法。一是第一人称写法,即"我"如何如何,被告如何如何。二是第三人称写法,即原告如何如何,被告如何如何。一般情况下,当事人提起诉讼,本应用"我"、"我单位"口气陈述。但由于目前诉状多由律师代笔,所以用第三人称陈述写起来比较客观。两种人称均可,但在同一起诉状中不能混用。

（八）行政答辩状格式

答辩状的格式，包括标题、首部、正文、尾部等部分。

1.标题。写明“行政答辩状”。

2.首部。答辩人的基本情况。写明答辩人的姓名、性别、年龄、民族、职业、住址等。当事人是法人或其他组织的写明其名称、所在地、法定代表人的姓名与职务。答辩缘由要写明答辩人因××案进行答辩。

3.正文。包括案由与理由、答辩意见与证据等。

答辩的案由和理由应针对原告或上诉人的诉讼请求及其所依据的事实与理由进行反驳与辩解，要清晰地阐明自己对案件的主张和理由。

答辩意见是答辩人在阐明答辩理由的基础上向人民法院提出的要求和主张。

证据是答辩中的有关举证事项，应写明证据的名称、件数、来源或证据线索。有证人的，应写明证人的姓名、住址。

4.尾部。包括受理机关、答辩人签名、盖章、答辩日期。受理机关为致送人民法院名称。如果委托律师代书答辩状，应在最后写上代书律师所在的律师事务所名称。

5.附项。在附项中，应注明有关的人证、物证、书证等。

（九）行政答辩状的写作要求

1.就案件事实进行答辩。行政答辩状要具体情况具体对待，原告诉状中对的地方不必回答和辩解，原告诉状中违背客观实际的事实和证据，在回答和辩解时，先扼要地将对方原话摘引出来，然后再逐一据实反驳。在反驳中，要充分列举证据予以证明。

2.就案件适用的法律进行答辩。行政答辩状还要列举出具体行政行为所依据的法律法规，以说明自己所做出的具体行政行为所适用的法律和程序都是正确的。如果是对上诉状的答辩，则要对原判决或裁定提出充分的证据和理由，要求二审法院维持原判决或裁定。

3.要紧扣争议的焦点来答辩。行政答辩状既然是针对起诉状或上诉状来回答的辩驳，应当根据双方当事人在纠纷中的争议焦点，以事实和证据为根据，以法律为准绳，来反驳原告或上诉人关于实体权利的请求，而不能回避焦点，纠缠枝节，或面面俱到，赘述案情，不得要领。

4.答辩主张要明确具体，合情合理。行政答辩状要明确写出要求法院对自己的具体行政行为是判决维持、部分撤销，还是对原告起诉不予受理，抑或表示愿意重新做出具体行政行为，等等。

（十）例文

1.行政起诉状

行政起诉状

原告：×××，男，××岁，××市××街道。

被告：××市××区劳动和社会保障局，地址：×××××××××，联系电话：×××××××××。

法定代表人：×××　任×××职务。

案由：工伤认定行政不作为案。

请求事项：

请求法院认定××市××区劳动和社会保障局拒不履行其工伤认定的职责属于行政不作为行为。判令被告履行职责。

事实和理由：

原告于1999年4月23日始一直在××市××厂工作，2008年8月3日因为车间堆放的物品倒塌，致伤原告，原告向××市××区劳动局申请工伤认定，2008年12月20日提出申请后，被告在法定2个月内没有对原告的要求予以答复，此后原告又多次催问，依然没有得到答复。原告之伤需经劳动保障行政部门认定方能享受工伤待遇，由于被告拒不履行法律规定的认定责任，给原告造成了严重后果，致使原告身心受到了极大的伤害。被告身为国家行政机关，知法犯法，明知故犯，法理难容。根据《行政诉讼法》的规定，特具状起诉，请人民法院审查，依法判决，以维持法律尊严和原告的合法权益。

此致

××市××区人民法院

具状人：王××
×年×月×日

2.行政答辩状

行政答辩状

答辩人：××市公安局××分局

地址：××区××大街34号

法定代表人：王××　职务：局长

委托代理人：李××　××分局法制办干部

委托代理人：张××　××分局法制办干部

答辩人于2000年7月10日收到你院转来原告夏××提起赔偿一案的起诉状副本，现答辩如下：

一、关于我局对夏××处以行政拘留的问题。1995年10月26日7时许，原告夏××在××区××早市因拒交税款与××区国税局二所干部曹××（女，34岁）发生争执，第二天，二所领导找夏××谈话，在解决问题时，夏××用花盆打伤曹××。经医院诊断，曹××胸腰段软组织挫伤，软组织轻度淤血。我分局以夏××殴打他人，违反《中华人民共和国治安管理处罚条例》第二十二条第一款的规定，给予夏××行政拘留七天的处罚。以上事实有曹××的证词，××医院的诊断证明，夏××承认用花盆打人的情节和对行政拘留不申诉的表示的讯问笔录及证人证言等予以佐证。我局认为，夏××因纳税问题将税务干部打伤，侵犯了他人的人身权利，造成伤害后果，事实清楚，证据充分，我局依照《中华人民共和国治安管理处罚条例》对其处以行政拘留七天的处罚程序合法，适用法律准确。

二、关于我局对夏××不予赔偿的决定。2000年4月10日，夏××以我局拘留决定错误，给其造成精神损害为由向我局提出赔偿申请，要求赔偿其拘留七天的经济损失及精神损失共计339900元。我局对夏××拘留一案进行了认真复查。复查认为，原告夏××的请求没有事实根据和法律依据，我局对夏××的处罚没有触犯《中华人民共和国国家赔偿法》的有关规定，不存在对夏××进行行政赔偿的问题，故作出了不予赔偿的决定。我局认为，此决定事实清楚，适用法律法规正确，程序合法。

据此，请求法院驳回原告夏××的诉讼请求，维护我局对夏××的裁决。

此致

××区人民法院

答辩人：××公安分局
法定代表人：王××
委托代理人：李××
委托代理人：张××
二〇〇〇年七月十四日

附：1. 本案答辩状副本××份；
2. 本案证据××件。

第三节　公证书、授权委托书

一、公证书

（一）公证书的概念

公证是指国家公证机关根据当事人的申请，对法律行为、有法律意义的文书和事实的真实性及合法性进行证明的活动。这种证明活动，是国家为保证法律的正确实施，预防纠纷，保护公民和法人的合法权益而设立的一项预防性的司法证明制度。

（二）公证书的特点

1. 公证书是公证机关的专用文书。公证书是公证机关代表国家进行的证明活动所形成的法律文书，是遵照国家法律规定对公民、法人身份、财产的权利或合法权益的一种特殊保护方法。只有代表国家的公证机关在公证活动中才能使用这种特殊效力的法律文书，其他机关、组织的证明书不能代替公证书。

2. 公证书的权威性比其他证明书要大。一般的证明书只能在特定范围起作用，而公证书的可靠性及其证明能力要比一般的证明书大得多。

3. 公证书的使用范围比一般证明书广泛。公证书具有通用性、广泛性的特点，它公证的事项广泛，其效力不受国籍、地域、行政级别、行业范围的限制，在国内外都通用。

（三）公证书的功用和分类

1. 公证和公证书的意义和作用

公证制度的基本功能是通过证明活动，维护国家、集体财产和公民个人的合法权益，维护社会主义法制和社会经济秩序的一种手段。公证书的作用如下：

(1)保护经济法人的利益，促进经济发展。经济合同类的公证书能够帮助当事人完善法律行为，明确互相之间的权利义务关系，消除纠纷隐患，揭露和防止虚假诈骗行为，达到保护经济法人的经济利益，完善市场经济法律秩序，促进经济发展的目的。

(2)保障公民的合法权益，促进社会安定团结。民事权利义务方面的公证书，使公民在身份、财产上的合法权益受到保护，还能预防纠纷，减少诉讼，有利于社会的安定。

(3)保护国家、组织、公民在国外的合法权益。随着我国对外开放的不断扩大，公证书的效力跨越国界，它可以维护我国公民和法人在国外的合法权益，保护经济、贸易活动，增进友好交往，维护国家主权。

2. 公证书的分类

据统计，我国目前公证的事项有 100 多种，大体可以分为五大类。

(1)证明法律行为。法律行为在社会生活中占有极为重要的地位，对法律行为的公证是公证机关的首要任务。

(2)证明具有法律意义的事实。具有法律意义的事实是指法律行为以外的、对公证当事人具有法律上的利害关系的客观情况。主要包括两大类：一类是与当事人意志无关，能够引起民事法律关系产生、变更、消灭的客观现象，如对公民出生、死亡的证明；另一类是与公证当事人在法律上有一定影响的客观事实，如身份、学历、法人资产状况等作证明的文书。

(3)证明有法律意义的文书。有法律意义的文书是指在法律上对于公证当事人有特定意义的文件、证书等文字资料。如对公民的毕业证书、经济法人的商标注册证书等的证明书。

(4)赋予某些债权文书以强制执行效力的证明书。债权文书是追偿债款、追还物品的法律文书，公证机关在办理此类公证时，认为它是无疑义的，可在公证书上写明有强制执行效力的文字，使公证书具有特殊的法律效力。

(5)保全证据的证明。这类公证书是指公证机关根据当事人的申请，对可能灭失或日后难以取得的证据事先收集和固定后作出确认的证明，达到保全证据的目的。

(四)公证书的制作程序及格式要求

为了保证公证书的质量，使公证书发挥作用，公证书的制作要符合法定程序和格式要求。

1.公证书的制作程序

公证书属于法律文书，要按照草拟——审核——签发——缮抄（打印）——送达的程序进行。

(1)草拟，由承办公证员把公证活动的结果写出初稿。

(2)审核，执笔者或他的上级对初稿进行审查、核对、修改。

(3)签发，公证机关负责人对公证书文稿最后审查及批准生效。

(4)缮抄（打印），由秘书人员把生效的文稿抄正或印刷成正式文本。

(5)加盖印章后送达，公证书制成后由公证机关通知当事人来领取，或派人送达、或邮寄给公证当事人。

2.公证书的结构形式

根据《中华人民共和国公证暂行条例》和《公证程序规则（试行）》的规定，公证书应按照司法部规定或批准的文稿格式写作。据统计，到目前为止，司法部共制定了100多个项目公证书的格式样本。从这些格式样本来看，公证书的格式应包括标题、编号、当事人的基本情况、公证证词、承办公证员签名（盖章）、公证机关公章、出证日期等项目。

公证书全文的结构大体上可以分为首部、正文、尾部三大部分。

(1)首部。由标题、编号、申请公证当事人的基本情况等内容组成。

(2)正文。它是公证机关的证词，是公证书的主体部分。

(3)尾部。它是公证书的落款，由公证机关、印章、承办公证员签名、印章、出证时间等项目组成。

(五)公证书的写法

1.首部的写法

首部应按公证书的格式要求写明标题、编号、当事人基本情况等。

(1)标题，直接写“公证书”。

(2)编号，由年度、公证机关代号、证书顺序号组成。

(3)当事人的基本情况不是所有公证书都要写明，但对于继承权、收养关系、亲属关系，公证书要写明白。

2.正文的写法

正文的主要内容是公证证词。要写明证明的对象、证明的范围和内容，说明证明所依据的法律法规等项内容。具有强制执行效力的公证书，还应在公证证词中注明，并具体说明责任人履行义务的期限，写明强制执行标的物的名称、种类、数量等情况。

3.尾部的写法

按公证书的格式要求，在证词结束后右下方写明公证机关名称、承办公证员姓名并加盖印章，方能生效，并写清楚出证时间(用汉字书写)。

总之，公证书的写作总的要求是一事一证，依法核实，依据格式书写，文字简明确切，防止歧义。

【例一】

××合同公证书

(××)字第××号

兹证明××××(单位全称)的法定代表人(或法定代表人的代理人)×××与××××(单位全称)的法定代表人(或法定代表人的代理人)×××于××××年××月××日，在××××(签约地点或本公证处)，在我的面前，签订了前面的《××合同》。

经查，上述双方当事人的签约行为符合《中华人民共和国民法通则》第五十五条的规定；合同上双方当事人的签字、印章属实；合同内容符合《中华人民共和国××法》的规定。

中华人民共和国××省××市(县)公证处

公证员(签名)

××××年××月××日

【例二】

继承权公证书

(××)字第××号

被继承人:×××(写明姓名、性别、生前住址)

继承人:×××(写明姓名、性别、出生年月日、住址、与被继承人的关系)

继承人:×××(同上,有几个继承人应当写明几个继承人)

经查明,被继承人×××于××××年×月×日因×××(死亡原因)在×××地(死亡地点)死亡。死后留有遗产计:×××(写明遗产的状况)。死者生前无遗嘱。根据《中华人民共和国继承法》第五条和第十条的规定,被继承人的遗产应当由其×××、×××(继承人名单)共同继承。(如果有代位继承的情况应当写明继承人先于被继承人死亡的情况;如果放弃继承,应当写明谁放弃了继承,放弃部分的遗产如何处理的内容)

中华人民共和国××省××市(县)公证处

公证员(签名)

××××年××月××日

【例三】

出生公证书

(××字)第××号

根据××省××市(县)××户籍管理机关××年×月×日档案记载(或××单位公务人员档案记载或知情人××提供的材料),兹证明×××,男(或女)于××年×月×日在××省××市出生。×××的父亲是×××,×××的母亲是×××。

中华人民共和国××省××市(县)公证处

公证员(签名)

××××年××月××日

【例四】

收养公证书

(××)字第××号

×××于××××年××月××日被收养。养父是×××,养母是×××。

中华人民共和国××省××市(县)公证处

公证员(签名)

××××年××月××日

【例五】

专业职务公证书

(××)字第××号

根据(授予职务的主管机关)出具的证明××(或根据档案记载),兹证明×××(男或女,××××年××月××日出生)于××××年××月××日由××医院(或××大学、××研究员等)聘为××科主任医师(或教授、研究员、高级工程师等)。

中华人民共和国××省××市(县)公证处

公证员(签名)

××××年××月××日

二、授权委托书

(一)授权委托书的概念、种类和特点

授权委托书是当事人把代理权授予委托代表人的证明文书。它可以分为民事诉讼代理的授权委托书和民事代理的授权委托书。

1.民事诉讼代理的授权委托书的特性

(1)它是当事人、第三人、法定代理人委托他人代为诉讼的一种文书。是委托代理人为被代理人进行诉讼活动的依据。只有委托人签名或盖章的授权委托书才有效。

(2)它是根据被代理人在诉讼中的授权而成立的文书,规定了委托代理人的代理权限。委托代理人有了诉讼代理权,才能在代理权的范围内为代理人行使诉讼行为,如查阅案卷、陈述辩论、审查证据等。被代理人授予的权限有多大,委托代理人就行使多大权限,受委托人无权行使没有被授予的权限。委托代理人在代理权限内的诉讼行为,与当事人自己事实的诉讼行为有同等效力。委托代理人根据代理权所实施的一切诉讼行为,其法律上的后果一概由被代理人承担。

(3)它是被代理人向人民法院送交的文书。委托代理人的代理权确定之后,就可书写授权委托书。被代理人应当向受理案件的人民法院送交这种文书,以证明代理权的确定及其范围。如果变更或解除代理权,被代理人应该书面报告人民法院,并通知有关当事人。案件在审结、裁判或双方和解后,授权委托书的效力即告终结,代理权也同时消失。

2.民事代理的授权委托书的特征

(1)它是非诉讼性的委托代理文书,由被代理人委托代理人在一定权限范围内进行民事法律行为,如委托他人出卖、管理房屋等。

(2)它同样是根据被代理人的授权而成立的文书。被代理人授予的权限有多大,委托代理人就行使多大权限。委托人委托的权限,应当依法进行,不得违反法律、法规的规定。必须出于被代理人的自愿,代理人不得强行要求代理。委托人委托的代理权限应具体明确,不能笼统含糊。

(3)被代理人授权代理之后,应给予代理人授权委托书,作为代理的凭据。

(二)授权委托书的写法

1.民事诉讼代理的授权委托书的组成

(1)名称:授权委托书。

(2)委托人(被代理人)和受委托人(委托代理人)的个人基本情况,即姓名、性别、年龄、民族、籍贯、职业、住址等。

受委托人可以是当事人的近亲属,即夫妻、父母、成年子女和同胞兄弟姐妹,也可以是律师、人民团体和当事人所在单位推荐的人,或是人民法院许可的其他公民。未成年或被剥夺政治权力的人,不能担任代理人;参与案件审理的审判员以及他们的近亲属,不能担任该案的代理人。

(3)诉讼委托的实质内容,包括三个方面:

委托代理的是什么案件,写明案件的名称,如继承案或经济合同纠纷案等。

根据法律规定,写明"委托人××自愿委托××,并经其同意为受委托人"。

必须具体说明委托的事项和权限。委托人所委托代理的事项和权限,根据委托人的授权而有所不同。诉讼委托书应说明是特别授权委托或一般委托。如果是特别授权委托,应说明,"代为承认、放弃、变更诉讼请求,进行和解,提起原诉或者上诉"。其目的是明确责任,以便受委托人按委托人明确的委托权限进行诉讼。如有超越代理权限的行为,对委托人不发生效力。按照诉讼委托书中所规定的代理权所实施的一切诉讼行为,其法律后果均由委托人承担。因此,诉讼委托书在具体说明委托事项和权限时,其法律用语的含义应十分明确,不能笼统,如"给予法律上的帮助"和"部分诉讼代理"等含义不清的用语应当忌用。

(4)结尾,委托人和受委托人分别签名或盖章,注明具文日期(年月日)。

2.民事代理的委托书的组成

(1)名称,写明"委托书"或者"×××委托书"。

(2)委托人和受委托人(代理人)各自的基本情况,即姓名、性别、年龄、民族、籍贯、职业、住址或单位名称。

(3)所规定的权限内容和范围,这是委托书的主体部分,应根据具体情况表述。如果是一次性有效的委托书，应当规定实施某一特定行为的权限；如果是专门委托书，应当规定在某一时期内实施同一行为的权限（如某企业委托某人出卖产品的委托书）；如果是全权委托书，应当规定实施由于经营财产所产生的各种法律行为的权限（如全权代理处理房产的委托书）。

（4）结尾，委托人和受委托人分别签名或盖章，注明具文日期（年月日）。

【例文】

授权委托书

委托人：姓名、性别、出生年月、民族、工作单位、职业、住址。

（委托人为单位的，写明单位名称）

被委托人：姓名、性别、出生年月、民族、工作单位、职业、住址。

（被委托人是律师的，只写姓名和所在律师事务所名称）

委托人因________（写明案件性质及对方当事人）一案，委托____为____（一审、二审或再审）的代理人，代理权限如下：____________________（委托经济、民事、行政等案件代理人的，须写明代理权限；特别授权的，应写明授权的具体范围，如代为起诉、提出反诉、进行和解、撤诉、上诉、签收法律文书等）

委托人：（签名或盖章）
被委托人：（签名或盖章）
年　月　日

第四节　仲裁调解书

一、仲裁调解书的概念

仲裁调解书，是指在仲裁机构的主持下，双方当事人自愿达成协议，而由仲裁机构制作的记载协议内容的具有法律效力的法律文书。

《中华人民共和国仲裁法》第五十一条规定："仲裁庭在做出裁决前，可以先行调解。当事人自愿调解的，仲裁庭应当调解。"这是制作仲裁调解书的法律依据。

二、仲裁调解书与其他仲裁文书的区别

1. 仲裁调解书确认的内容必须是当事人自愿达成的协议。
2. 仲裁调解书是常用的但不是必要的仲裁文书。
3. 仲裁调解书发生效力的前提是当事人的签收，并与裁决书有同等法律

效力。

三、格式、内容及写作方法

仲裁调解书由首部、正文和尾部组成。

(一)首部

1.标题。在文书顶端居中写“仲裁调解书”。

2.编号。在标题右下方写“〔年度〕×仲字第×号”。

3.当事人的基本身份事项。

(1)按仲裁申请人和被申请人的顺序书写;一方或双方有法定代理人、法定代表人(或代表人)或委托代理人的,要分别写明。

(2)当事人为法人或其他组织,应写明详细名称和地址、法定代表人或代表人的姓名与职务。当事人为公民,应写明其姓名、性别、年龄(出生年月日)、民族、籍贯、职业与职务以及住址。法定代理人除写明与当事人的相同事项外,还需写明其与当事人的关系。

(3)委托代理人为一般公民的,应写事项和公民当事人相同;律师则写明其姓名和所在律师事务所及职务。

(二)正文

正文应包括案件事实、协议内容及仲裁费用的承担。

1.案件事实,应简要叙述争议发生的原因、经过、争执焦点、请求事项等内容。在写明纠纷事实后,另起一行写明“本案在仲裁过程中,经本会主持调解,双方当事人自愿达成如下协议:”作为过渡语,起承上启下的作用。

2.协议内容,写明双方协商一致所达成的协议的具体内容。

3.仲裁费用的负担。

(三)尾部

依次写明下述内容。

1.调解书发生法律效力的时间,一般写成:“本调解书经双方签收后,即发生法律效力。”

2.注明该仲裁调解书的份数及双方当事人所持的份数。

3.右下方由仲裁员、书记员签名,加盖仲裁委员会印章。

4.制作调解书的日期和地点。

四、仲裁调解书的写作注意事项

仲裁机构不得强制制作调解书,调解书确认的协议内容,不得损害国家、集体和第三人的利益。制作调解书依据是调解协议,当事人若自行达成和解协议又不撤回仲裁申请，不得根据和解协议制作调解书。

调解书应明确当事人的责任，分清是非，不能简单写出仲裁请求和协议结果。调解书效力的写法，应采用“本调解书经双方签收后，即发生法律效力”，而不应采用“本调解书与裁决书有同等法律效力”。因为裁决书自制作之日起发生法律效力，而当事人在签收调解书前可以反悔，调解书未经当事人签收就没有任何效力。

【例文】

×劳动争议仲裁委员会
仲 裁 调 解 书

×劳仲案字(　)第　号

申诉人：
委托代理人：
被诉人：
委托代理人：
申诉事由及请求的情况：
调解达成协议的内容：

申诉人：＿＿＿＿＿＿
被诉人：＿＿＿＿＿＿
仲裁员：＿＿＿＿＿＿
＿＿＿＿劳动争议仲裁委员会
年　　月　　日

附：1. 本调解书一式三份，由双方当事人及劳动争议仲裁委员会各存一份。
2. 本调解书自送达之日起具有法律效力。

第七章 学术论文

第一节　学术论文概述

学术论文又称为科学论文，简称论文。在所有的应用文书当中，学术论文是一种形制最大的文书。它不同于其他文体的应用文，在内容、结构以及语言等方面，都有较为严格的要求，是所有应用文中写作“工程量”最大、难度最大的文种。

一、学术论文的含义

国家标准 GB7713－1987《科学技术报告、学位论文和学术论文的编写格式》给学术论文下了一个明确的定义：学术论文是某一学术课题在实验性、理论性或者观测性上具有新的科学研究成果或创新见解和知识的科学记录；或是某种已知原理用于实际中取得新进展的科学总结，用以提供在学术会议上宣读、交流或者讨论；或在学术刊物上发表；或作其他用途的书面文章。

简而言之，学术论文是用来进行科学研究和描述科学研究成果的议论文。

二、学术论文的特点

学术论文区别于其他文种的特点有以下几点。

(一)独创性

独创性是学术论文必备的一个特点，也是学术论文的价值所在。如果没有独创性，人云亦云的学术论文没有写作的必要和存在的价值。

世界是物质的，物质是运动的，运动是有规律的，科学研究就是探寻这些规律、掌握这些规律并使之为人类服务，学术论文正是反映这些研究、探索和规律的。人类对客观世界的认识是无止境的，我们的科学研究就是在认识客观世界的过程中，不断地去探索新领域、发现新事物、总结新规律。那么，学术论文就是用来记录、分析、研究一切新的发现。不论在哪个领域，人们的探索、发现和总结从未有过停止，人们对很多事物已经有了定论，对某些事物还在不停研究和论辩之中。已有的定论是经过无数次的研究、分析和论辩最终确定下来的，它是新颖、独创而不存异议的真理；研究和论辩是因为人们还没有找到最终的真理，在没有找到真理以前，任何人都可以发表自己的看法和主张，但这些看法和主张必须是新颖、独到的，是自己的而不是别人的。学术论文就是在学术研究过程中作者针对自己所感兴趣的课题进行的探索、研究和论辩，是自己对客观世界、客观事物所发表的具有独创性的最新见解和主张。

（二）科学性

科学性具体表现在行文过程中。首先，学术论文要用科学的、新颖的观点；其次，学术论文有用以证明自己观点的论据材料，同时又有证明观点的论证过程，也就是通常所说的三要素：论点、论据、论证。论点建立在科研课题的基础上，学术论文的论点，一般是作者凭着学识积累和敏锐的洞察力，对客观世界进行认真研究和思考后得出的具有调查性的、有别于他人的看法和主张，它是客观世界在作者主观思想中的反映，具有鲜明的主观性；学术论文的论据，是作者用以证明自己的观点的事实性材料和理论性材料，具有客观的真实性；学术论文的论证是一个说明事理、证明观点的论辩过程，它具有严密的逻辑性。

（三）专业性

客观世界是广博的，需要探索的课题无穷无尽；科学是无国界的，任何人都可以对未知的客观世界进行探索。但学术要分领域、分类别，从事探索、研究的人们各行其是、各司其职、各负其责，这样才能有分工地、有秩序地、有规律地完成人类探索和研究客观世界的任务。学术论文就是这些探索和研究客观世界的人们记录探索的发现、描述分析的过程、反映研究成果的书面文书。它与探索、研究主体所从事的课题研究相一致，客观反映不同类别的探索和研究内容，发表具有独到见解的观点，从而论证观点的材料都是围绕观点而收集来的具有专业特点的事实性材料和理论性材料。

（四）实用性

人类探索和研究客观世界，是想从探索和研究中找到为人类所用的客观规律，最终达到认识客观世界、改造客观世界以造福人类社会的目的，由此可见，无论哪个领域的科学研究，都是为人类服务的。收集充满各种各样的矛盾加以研究，这些矛盾既有自然资源与人类所需物资之间的矛盾，又有人类社会生活、生产过程中所产生的思想、意识上的矛盾。人们探索客观世界和研究人类社会，就是在探求解决这些矛盾的最佳方法。那么，作为记录和反映探索、研究成果的学术论文，无疑都是为了解决各种矛盾而写作的，每一个新的观点都反映一个解决问题的新方法，每一个新方法都会影响着人们对客观世界的认识；尤其是在实用技术研究上，每一个新的观点都能使生产力得到解放，都能使生产效率得到很大的提高，都能创造出财富。所以说，学术论文就是应实用的要求而写作的，其作用最显著的一点就是它能立竿见影地解决实际问题，区别于文艺文影响人、教育人的潜移默化的作用。

(五)理论性

学术论文不能停留于事实、现象的罗列，必须探究事物的本质及规律。写论文必须运用理论思维，通过对事实的抽象、概括、说理、辨析和严密的逻辑论证将一般现象上升到一定的理论高度。论文的基本框架是逻辑的，是以基本论点为核心，以分论点为支柱的严密的逻辑网络，其中充满了一般与个别、整体与部分、主要和次要、原因与结果、现象和本质等事理关系。学术论文的理论性，往往反映作者的学识水平和理论素养。

(六)规范性

论文具有统一的书写格式和语言规范。科技报告、学位论文等编写格式已由国家制定了标准。为了便于交流和应用，论文必须运用规范的语言文字系统和符号系统进行表述。

三、学术论文的分类

学术论文有不同的分类标准，按照这些标准学术论文可以分为不同的类型。

(一)按发表形式分

1.报刊论文

报刊论文专指发表在学科明确的公开出版物上的论文，其写作目的是公布科研成果、交流信息。此类论文的学术性、专业性很强，所反映的多是本专业、本学科领域的最新研究成果，如新观点、新方法、新发现等，具有较高的学术价值。我国的学术期刊很多，它们是各学科、各领域的科研工作者发表自己的新见解、新观点、新方法的园地，如《红楼梦学刊》、《教育研究》、《高等数学》、《电脑报》、《书法报》等，发表在这些报刊上的学术性质的论文就是报刊论文。

2.报告论文

报告论文专指在学术会议、科技交流会议上面对与会者现场宣读的论文，它是一种口头形式的论述性报告。在这种场合宣读的论文，要受到观众、时间、场合这三个因素的影响，论文的作者要事先预知这三个方面的要求或特点，有针对性地做准备；临场报告时还要注意突出重点和关键之处以及难点所在；有时为了提醒现场听众注意，宣读时还须有必要的重复和强调。

（二）按学科领域分

1. 社会科学论文

这类论文专指以社会现象为研究对象的学术论文。如文学、哲学、经济学、法学、史学等，都属于社会科学领域，涉及这些领域有关现象的论文就是社会科学论文。社会科学论文的任务是研究和阐述各种社会现象及其发展规律，其内容都属于意识形态的范畴。社会科学论文根据学科性质还可以细分为文艺论文、法学论文、哲学论文、史学论文等。

2. 自然科学论文

这类论文专指以自然界的物质形态、结构、性质和运动规律为研究对象的学术论文。物理学、化学、数学、气象学、地质学、海洋学等基础学科和材料学、医学、能源科学等应用技术学科都属于自然科学领域，涉及这些学科中的某些问题的论文就是自然科学论文。自然科学论文是人类认识自然、改造自然、利用自然的探索和研究，有时又是其经验的总结。自然科学论文根据学科性质又可细分为化学论文、数学论文、医学论文等。

（三）按作用或用途分

1. 学位论文

学位论文专指受高等教育的学生（或在职人员）为获取某种学位而撰写的论文。根据学位的等级，可分为学士论文、硕士论文、博士论文三种。根据《中华人民共和国学位条例》的规定，这三种学位论文都有一定的标准和要求。

2. 毕业论文

毕业论文专指普通高等院校学生临近毕业时所撰写的论文。毕业论文是检验学生在校期间学业成绩的重要的书面文书，要求作者能较好地掌握并运用本学科的基础理论、专业知识和基本技能，具备从事科学研究工作或担负专门技术工作的基本能力。毕业论文一般在老师的指导下独立完成，在篇幅上有一定的要求。

（四）按学位等级分

1. 学士论文

学士论文即是上面所讲的本科生毕业论文。

2. 硕士论文

硕士论文是攻读硕士学位的研究生所撰写的毕业论文。它要求作者具备本学科扎实的理论基础和专业知识，论文能够充分反映独立从事研究工作的能力，对研究的课题有独到的见解。硕士论文一般在老师的指导下完成，篇幅在 2～3 万字。

3. 博士论文

博士论文是博士学位的申请者撰写的学位论文。博士论文要反映作者在某一学科领域具备渊博的学识和突出的研究能力，阐述具有独到见解的研究成果，具有较高的学术价值。博士论文是较为系统的科学专著，篇幅在 5 万字以上。

（五）按篇幅分

1. 刊发性论文

刊发性论文指篇幅不长、用于报纸、学术期刊上发表的论文。

2. 单行本论文

单行本论文指篇幅较长、印刷装订成册的论文。

四、学术论文的写作流程

论文的写作可以分为研究和行文两个阶段。

（一）研究阶段

学术论文的本质就是报告自己的研究成果，因此论文写作不同于一般的文章写作，它必须有一个研究的过程。只有经过充分、深入的研究，并且形成自己独创性的研究成果，才能执笔行文。

学术论文的研究阶段大致分为四个环节：

1. 提出选题

即明确自己所要研究的对象。

2. 搜集资料

即围绕选题广泛搜集材料。

3. 分析研究

即按照科学研究的原则，对材料进行深入细致的分析。

4. 形成结论

即明确解决问题的途径和方法，形成自己的学术见解。

（二）行文阶段

有了研究成果之后，只有形诸文字写成论文，才能发挥其价值。论文的行文阶段也分为四个环节：

1. 提炼论点

即明确在论文中将要集中论述的问题以及自己对这一问题的独到见解。

2. 布局谋篇

即科学、合理地安排论文的内容，确保论证的严密性。

3.执笔行文

即按照论文特定的格式规范和语言要求，将研究成果加以表述。

4.修改润色

即对自己研究成果的最后审视和把关。

一篇论文的质量，一方面取决于研究，另一方面取决于行文。论文写作能促进我们从一般性的接受知识迅速进入到对知识加以创造性的研究，这是学识的升华过程中不可缺少的阶段。在论文写作上接受严格训练，能使我们在学识水平、科研能力、文字表达能力等许多方面在较短的时间内取得长足进步。

第二节 学术论文的选题

所谓选题，就是选择研究课题。换言之，选题就是学术论文的作者通过对客观现象或问题和相关资料的分析、研究，选择并确定学术研究的方向和目标的过程。选题是学术研究的第一步，也是关乎论文成败的关键一步，有好的开头，才能有好的结果。

好的选题能解决重大的问题，甚至能对人类做出重大的贡献，就如同爱迪生的发明造福人类一样，可见选题对于学术论文的重要意义。在学术界人们都知道，提出问题比解决问题更重要，因为科学的进步与发展，总是与科学家、学者以及所有从事科学研究的人们不断地提出有价值的问题密切相关的；只有先提出问题，才有可能针对问题去研究，去寻找解决问题的方法。

从写作的角度看，选题就是作者要明确“写什么”，只有先解决了这一点，才能进入下一步“怎么写”；选题决定研究的内容，也决定写作的内容和深度，还决定了将要采取怎样的写作方法。

从作者的角度看，能否选择合适而恰当的选题，标志着作者是否具有发现问题的洞察力，是否具备科学研究的能力，所以，一个好的选题能反映作者看问题的独到眼光、分析问题的学识水平和解决问题的能力。

一、选题的原则

自然是充满奥秘的，世界是矛盾的，社会是复杂的，其中蕴含着许许多多的研究课题，就看你怎样去观察、去选题、去做文章。要想选中一个具有非常意义的课题，就看你遵循怎样的选题原则。选题的原则有两个：

（一）主观性原则

所谓主观性原则，是指作者在选题时要充分考虑到自己是否具备完成这个选题的条件，也就是自身是否具备这个能力。这就包括作者本人的兴趣、专长和优势，即专业基础知识的掌握程度、看问题的独到角度、解决问题的深度、解决问题的力度等，看作者是否具备多方面的能力。选题时要正确估计和权衡自己的能力、水平，分析自身条件，发挥自身的优势，扬长避短地选择可以把握的课题，做力所能及的研究。

1. 选题要有发展的眼光

发展的眼光是指专业发展，课题本身能够扩展，形成一系列的后续研究，课题链能拓展课题深度，促使科研工作者明确科研方向，在较短的时间里取得丰硕成果。

2. 选题要充分考虑可行性因素

(1)有优势、有兴趣。科学研究是建立在作者已经具备的学识水平基础上的，作者本人的专业基础、知识结构是完成科学研究和写作成文的先决条件，所以选题要从本专业出发，选择自己感兴趣的、有资料积累的、有把握完成的课题。选题只是整个科学研究工作的第一步，要想做好研究，写出好文章，就必须利用和发挥自己的专长，选择适合自己的课题。

(2)要有资源保证。选题要量力而行，大小一定要适当。过大或太难，做起研究来就会有力不从心的感觉，最终达不到理想的效果；选题过小或太大，就不能发挥自己的实际水平，更谈不上挖掘潜能，即使能够完成也不能令人满意。

可以说，选题是一个体现自我能力的过程，从主观上把握好选题是对自己负责的表现。

(二)客观性原则

选题的客观性原则包括两个方面的含义。其一，选题的依据必须是客观真实的存在，而不是虚构的、虚假的。这就要求坚持马克思主义的唯物史观，客观存在是第一性的，尊重客观实际，既不主观臆断，也不受他人及其他观点的左右，看准客观事实做出自己的准确判断；继而确定自己认为恰当可行的选题。其二，选题要以社会的客观需要为前提，体现它的实用价值和社会效益或理论价值。

1. 选题必须具有学术价值

学术性是论文的根本，选题要以学术性为基础。判断选题的学术价值要看选题在本学科体系中的地位。只有了解本学科的研究历史和现状，才能知道本学科在过去已经进行了哪些研究，有什么成果，现在的研究达到了什么程度，哪些问题尚未得到解决，本学科发展的新方向、新问题是什么等等，才能对选题是否能促进本学科的发展做出正确判断。

2.选题必须符合创新要求

选题一定要刻意求新,这也是论文的价值所在。选题要突出强调自己可能写出新意的部分。新意一方面体现在选题要有一定的难度,能发挥作者的潜力和创造力;另一方面新意一定要在前人的基础上在某一方面有所突破,形成自己独到的见解。

3.选题要具有现实价值

选题应该着眼于社会效能和价值。无论社会科学问题还是自然科学问题,都与社会现实生活有着直接或间接的联系。有些选题未必在理论上有很大创新,但能够解决实际问题,具有现实意义,或者虽然目前不能产生实际作用,但能够表示某种趋势,甚至在未来产生不可估量的作用,也是优秀的选题。

选题的客观性原则还体现在另一方面,那就是选题能否导致新发明、新技术、新设备、新工艺的诞生。一般情况下,学术论文的选题就是针对社会实际工作中的问题、矛盾来确定的。哪里有不便、哪里有矛盾、哪里有问题,哪里就有选题。针对这些问题和矛盾的选题就是为了解决这些不便、矛盾和问题,一旦课题研究成功,方法找到,这些矛盾和问题就会迎刃而解。所以说,科研选题的最终成果能解决实际工作中的问题,甚至能造福于社会。

二、选题的方法

确定了选题的原则之后,就要掌握正确的选题方法,为选准课题、做好研究打下基础。选题的方法有如下几种:

(一)从科学的内部矛盾中寻找课题

科学作为一种人类认识活动的知识体系,具有相对的独立性。它有时也会呈现出矛盾运动的规律。科学又是在不断地发现矛盾、解决矛盾的过程中形成的知识体系,那么,发现矛盾、解决矛盾就是学术研究的课题所在。在科学研究的过程中,人们经常会发现一些已有的理论解释不了的新的现象或事实。比如说,2006年8月下旬,一直被人们所熟悉的太阳系“九大行星说”被天文学专家新的“八大行星说”所否定,1930年发现的冥王星被“开除”出太阳系,那是因为今天的天文学家们发现太阳系原本就是由八大行星构成的,过去人们对宇宙的认识存在着误解,而用过去的老观点已经不能解释现在发现的新情况、新问题,所以,天文学家们经过专门的课题研究,发现过去的认识与现在的认识有矛盾、有偏差,在取得共识的情况下,推翻了原来的结论,对宇宙现象做出新的解释。这就是天文学家们在科学研究的内部矛盾中找到新选题的典型例证。

从“空缺处”寻找课题,也就是本学科领域中别人已经研究过,但还有科学探讨的余地的课题。这类课题是对前人成果的发展性研究。

（二）从社会发展和社会需要中寻找课题

人类社会是在不断地发现问题和解决问题的过程中发展到今天的，社会的需求是无止境的，问题的产生也是无穷尽的。那么，作为从事科学研究的人们就要不停地去探索研究，揭示问题产生的规律，找到最终解决问题的办法。从社会发展和需要中寻找课题是最为常见的方法之一。

（三）在学科交叉领域中寻找课题

人类研究自然物质世界的时候，根据自然世界所呈现的不同情况，把研究分为多种学科、多种领域，分门别类地进行专门研究，这样的分工能使人们集中精力从事各自的工作。这又使得人们在某些方面由于学科的不同，对某些问题会产生不同的看法，认识难以统一；有些学科临近或相差不大，使得它们有时又要互相兼容或交叉，正是这种交叉给人们提供了科学研究的契机和课题，因为学科之间的交叉往往是知识的空白点，有时容易被各学科的专家所忽视。假如你是一个有心人，你就应该在这些交叉领域去寻找新的课题，填补某些方面的空白。

（四）寻找学科“热点”

每个学科，常常会出现一段时期内大家比较关注、讨论热烈的学术“热点”。这些热点或是对以前已经有定论的问题的争论，或是具有很强的现实意义。学会关心学术动态、关注“热点”，就比较容易找到选题。当然，“热”与“冷”是相对的，今天的冷门可能成为热门，选题也要具有前瞻性眼光，选择即将成为热门的冷门率先研究，就会在该领域占有优势。

三、协调的研究角度

在课题选定之后，还要选择一个良好的研究角度。所谓研究角度，就是研究、探讨客观事物的视点、视角。研究中确定自己的研究视角，既是必要的又是必需的。我们的研究对象是由多种要素、多个层面、多种联系、多种特点构成的统一体，研究时只能取其一端。研究角度的确定，体现了你对研究对象逻辑机制的发现，意味着找到了研究的突破口。

研究角度，人们通常强调要新、要小。所谓“新”就是别人没有用过或用得很少的角度。角度新，容易提出新见解。所谓“小”就是要求切入点要集中，不要全面铺开。不要试图方方面面全都要研究透，要把课题缩小一点，以求点的突破与创新。角度小，研究就可以深入，如果口子太大，我们的水平、能力把握不了，往往会流于空泛。角度新，见解也要新；角度小，但也要在对研究对象宏观观照的基础之上。

在研究过程中不仅要选择一个好角度，还要善于运用研究角度，懂得多层次、多方位地思考问题。

第三节 学术论文的资料搜集

选题固然重要，围绕选题搜集资料也是不可忽视的重要环节。缺乏素材支持的论文会显得干瘪，显得言之无物，立论飘然而无根基。所以，一定要注意论文资料的搜集工作。

一、论文资料的分类

论文资料从内容上分，可分为两类：一类是研究对象的原始资料，一类是他人的有关研究对象的论述。从搜集资料的不同层面上分，可分为三类：信息性资料、对象性资料和辅助性资料。

（一）信息性资料

信息即指与论题相关的科研情报信息。确定好选题后，我们一般可以从以下这些方面搜集资料：

1. 有关课题现有的研究成果，包括出版过哪些专著，发表过哪些论文等，只有查检出前人的研究成果，才不会盲目，才能做进一步深入的思考。

2. 有关课题研究基本理论的文献。

3. 与课题有关的相关学科的科研成果。

4. 研究课题所需要的原始资料。

（二）对象性资料

信息性资料是面上的资料，是"线索"。对象性资料是点上的资料，是实质性的资料。面对浩如烟海的资料信息，研究者要根据自己的学识基础和时间安排，确定自己要研究的对象性资料，以便搜集时做到重点突出，范围适度，宽窄深浅得当。随着研究思路的展开和深入，在研究过程中，对象性资料是需要及时调整和补充的。

（三）辅助性资料

在搜集资料的过程中，我们常常会遇到一些具体问题，如对某个词语不解其义，对某个年代无法确切判断，对整个概念不甚明了，对某个资料无法知道出处等等。这些问题属于资料搜集和研究过程中的具体问题，称之为辅助性资料。

二、资料搜集的原则

要想学术论文写出学术价值，对社会、对工作、对生活能产生影响和效益，那么，围绕课题而进行的资料搜集工作是一个长期而系统的工程。做好这个工程，需要注意如下几个方面。

(一)围绕课题，全面、客观地占有资料，形成体系

所谓全面，就是围绕选题，尽可能将选题所涉及的方方面面的资料都搜集到。在搜集资料时，胸中要有一个“数”，知道搜集哪方面的资料，要搜集多少。要有一个全面、系统的观念，不能漏掉某一方面的内容。不仅要搜集与选题有关的直接资料，还要搜集相关的资料，甚至与论题相反的资料；既要有理论资料，又要有事实资料。

搜集资料的全面性包含客观、公正的含义。搜集资料不能预定框框，符合自己观点的资料就要，与自己观点相悖的就舍；不能只注意资料的主导方面而忽略其次要方面，也不能只强调其次要方面而忽略其主导方面。搜集资料必须客观，不能随意剪裁取舍。

1. 前人对本类课题已有的研究成果

前人对本类课题已有的研究成果对作者将要从事的研究有着十分重要的意义，它是作者新课题成立的先决条件，它已经给作者提供了许多背景资料，甚至可以认为是作者所作研究的基础，因为作者的新课题也许正是依赖于它的存在而存在。

2. 相关学科提供的有益信息

科学不是独立存在的，在很多方面是相互关联的，尽管科学研究分为多学科、多领域，但有些信息资料是可以共享共用、互为印证的。所以，注意搜集与自己课题研究相关的资料是很有必要的。比如，化学和医学是两个不同的学科，但又是两个不能截然分开的相近学科，在很多实用技术和产品的研究、运用上，它们相辅相成、互为补充：化学原料可以用于药品生产，医药研究离不开化学手段，化学研究的成果可用于临床医学，防病治病离不开化学成分的原料。许多医学界、化学界专业人士的研究课题都涉及对方的领域，这足以说明学科交叉、信息交流的重要性。可见，学术论文资料的搜集不可忽视相关学科的信息资料。

3. 本课题所涉及领域的最新资料

课题所涉及的最新资料应该是资料体系中的重中之重。假如一个课题的研究不能注意到学术界最新的动态和信息，可以说这个研究是很难出新意的。就如同闭门造车一样，拿出来的“产品”陈旧而落后，失去学术价值和社会价

值，所作所为都是“无用功”。因此，要利用最先进的电子网络和报刊，广泛地阅读各种资料，把最新的动态、最新的见解、最新的技术、最新的发明、最新的产品等作为资料体系中的重要部分，为自己的研究提供最具新颖性的、最有说服力的素材。

（二）广收博采，抓住重点资料、新资料

广泛而全面地搜集资料，是撰写学术论文的重要先期工作。资料搜集的前提是广泛而全面，只要是和课题研究相关的资料，无论大小先搜集起来，建立一个资料库。全面的资料能全方位地反映事物的面貌，为研究提供最为可靠的信息，能使论文撰写得心应手，有话可说，有据可查，增强说服力，且论理透彻。当然，在全面而系统的资料完备以后，撰写者要重点地阅读、研究资料，把典型的资料用于文中，使这些资料能起到印证论点或画龙点睛的作用。

研究任何一个课题，都有主要资料和次要资料，如果只在次要的资料中打圈圈，那就因小失大。在所有资料中，研究对象本身是最核心的资料。核心资料必须全面搜集，仔细研究，如果忽视第一手原始资料，一头扎入到他人的论述中去，东抄西摘，就是主次不分。

在研究中，新资料的发现有着非常重要的意义，往往能带来认识和研究的突破。在搜集资料时，尽可能拓展自己搜集资料的范围就有可能发现一些遗漏的或未被发现的资料。

（三）持之以恒，常备不懈

从事科学研究的学者、专家等，其科研工作是经常性的、不间断的，他们搜集资料也是长期的、不停歇的，这如同作家为写作而积累素材一样，只要是有用的，与自己的专业、兴趣相关的素材、资料尽可能地搜集，并且要长期坚持。有些资料也许现在还用不着，但它可能就是你下一个课题正需要的东西，所以，不要轻视资料的长期积累，要做到常备不懈，有备无患。

（四）注意资料的真实性

良莠不辨，真伪不分，谈不上真正地占有资料。搜集资料，得注意文献资料本身的价值，看它提供的材料是否真实可靠。有些文献资料在汇编过程中，就出现了很多讹误，如不加辨别地使用，就会以讹传讹。资料要严密无误，无论是直接引用或间接引用，无论来自何种途径的资料都要不厌其烦，认真核对，不能盲目抄引或道听途说。

三、资料搜集的方法

资料是纷繁的、多种多样的，但根据其来源归纳起来，资料无非两大类，一类是直接资料，一类是间接资料，这些资料的搜集各有其法。

(一)直接资料的搜集

直接资料是从事论文写作的作者亲临现场或一线搜集起来的，主要通过深入调查、实地观察以及实验等方法来获取，是最能反映事物的本来面貌的第一手材料。

1. 调查

调查是人们对客观事物所作的深入细致的了解和观察。通过这种方法获取的资料是最直接的、最能说明问题的。毛泽东同志有一句名言，“没有调查研究就没有发言权”，此话用在这里可以这样理解：没有调查就搜集不到资料，没有资料就写不成论文。所以，调查是搜集资料的最好途径，调查要围绕研究的课题来进行，事先要明确目的，确定对象和范围，拟好调查提纲。其方法可采取普遍调查、典型调查、重点调查和抽样调查等，其方式可以采取访问、开会、问卷等。

2. 观察

观察是指对客观事物进行近距离的接触，用自己的亲眼所见来了解客观事物的发生、发展以及变化的过程。这种方法多用于自然科学研究领域。它的要求是，既要依靠感官感觉又要借助认真思考，既要观察现象又要捕捉典型特征，既要把握全貌又要注意细节，其目的就在于获取对事物本质特征的认识。

3. 实验

实验是从事科学研究的人们根据需要而利用某些仪器设备，人为地控制或模仿自然现象，并从中找出规律性的东西。通过实验而获取的数据、事实等，是科学研究最原始的资料，能反映客观事物的本来面貌。其具体方法有对照实验、定量实验、析因实验、模型实验等。

(二)间接资料的搜集

间接资料是指科学研究者从科学文献、图书报刊、电脑网络以及其他信息载体上获取的资料。

学术论文的撰写是一项特殊的工程，它既可以继承前人的学说，在其基础上完善或向前推进，也可以摆脱前人思维模式的束缚，用一种全新的思维来看问题、分析问题并推出自己的观点，体现一种创新意识。但学术论文的撰写不是造空中楼阁，必须在继承前人已有成果的基础上进行创新，这就要求作者要有效地利用前人已经取得的成果为自己的研究服务。前人的研究成果就是间接资料，是论文撰写所必不可少的。利用文献信息检索技术搜集文献资料是进行科学研究和写作论文的重要方法。

现代意义的文献是指记录知识的一切载体，包括用文字、图形、符号、声频和视频等手段记录于载体的一切有价值的人类知识。

1.文献的分类

按照不同特征可以把文献分为以下几类。

(1)根据文献的出版形式,文献可以划分为九类:图书、期刊、报纸、科技报告、会议文献、专利文献、学位论文、档案文献、政府出版物。

(2)根据文献的不同载体,文献可以划分为以下五类:手写型、印刷型、缩微型、机读型、视听型。

(3)根据文献加工层次,文献可以划分为以下四类:

零次文献,指未经正式发表或尚未形成正规载体的文献形式,如书信、手稿、笔记、会议记录等。其特点是来源直接、真实。

一次文献,指的是以作者本人的观察、思考或研究成果为素材撰写的文献,如各种学术专著、期刊论文、文学作品、科研报告等。其特点是具有创造性,有较高的理论和使用价值。

二次文献,指根据需要,按照一定的科学方法,将特定范围内的一次文献进行加工整理而成的文献,如各种书目、索引、文摘、图书馆目录等。二次文献较全面、系统地反映了某学科某专业文献的线索,是检索一次文献的常用工具。

三次文献,指通过二次文献提供的线索,对一定范围内的一次文献进行分析综合后编写而成的文献,包括综述研究,如专题述评、动态综述和参考工具(如百科全书、年鉴)。三次文献是经过对一次、二次文献系统分析、综合、筛选、评价后浓缩而成,能使科研人员较迅速、系统、全面地了解有关研究的历史发展与趋势,对学术研究具有很大的指导和参考作用。

2.文献的检索

文献信息检索是借助于一定的检索工具,运用科学的方法,从大量的文献资料中迅速而准确地查获所需文献或信息的方法与程序。文献信息检索通常有三种类型:

(1)书目检索,主要是查找与某文献问题有关的书刊、论文及线索,提供有关的书目资料;

(2)事实检索,也称事项检索,是指查找与某一事项有关的内容,如字词、文句、人名、地名、事件、年代等等;

(3)数据检索,是指查找某一方面的具体数字资料。

3.查找文献资料的基本步骤

(1)明确检索范围

查找文献资料,首先要明确检索的专业范围和时间范围。专业范围是指自己所要查找的资料属于哪一个专业？时间范围是指自己所需要的材料是近几个月的、近几年的？还是若干年或者是有史以来的全部文献？这些要根据选题的需要而定。

(2)选择检索工具

常用的文献检索工具主要有书目、索引、年鉴、文摘、辞书等。

书目是图书书目的简称，可以帮助检索者选择图书文献，了解前人的研究成果和资料，考知学术源流，确定研究选题。

索引是将一种或多种文献中具有检索意义的特征，如书名、篇名、主题等分别摘录出来，以供查检的检索工具。利用索引可以迅速查阅到与选题相关的研究资料，并准确查到文献的原文。

文摘是书籍论文的内容摘要，研究者通过文摘可以及时了解最新理论动态和科技成果。

年鉴系统反映某一学科一年中的要事、概况、重要资料、数据等信息。它可以快速、准确地提供某一学科或研究专题的新进展、新成果。

辞书是字典、词典和各类专科辞典的统称。这类工具书可用于解释字词的概念、意义及用法，查找学科名词和专业术语，如《辞海》等。

百科全书将各学科或某一学科的专门术语和主要名词，以辞典方式分列条目，以综述、概述的形式加以全面系统而又客观简明地阐述，既具有汇编性，又具有学术性、权威性，被誉为工具书之王。

类书、政书。类书是采撷古代文献中的材料，如史实典故、名物制度、诗赋文章、丽句骈语等，按类或韵编排的工具书，具有百科全书的性质，但只是将原始资料辑录在一起。政书是对历史或某个朝代的政治、经济、军事、文化制度方面的史料，分门别类地加以编排以供查检的工具书。类书对于了解古代典章制度，研究我国历代政治、经济制度的兴衰，具有重要的参考价值。

手册也常被称为指南、便览、大全、要览、必备、须知、入门等，手册汇集某一学科或某一主题的基本知识资料，如各类事实的数据、操作方法、公式、图表、规格和条例等，是一种实用性很强的工具书。

表谱、图录。表谱以年、月为纲，用醒目的表格和简明的文字、图表等为目编排而成，包括年表、历表和其他专门性的历史表谱。图录是以图形、图像揭示事物、人物形象等的工具书。二者可以用于查考中文、历史史实、历史大事、历史年代、纪元、查考人物生平活动，查考地理资料等等。

名录可分为机构名录、人名录、地名录及其他事物名录，名录便于人们在社会经济、文化、科学交流活动中互通信息、加强交流与协作。

文献有专题性的，也有综合性的。查找文献，通常是先找专题性的检索工具，然后考虑综合性的检索工具。另外，选择检索工具时，还可以根据自己的条件，选择自己熟悉的、常用的检索工作。

(3)确定检索的途径

文献是有外表和内部两方面的不同特征的。外表特征指文献的书名(篇名)、著作者姓名、文献序号、文种、发表年月、出版地点等；内部特征指文献内容所属的学科或分支、探讨对象所属主题、文献中提到的关键词。各种检索工具就是根据文献的不同特征组织的。根据不同的检索途径，可以从不同角度查找到所需要的文献资料。

查找文献资料的途径主要有：

分类途径，按文献所属的学科及其分支的类目进行分类检索。

主题途径，按文献的主题词(关键词)来进行检索。

书名途径，通过书名目录或篇名索引查找。

著者途径，即根据著作者的姓名来查找。

文献资料的采集是科研和论文写作的基本功和前提，它可以使我们对某一学科及其研究的对象、范围、方法有一个比较具体、直观的印象，并从中学到科研的基本思路和方法。

(4)了解检索文献资料的方法

在搜集间接资料时，要熟练地运用图书检索方法以及现代化技术手段，充分利用目录索引、年鉴、百科全书、文摘、论文专辑等，以获取自己所需要的资料。

搜集间接资料的方法有如下几种。

①顺查法。即按照文献发表的时间顺序，由远及近地进行检索。这种方法要利用检索工具查找，其优点是全面、系统，没有遗漏，其不足之处是要花费大量的时间和精力。

②倒查法。与顺查法恰好相反，是按照文献发表的时间由近及远地进行检索的方法。按照需要，先查最新、最近的资料，再逆时间倒查过去的旧资料。用这种方法可以很快地获得与课题相关的最新信息，以便及时了解近期的学术动态；其不足之处是获取的信息欠全面和系统，有时甚至会遗漏有价值的信息。

③综合法。即将顺查法和倒查法两种方法结合起来运用，根据研究的需要或顺查或倒查。但要先划出一定的时间范围，分时段进行。

④追溯法。即以文献末尾所列出的参考文献、注释等为线索，跟踪查找原文，在获取新的文献之后，再按照其附录或注释进行查找，不断扩大检索的范围。这是搜集资料最为常用的方法。

四、资料的整理、研究过程

资料搜集到手后，还要对资料进行必要的处理，如优选、分类等。

论文资料的研究，指资料搜集到手之后，作者在一定世界观和方法论的指导下，按照科学研究的原则，通过对资料深入细致的研究，最后形成科研成果的过程。这个过程要遵循人们认识事物的基本规律，由现象到本质，由感性到理性，由个别到一般，最后达到对事物本质的认识和概括。

(一)资料的研读、记录和整理

1.资料的研读

对资料的研读实际上在搜集的过程中已经开始了。资料的搜集过程也是阅读资料和整理资料的过程。

论文资料的研读是一种专业阅读，表现了明显的专业性，不同的学科、专业，着眼点不同，阅读方法也不同。

论文资料的阅读是一种专题性阅读，具有选择性。它以课题为中心，目的非常明确，目标限定在一定范围内。专题阅读具有综合性，它要求把不同著作中的相关部分联系起来，进行综合考察。

论文资料的研读要分清主次。对于一般性的资料，可以采取浏览的方式作大致的了解；对于重要的资料，要精读细审。

2.资料的记录

资料记录的方式主要有摘录、索引、提纲、摘要、批注、札记等。记录时要把资料的出处和内容记准确。资料的内容，如果是摘录，要连标点符号在内，一字不差；如果是摘要，则要符合原意，不能断章取义。

记录的内容大体有以下几个方面：确凿、典型、新颖的论据性资料，以备阐述或论证观点时使用或参考；各家的论争性观点或作者与他人有争议的内容，以帮助启发思维，全面、正确地分析问题；他人富有启发性的论点、见解、看法、意见，以便酝酿新观点；阅读过程中引发的心得、感受、思想火花，以便形成独创性见解；与专业有关的，虽然暂时不用，但估计以后会用到的资料，也要做索引以备后用。

3.资料的整理

整理资料的过程是对资料的再认识过程。通过整理，使资料条理化、系统化，加深了对资料的理解和认识，也可以从中发现缺漏，及时补充。整理资料通常包括以下内容：

(1)核对资料的真实性，对资料做进一步的验证、核对，以保证其准确性和说服力。

(2) 资料的优选，即补充欠缺资料，将薄弱之处、遗漏之处、不甚了然的地方进一步搜集。

资料的优选是把纷繁复杂的资料进行鉴别和筛选，围绕主题去粗取精，或取其典型、舍弃一般，或选取存有争议的资料。典型资料最能说明问题，最能反映事物的本质，有争议的资料能给人以启迪。所以，优选资料是论文写作必不可少的程序。

(3)资料的分类。资料的分类是把搜集过程中来不及分类的资料按照一定的标准进行分门别类、排列组合。做好这个工作不仅能使资料有序化，方便研究和运用，也有益于深化理解，启发思维。

比较资料，进行分类。在一次分类中，要使用同一标准，按层次分类，不要越级划分，不要交叉。资料的分类有两种方法可供借鉴。其一是观点分类法。即把与自己论文观点相近的资料和与自己观点相反的资料各分为一类，从两个不同见解的角度来考虑问题。其二是项目分类法。即按照资料本身的属性进行分类。如把源自文献、文件的资料归入理论资料类，把源自统计数据、调查所得的资料归入事实资料类。

(4)概括。在对资料全面、深入了解的前提下，用简明的语言概要地叙述事物的基本状况、基本过程。统计，对资料进行数据性说明。

(二)论文研究的原则

研究资料要以严谨求实、揭示本质、思想增值为原则。

(三)论文的研究方法

合理有效地选用方法，一方面要考虑它是否适用于研究对象本身的属性，另一方面要考虑到它是否符合研究者本身的目的。

从人的认识过程来看，通常要经过“感性认识”、“知性认识”、“理性认识”三个阶段。“感性认识”是通过人对客观事物的感觉、知觉，造成表象；“知性认识”是从感性认识的整体表象中分解出对象的各个方面、各个层次、各个特征进行单个的、孤立的考察；“理性认识”是对研究对象进行有机的、整体的把握。理性认识及思维的特点是把对象的各个部分、各个方面归入某种顺序，在这个顺序中，各个组成部分发生着一定的联系，从而构成一个统一的整体。

1.归纳与演绎的统一

归纳是由个别到一般的推理方法，演绎是由一般到个别的推理方法。由个别到一般再由一般到个别体现了人类科学认识的基本过程。

2.分析与综合的统一

分析就是把研究对象分解为各个组成部分、各个方面和各个要素，分别加以研究和认识，揭示它们在整体中的作用。分析最基本的方法有矛盾分析、因果分析、历史分析和对比分析。正确、全面地分析事物，不能孤立地强调某一个因素而忽视了其他因素。分析时要把问题放在一定的、具体的条件下进行思考，抓住事物的本质和主导方面。

综合是指在思维的过程中，将认识和研究对象的各个组成部分、各个方面和各种要素有机联系起来加以考察，从而把握认识对象整体的功能、结构和性质。

3.历史与逻辑统一

历史的方法，是按照事物发展的自然进程，具体描述整个发展过程及全部内容，来揭示事物发展规律的方法。逻辑的方法是以理论形态来概括，揭示事物发展的方法。

4.抽象与具体的统一

二者的统一就是从抽象到具体，从感性认识的具体上升到知性认识的抽象再回复到理性认识的具体。

第四节　学术论文的观点与结构

一、论文的观点和表述

论文是围绕观点展开的，因此观点的提出与论证是决定论文质量的关键因素。

（一）观点的要求：独到、鲜明、正确

（二）论证的原则

1.不能“论题不清”；

2.不能“偷换论题”；

3.不能“论据虚假”；

4.不能“循环论证”；

5.不能“推不出”或“草率论证”。

（三）论证的方法

论证以其方式的不同一般可以分为立论和驳论两大类型。立论是以充足的证据从正面论述自己的观点；驳论是以有力的论据反驳别人错误的观点，以证明自己观点的正确。但二者都需要运用一定的论证方法。基本的逻辑推理形式有三种：归纳推理、演绎推理和比较推理，从中可以衍生出许多具体的论证方法。

1.例证法(事例论证),事例可以是具体的,也可以是抽象的,但都要确凿而典型。在运用时,要对事例进行分析,做到事理结合。

2.引证法(事理论证),引用的是经过实践检验证明的客观真理或观点,引文要忠实于原文,少而精地引用,切忌过滥。

3.类比法。

4.对比法。

5.因果法。

6.喻证法。

7.反证法。

8.引申法(归谬法)。

二、论文的结构

(一)论文结构的原则

1.依理定形,逻辑严密;

2.以中心论点为核心,完整缜密,层次分明。

(二)论文的结构提纲

1.拟定提纲的意义

(1)明确研究思路;

(2)有利于形成浑然一体的论文格局;

(3)是论文写作的依据。

2.拟制提纲的步骤

(1)用简洁、鲜明的语言概括论文主旨,拟好论文标题;

(2)用写主题句的方法,明确论点(中心论点、分论点及小论点);

(3)精选材料,把材料分属于它们所要证明的论点,标上序号备用;

(4)根据论证的需要,安排好论文每个部分论述的次序、各个部分的详略比例,写出每段段旨;

(5)编写提纲,反复修改。

3.拟制提纲的方法

主要有两种:列项式和陈述式。

第五节　学术论文的格式

国家标准GB7713－1987《科学技术报告、学位论文和学术论文的编写格式》对学术论文的写作格式作了明确的规定,结合国内外学术期刊的一般要求，可知论文写作一般有如下写作格式。

一、刊发性论文的格式

刊发性论文，即用于报刊发表的论文，其篇幅不长，一般在 1 万字以内，由以下几部分组成。

（一）前置部分

前置部分包括标题、作者及工作单位、摘要、关键词等。

1. 标题

标题也称为题名。学术论文的标题应该简洁、明确、醒目、新颖。能概括论文的中心内容，揭示其主题，恰当地反映科研课题的范围及达到的深度。标题所用的词语要考虑到有助于选定关键词和编制题录、索引等二次文献的需要，选用的词语都必须提供检索的特定信息，尽量包含关键词等。

所谓明确，即要求标题能够准确地反映论题的内容、范围和深度，直接揭示主旨，使读者对论文的内容和写作意图一目了然。题目不要过大或过小，不要流于空泛。用字要朴实，实事求是，不要夸大。

简练，即题目要短而贴切，一般不要超过 15 个字，以简明为宜。题目偏长的可用副标题来补充。

所谓新颖，即题目要反映论文的独到之处，要有吸引力。题目是给读者的"第一印象"，决定着读者的阅读兴趣，要精心设计，最好令人为之一振或产生好奇心。标题的一般写法包括以下几种：

（1）提出问题，使用设问句方式，隐去回答的内容，蕴含论辩因素，容易引起读者思考。

（2）揭示内容，是论文内容的高度概括。

（3）限定范围，将全文的内容加以限定，从小处着眼，大处着手的标题。

（4）判断性标题，用判断性语言或结论性语言表达文章的中心论点。

论文标题常见的构成方式有句子式、词组式及主副式三种。

（1）句子式标题，以一个描述或说明性的句子概括全文的中心论点，它可以是一个完整的句子，也可以是省略主语的句型，以"论"字开头。

（2）词组式标题，比句子式标题更为简明，以两三个词语的组合反映论文的中心论点。

（3）为了避免词组式标题过于简洁，容易流于空泛的缺点，可以在词组式主标题下附加一个限制式的，起补充、说明作用的副标题。

标题或用设问、或用短语，或用单行、或用双行，句式灵活，简洁精练，一般在题首或题尾加上谦辞，如《试论应用文的"模拟教学法"》、《应用文"模拟教学法"之陋见》，其中的"试论"和"陋见"就是谦辞。

2.作者及工作单位

作者的署名既可以是实名，也可以是笔名，署名后面要注明作者所属的单位。

3.摘要

摘要又称为内容提要，是对论文内容不加任何诠释和评论的简短陈述，是对论文内容的高度概括。摘要的主要内容有主要观点、研究方法及过程、获得的主要结论及意义等。

摘要具有相对独立性，能使读者在阅览全文前获得必要的信息，可供读者确定是否需要阅读全文，也可供文摘等第二次文献编辑时采用。摘要的文字要高度概括、准确精练，篇幅在100～300字即可。

4.关键词

关键词是最能反映论文主题思想的几个词语或短语。

(二)主体部分

主体部分包括前言、正文、结论等。

1.前言

前言也称为导语或引言，是论文的开头部分。

(1)前言的基本内容

其内容一般包括：

①问题的提出。这是前言的核心，提出问题要明确、具体，交代研究对象和范围，说明为什么选此论题，选题有何学术价值和实际意义，前人做了哪些研究，研究到什么程度。

②研究方法。论文中主要应用了哪些理论，采用了哪些研究方法等。

③论文的基本结构。论文的正文包括哪些部分，主要内容是什么。

④论文的贡献。论文的特色和创新是什么，这是论文价值所在，必须明确之处以引起读者格外的注意。

前言只需要交代上述内容，要写得少而精，一般几百字即可。

(2)前言的写作要求

前言的写作要开门见山，言简意赅，不要过多地重复文献资料，也不要阐释人所共知的基础知识、基本理论。还要注意的是，前言不能写得与摘要雷同，或写成摘要的注释或补充。

2.正文

正文也称本论，是论文的主体部分，是作者科研成果的具体反映和表述。

(1)正文的基本内容

社会科学论文主体部分的主要内容是:立论及其依据、理论分析、论证方法与步骤。自然科学论文主体部分的主要内容是:调查对象、实验和观测方法、仪器设备、材料原料、实验结果、计算方法和编程原理、图表、形成的论点和导出的结论等。

本论是论文的主体,论文的价值主要在这部分得到体现。前言中提出的问题,要在本论中经过严密的论证,给以科学的回答和解决。写好本论要注意以下问题:

①论题集中,重点突出。

②合理安排论文的结构。

一般说来,论文的总论点要分成几个分论点进行论述。每个分论点就构成一个大的层次。本论部分层次之间的逻辑关系可以采用以下几种结构形式:并列式、递进式、分总式、接续式、对立式、综合式。

为了明显标示本论部分各层次间的关系,可用分标题、小标题、序号或空格的形式来标明层次。这样有助于把握全文思路,也有助于阅读。

③规范构段。即段意统一,段旨明确段落长度适中。

(2)正文的结构方式

正文的结构方式一般有三种:纵式结构、横式结构和纵横式结构。

纵式结构即以事物的发展顺序和层次为线索,层层深入,逐步推进地论证中心论点,导出结论。

横式结构即将论题展开,按内容的内在联系分解成若干彼此并列的小论题进行论述,各论题之间呈现出一种横向的内在联系,并为中心论点所统帅。

纵横式结构即纵式结构和横式结构交叉使用,或纵中有横,或横中有纵,常常用于容量较大、篇幅较长的学术论文。

(3)正文的写作要求

正文的写作,要详细地叙述作者的见解和观点,对论文提出的问题从各种角度、各个方面进行分析、论证和阐释,尤其要注意以下三点:

①中心论点要突出,要明确地展示新颖、独特的研究成果。

②观点与材料要统一,即材料为观点服务,观点建立在可靠的材料基础之上,二者不得相互矛盾。

③论证要严密,有逻辑性,论证的步骤要清晰、有条理、有规律,要体现出一种必然的联系。

3.结论

结论是在论证的基础上得出的最终定论,也是对全文的总结。结论是论文的归结。作者在前言中提出的问题，经过本论的分析论证，到结尾时要做一个总的归纳和强调，得出此项研究的结果。结论的内容包括：

(1)研究结果是什么，有什么规律，解决了什么问题。

(2)对前人的研究做了哪些检验、修订和发展。

(3)本文的不足之处，本文涉及但尚未深入研究的问题，进一步研究的设想。

结论有如下写作要求：

(1)结论要准确、完整、精练、公允。结论是在正文的基础上综合全文而做出的具有理论性质的科学概括。

(2)结论切忌主观和片面。结论不可对复杂的、没有进行充分论证的问题做出绝对肯定或否定的定论，也不可不顾相互影响的各种因素或条件作出片面的结论。

(3)提出建议和设想。如果正文中难以导出应有的结论，也可以不作结论，以建议和设想的形式提出，供大家研究和讨论。

(三)后置部分

后置部分包括参考文献和英文摘要等。

1.参考文献

在写作过程中引用过的他人的论文或书籍，一般在文章的最后依次列出，便于读者了解资料来源并进行查找。录示参考文献是学术论文科学性的重要体现，也是作者学术品德的反映，是对被引用文献作者的尊重。参考文献是作者直接阅读过的重要文献，不可从他人文献中转引，一般也不引用文摘类文献。参考文献的录示包括阅读和参考过的书籍、论文的书名或篇名、作者名、出版社名或杂志名，以及出版时间、出版社所在地等。

2.英文摘要

英文摘要是前置部分中文摘要的外文译稿。

二、单行本论文的格式

单行本论文篇幅较长，一般在3万字以上。用于单独出版或提交有关学术机构的单行本论文的写作格式，由前置部分、主体部分、后置部分构成。主体部分的内容和写作要求与刊发性论文基本相同。其他部分简介如下：

(一)前置部分

前置部分由封面、题名页、序言或前言、摘要、关键词、目录、插图和附表清单、符号、缩略字、缩写词、名词术语注释表等构成。

1.封面(必要时具备)

封面是单行本的外包装,上书醒目的论文文章名或书名,作者姓名也需在显著位置写明,必要时署上指导老师的姓名。封面可以请专业人士精心设计,使其精美化。

2.题名页

题名页也称为扉页,大字写文章名或书名,小字写作者名,必要时署上指导老师的姓名。

3.序言或前言(必要时具备)

序言或前言一般请本学科领域的名家或作者的指导老师来撰写,以示提携、重视和肯定,也可由作者本人自己来写。

4.摘要

摘要是对论文内容的高度概括。

5.关键词

关键词是最能反映论文主题思想的几个词语或短语。

6.目录(必要时具备)

论文的章节目录。

7.插图和附表清单(必要时具备)

插图和附表清单起说明作用。

8.符号(必要时具备)

符号是辅助说明性标记。

9.缩略字、缩写词(必要时具备)

缩略字、缩写词是为行文或说明事理方便而专设专用的。

10.名词术语注释表(必要时具备)

名词术语注释表是对专业性极强的专有名词或专用术语的解释。

(二)后置部分

后置部分包括参考文献、英文摘要、可供参考的文献题录索引等。参考文献和英文摘要与刊发性论文相同,这里只介绍可供参考的文献题录索引。

可供参考的文献题录索引是在文后专门罗列的作者阅读和参考过的书籍、论文的书名、篇名、作者名、出版社名或杂志名,以及出版时间、出版社所在地等。

以上是关于论文写作的基本格式。近年由于图书出版业对出版物格式做出了适当的调整,各出版社、杂志社对格式有了一些新的要求,但尚未统一规范,写作或投稿时,作者可根据具体情况来应对。

三、学术论文的行文要领

学术论文的写作，如果仅仅注重内容的正确与深刻、结构的严谨与完整，而忽视行文的格式，就会出现文章条理混乱的弊病。学术论文的行文绝不是无关大局的细枝末节，它是作者良好素质的体现，也是其科研素养的基本构成要素。对于大学生来说，在写作论文的过程中，要养成良好的行文习惯，重视行文过程中的格式要求和逻辑要领。

（一）思路清晰，提纲挈领

写作论文时，作者的思路必须具有清晰性、连贯性、周密性、条理性和规律性，这样才能构建起严谨、和谐的逻辑结构。首先要提纲挈领，既要有中心论点来统帅各分论点，又要有一个确定的思路贯穿各个层次；其次要注意中心论点和分论点的呼应、协调关系，清楚地分出各分论点的并列或从属关系，用分论点来佐证和烘托中心论点；再则，所引用的材料必须与观点相配合，能切实起到论证和佐证作用

（二）层次分明，有条不紊

初学写作论文尤其要注意文章应先说什么、后说什么、意思如何表达、层次如何衔接等问题，作者要事先有所规划，以使文章具有极强的逻辑性。一般来说，论文行文的层次和顺序要符合事物发展的顺序和规律，符合人们认识事物的程序和规律，如前提与结论、原因与结果、主体与从属、现象与本质等各种关系的顺序，要依次安排、逐项阐述。一篇论文的行文顺序，根据需要虽有倒叙、插议等变化或调整形式，但只要按照事物本身的层次和规律来展开论述，不管有什么变化，其条理、层次就一定是清楚、分明的。

（三）充分论证，说理透彻

论文最常用的方法是归纳论证，即用对事实的科学分析和叙述来证明观点，或用基本的史实、科学的调查、精确的数据来证明观点。归纳论证体现的主要是客观逻辑的力量。充分论证是建立在占有大量的、可靠的、令人信服的事实材料的基础之上的，加上科学的归纳而得出正确的结论，这样，论文的观点就能令人信服，为人所认同；另外，要使论证逻辑上有力，就要把那些对导致结论有重大影响的论据之间的关系和联系讲清楚，说明白。

（四）前后连贯，互无矛盾

论文的行文要注意思维和论述的前后连贯性，不能前言不搭后语以致前后矛盾，这就是要做到思维清晰、立场鲜明。具体表现在行文上，是前有问题，后有答案；前有伏笔，后有展开。有些论点经过很多论证和解释，再同另一论点联系、照应。在论文中，有些段落就是专为交代层次以便转换和过渡的，特

别是对于中间环节较多的联系，一定不能简单地抽掉其中复杂的判断和推理关系，使读者感到突兀和不知所云。以论题和论据为例，要阐述它们之间的逻辑联系，就必须进行一系列的论证，以显示它们之间复杂的推理关系，而不能简单地抽空或去掉其中的论证过程，只把根据和结论塞给读者。另外，要善于发挥结尾的作用。或在结尾做出综合小结，重申要点；或回过头来紧扣开头，强调意义；或概括全篇的大意点明主题；或引出新的论点，启发读者的思想。这种首尾相连续，其实质也是保持中心论点的一贯性和确定性。

第六节　毕业论文

一、毕业论文的概念和特点

毕业论文是大学生毕业前提交的具有一定学术价值的应用文，是大学生综合运用已学知识理论进行初步科学研究的一种尝试。

毕业论文与学术论文相比，不同之处在于以下几点：

1. 综合考查学生对已学知识的应用能力，同时巩固其所学的基础理论、基本技能和专业知识，并进一步深化和扩大其知识面。

2. 培养学生独立思考、独立工作和独立获取新知识的能力。

3. 培养学生创新意识和严谨求实、团结协作的工作态度和工作作风。

二、毕业论文的撰写步骤

毕业论文的撰写可以分成选择课题、搜集资料、主体撰写、修改定稿四个步骤。

1. 选择课题

选题是关系毕业论文质量的关键。选题时可以从以下几个方面去考虑：

(1)选题必须符合本专业的培养目标，满足教学基本要求，即专业对口。

(2)从自己的兴趣出发进行选题。

(3)结合自己的业务专长进行选题，扬长避短。

(4)从主客观条件出发恰当选题，不宜过大，也不要太小，难度要适中。

(5)选择的课题要有价值，可以是纠正和补充前说，也可以是新的发现、新的观点。

(6)必须考虑毕业论文的时间要求和容量要求。

2. 搜集资料

选题和资料的搜集是紧密相关的。资料的搜集可以通过直接实地调查研究而完成，也可以通过从图书馆或者档案馆查阅现成的资料而获得。这两种方法各有自己的优点：前者能获得第一手资料，反映的是现实实际情况，是真实可靠的；后者更为快速、方便，从而节省时间去熟悉和分析它们，以确定哪些才是自己最需要的东西。

调查研究的形式是多样的，对于学生来说，个别访谈、抽样问卷、查阅有关档案无疑更具有操作性。在搜集资料时要注意对反面资料的搜集，这对加强正面论点的论证很有好处。

3. 主体撰写

对搜集到的资料要采用通读、选读、精读等不同的阅读方法来全面浏览，争取在最短的时间内完成对搜集资料的大致掌握，并进行分析、归类、筛选和整理。

要以选定的题目为中心，认真思考、研究有关资料，审核主次，科学组织，逐渐形成论文的观点，确立论文主题，突出自己的新创见。然后再对有关资料进行整理，选出那些真实、典型、切合论文主题的论据资料来。在此基础上，作者便可以构思、设计论文框架，着手编写论文提纲。提纲一般包括：论文标题、基本观点、分论点、证明分论点所用的材料、所拟用的论证方法等。提纲编写完成后，就可以正式进入初稿的撰写。主体部分的撰写应力求写出新意。

4. 修改定稿

修改定稿是论文质量的把关工作。要从观点、材料、结构、语言等各个方面去寻找错误和缺陷，反复进行修改，直到满意为止。修改直接影响着论文的质量，所以要养成修改的良好习惯。

三、毕业论文的答辩

毕业论文完成后，通过答辩来衡量其质量的高低。

1. 论文答辩的组织领导和答辩委员会的组成

答辩工作由院系或教研室组织，必要时也可组织校级答辩。各院系成立院系级毕业论文答辩委员会，一般由 3～7 名具有讲师以上职称，有较高教学水平和科研水平的人员组成。答辩委员会负责主持和组织答辩工作，解决答辩过程中的问题，对学生的毕业答辩评定成绩并写出中肯的评语，完成答辩工作的总结报告等。

2. 毕业论文的答辩

答辩过程一般包括下列几部分：学生自述，委员会成员提问，学生答辩，宣读指导教师评语等。答辩时间一般为 35～50 分钟，其中自述时间为 15～20 分钟，回答问题时间为 20～30 分钟。

对答辩委员会成员来讲，要在答辩前阅读学生的毕业论文，答辩时可根据毕业论文的基本要求和涉及的相关问题进行提问。问题应由浅入深，形式可灵活多样，尽可能地给答辩学生创造轻松和谐的气氛。

对答辩学生来讲，应全面总结，适当复习，认真做好答辩前的准备工作。答辩前要写好答辩提纲，自述时要做到条理清晰，重点突出，并且要控制在规定的自述时间之内。答辩时要注意克服紧张情绪，回答问题要抓住问题核心，不要答非所问。

第七节　申论

一、申论的含义和特点

（一）申论的含义

“申论”一词，语出《论语》的“申而论之”。从字面上理解，“申”字有说明、申述、申辩的意思，“论”则是议论、论说、论证。所谓申论也就是对某个问题阐述观点、申述理由，合理地推论材料与材料以及观点与材料之间的逻辑关系。

自20世纪90年代以来，申论作为专门用于选拔录用国家公务员的一种应试文体，适当地借鉴了我国古代科举应试中“策论”的一些经验和做法。“策论”和“申论”都是选拔人才的一种方法，都要求考生表现出较强的文字表达能力、分析判断能力，提出的对策（方案）都要有可行性。但“申论”在内容上比“策论”更具有现实针对性，在形式上比“策论”更加灵活多变。“策论”大多要求考生就一些重大问题展开论述，即论证某项国家政策或对策的可行性与合理性，侧重于考查考生解决问题的能力。申论则要求考生从大量反映实际问题的现实材料中去发现问题并解决问题，全面考查学生搜集和处理各类日常信息的素质与潜能，充分体现了信息时代的特征，也适应当今国家公务员实际工作的需要。

（二）申论的特点

“申论”有着明显区别于其他诸论的特点，如“政论”、“史论”、“概论”、“评论”等。它不是那种凭主观好恶选材、尽情张扬个性的放言宏论，而是要求准确把握住一定的客观事实，做出必要的说明、申述，然后在此基础上发表见解，提出方略，进行论证。它的功能，与社会交际中广泛使用的议论文完全不同。

申论与作文有些类似，但又与传统的作文不同。从一定程度上来说，它应比作文难度更大一些。但申论的载体还是文字，考生在反复阅读试卷上所给出的材料和提出的有关问题后，应对此用心分析，然后根据涉及的主要线索、主要问题进行阐述和论证。相对于传统作文来说，申论要求考生摒弃那些套话、闲话，分析、解决问题要更加透彻、全面、清晰，因此也更利于考生发挥自己的潜能。

从考试大纲规定及历年的实际出题情况来看，申论考试为考生提供了一系列反映特定实际问题的文字材料，要求考生仔细阅读这些材料，概括出它们反映的主要问题，并提出解决此问题的实际方案，最后再对自己的观点进行比较详细的阐述和论证。"申论"的写作，避开了传统"作文"中那些未必适合于考查公务员的因素，使必须考查的能力得到了突出。

二、申论考试的目的和特征

（一）申论考试的目的

增加申论部分，是公务员考试所做的一种尝试，是模拟公务员处理日常工作性质的能力测试。主要目的是考查考生的实际能力。

这种考试是根据目前机关工作的需要，对考生实际分析、解决问题的能力的一种考查方法。在市场经济条件下，机关工作人员更需要具备搜集、分析、概括、解决问题的能力，而通常的写作考试基本上已经形成固定的模式，难以真实地表现出考生的实际能力。

由于申论主要考查考生的实际能力，因此，从某种意义上说，考生做申论时不用做更多的复习准备，不需要死记硬背，工夫在平时的积累和训练。

熟悉党的基本理论，起草、审核、修改法规，调查研究，收集信息，独立研究和较强的文字能力等，均是对考生的普遍要求。因此，我们可以看出，申论考试总目的自然是为国家选拔人才，而具体落实到对人的素质的审评，则是检测考生的分析、概括、提炼、加工能力；检测其运用马克思主义哲学、邓小平理论、法律、行政管理等理论知识解决实际问题的能力，以及检测其阅读理解、综合分析、提出问题和文字表达的能力。

（二）申论考试的特征

申论考试对考生提出的要求通常包括三个方面：一是对所提出的材料进行阅读、理解、分析、归纳，用简短文字概括出材料的主题或主要事实；二是对主题或主要事实进行思考，提出自己的对策、方案或见解；三是对自己提出的对策、方案或见解进行论证。

申论中，"申"是"论"的前提和基础，"论"是"申"的目的和归结。先有"申"后有"论"，"申"不清则"论"不明，"申"不足则"论"不立。在论说过程中，"申"和"论"应该相互照应。

从这几年来中央、国家机关公务员录用考试《申论》试题和之后人事部对这几次考试的总结来看，申论这种考试形式主要有以下几个特点：

1. 考试内容的广泛性

申论测试的目的是为了选拔国家公务员，因此十分注重对考生的分析、判断、解决问题的能力等综合素质的测评。为反映这一要求，申论所给定的背景材料涵盖了政治、经济、法律、教育等诸多方面的内容，涉及范围极其广泛，且表述比较准确，一般不会出现偏差。

申论测试所提供的背景材料范围广，内容多为人们所熟知，所反映的问题大部分已有定论；也有一些问题尚无定论或存在争议，需要考生自己去理解、分析和判断，并做出结论。一般来说，选择“中观”的而不选用“宏观”和“微观”的材料。

2. 测试具有较强针对性

虽然申论测试具有相对的不确定性，但测试考查的目标是明确的，针对性很强，即主要考查考生的阅读、分析、概括、解决问题的能力。这些能力主要通过对背景材料的分析、概括、论述体现出来，从所提出的方案对策是否具有针对性和可行性体现出来。因此，考生应认真地阅读给定材料，仔细梳理出材料中预设的环境和条件，在充分把握资料本质内容的基础上，抓住重点，条分缕析，才能有针对性地、有的放矢地回答和论证问题。

3. 测试答案的不确定性

从材料背景来看，申论材料都是有关当前政治、经济、法律、教育等的社会问题，所以无论是提出对策或是对对策进行论证，都不会有一个确切、固定、唯一的标准答案。如提出对策部分，这部分是要提出解决问题的办法，这个办法要具有针对性和可行性。但是针对性和可行性是相对的，在不同地区以及发展中的不同阶段，解决问题的办法就可能不一样，更何况有的目前还没有一个确切的、合理的方案，因此，哪一种更为合理、针对性和可行性更强，要对若干方案比较论证后才能确定。又比如论证部分，抓住什么问题、从什么角度论证、采取什么方法与结构，要适合自己的特长，所以也绝不会有一个具体唯一的标准。因此，论证部分的评定，也只能是综合的、全面的、等级式的，不可能有确切的、唯一的标准。

必须指出的是，在应考申论时，考生不要把申论要求的三个部分割裂开来、分别作答，而应当统筹考虑、前后衔接。概括的过程既是熟悉材料的过程，也是分析判断的过程；提出方案的过程，既是解决问题的过程，也是进行思辨的过程。三个部分要协调一致，互相配合和印证。

4. 内容的非专业性

申论考试是一种素质测试，要求考生具有比较丰富的常识，这些常识来源于考生日常的积累,不是突击性地死记硬背某一专业知识就可以圆满完成试卷的。除按类别进行申论考试的情况之外,申论考试试题不会向某种专业性知识特别倾斜。因为考生来自各个方面,所学专业或所从事工作的内容和特点有很大差异,所以要求考生处理加工的材料必须具有普遍性、非专业性。

三、申论考试的内容及重点

(一)申论试卷的构成

申论测试的结构比较规范,总体上分为三大部分:首先是注意事项,在这一部分给出了答卷的要求、时间,提出指导性建议;接着是申论写作的背景材料;最后提出申论要求,引起考生在弄清背景资料的基础上完成题目。

背景资料一般为1500~5000字。根据考试对象和所给时间的不同,资料字数会有所变化。

申论要求部分有三个方面的内容:

第一,对给定材料的理解、分析、整理、归纳、概括、综合,用200字的篇幅,概括出所给定背景材料的主题或主要内容。

第二,对主要问题提出见解,提出对策,提出具有可操作性的解决方案,体现针对性和可行性;字数一般在300~400字之间。

第三,对见解、方案的论证。这部分内容要用800~1200字左右,标题自拟,中心明确,论述深刻,有说服力。

这三个方面的要求,一般是通过三四个题目来体现的。具体到层次较高的考试,题目数量也可能更灵活,可以是三个题,也可以是四个题;题目的样式也许要求概括事件,也许要求概括主要问题,也许会在不同层面上对解决什么问题或怎样解决问题提出不同的要求。

(二)申论考查的重点

申论考查的重点是测试四种能力:

1. 阅读理解能力

阅读理解能力是分析事物和概括问题的敏捷性和准确度。阅读理解能力强,就是善于把握事物的本质,而不是简单地就事论事,善于从各类材料中把握事物之间的联系,区分问题的类别、性质、主次、轻重、缓急,发现同中之异,捕捉异中之同,分析问题、研究问题并恰当地解决问题。

阅读理解能力是对应试者首要的考核。应试者首先要读懂所给材料的意义,这是回答后面题目的基础。由于试卷中提供的材料在排列顺序和内容上往往是杂乱的,没有清晰的逻辑线条,所以要求应试者能够通过阅读理解概括提炼出材料背后所反映的主旨。

如何才能提高阅读理解能力呢？工夫在于平时的训练，平时就要养成多读书多看报的好习惯，注意阅读技巧，如泛读和精读相结合，粗读和细读相结合；注意阅读速度，培养快速阅读的能力；还要学会边读边想，提炼出重点和要点。

2.综合分析能力

在正确理解给定材料的基础上，运用概念、判断、推理、分析、综合等逻辑思维的方法进行分门别类地筛选、加工，理出逻辑思路，提炼材料所反映的主要思想。这种能力是公务员完成日常管理工作所必备的。通过试卷第一、第二部分设置的问题可以比较成功地测试出应试者的这种能力。

3.提出和解决问题的能力

针对问题能够提出行之有效的措施、方法和方案，这是测试应试者能力的关键环节。公务员在管理活动中总会遇到各种各样的问题，而许多问题是没有现成的解决方法的，必须由管理人员针对随机出现的现实问题，及时地解决问题。因此，在申论考试中测试应试者提出问题和解决问题的能力就成为其核心目标。通常在回答试卷第二部分提出对策和第三部分进行论证的过程中，这种能力将得到集中全面的体现。

4.语言表达能力

借助于语言文字将应试者的思想、意见和看法等表达出来。语言表达能力是阅读理解能力、综合分析能力、提出问题能力和解决问题能力的综合表现。没有语言表达能力，即使前面几种能力再强，也无法让阅卷者了解和知晓。所以，良好的语言表达能力能够将应试者的思维活动过程再现出来，使之逻辑清楚、层次分明、用语准确、结构严谨，并能够深入浅出地说明问题，及时、中肯地提出问题和解决问题。这种能力始终贯穿在整个申论试卷的回答过程中。

四、申论的写作环节和方法

（一）申论的写作环节

申论的全部过程，可归纳为阅读材料、概括要点、提出对策、进行论证四个主要环节。

1.阅读材料

第一个环节是阅读理解给定背景材料，这是申论考试的基础性环节。这个环节虽然不用文字在答卷上直接反映，却是完成其他三个环节的前提条件，而且在时序上居于首位。因为只有认真地读懂读通全部给定材料，才能把握材料所反映事件的性质，才能准确地概括出给定材料所反映的主要问题，完成

第二个环节的要求；也才能针对主要问题，就给定材料所涉及的范围和条件，提出切实可行的解决问题的对策和方案，完成第三个环节的要求。最后，还有充分利用给定材料，抓住主要问题，全面阐明、论述应试者本人对给定材料所反映的主要问题的看法，以及解决问题的方案，完成第四个环节的要求。

阅读给定背景材料一定要给予充分的时间。如果考试时间为150分钟，在合理分配时间的前提下，阅读的时间一般不少于40分钟。多用点时间阅读，对着手三大项的题目作答只有好处，没有害处。因为细读了给定材料，真正掌握了材料内容，才能保证以下三个环节的答题质量。

2.概括要点

第二个环节是概括要点，这是承上启下的重要环节。一方面，它是阅读环节的小结；另一方面，又影响提出的对策是否更具有针对性，影响论证是否有扎实的立论基础。

概括内容的关键，在于准确把握给定材料。有的材料较为复杂，问题纷呈，彼此交错；有的材料问题比较集中。前者，要分析出主要症结所在；后者，要具体问题具体分析。但不管哪一类材料，都要进行归纳、整理、分析及比较，阐明给定材料反映的主题或者主要观点、主要内容等，否则，解决问题就难以把握适当的分寸、尺度。

3.提出对策(方案)

第三个环节是提出对策，这是申论的关键环节，它是针对前面概括出的问题而言的。前面概括出几个方面或几个层次的问题，本部分就提出几个方面或几个层次的对策方案。

这部分重点考查应试者思维的开阔程度、探索创新意识、应变能力和解决问题的能力。它给应试者提供了充分发挥主观能动性的空间，应试者可根据各自的知识阅历，对同一问题各抒己见、见仁见智。需要注意的是，对策部分必须结合给定材料所涉及的范围和条件，尽可能提出有针对性的切实可行的方案。

4.进行论证

申论考试的最后一个环节是进行论证，它检测应试者“理论思维”的能力。这部分内容要求应试者充分利用给定材料，紧扣主要问题，全面阐明、论证自己的见解和观点。

从申论写作的全过程来看，论证是前三个环节的理论升华，前面三个环节则是论证的铺垫。论证环节，需要浓墨重彩，一是因为它所占字数最多、分值相对较高，二是这一环节能更全面、充分地展示考生的知识基础、理论水准、思维及文字表达等诸方面的能力。

(二)申论的写作方法及注意事项

为了更好地答题,需注意以下几点:

1.认真审题

考试时要注意答题技巧,合理分配时间,不要盲目求快。申论所给定的背景材料不是原始的信息,而是经过加工的半成品材料。这些半成品的背景材料,头绪不很清楚,条理也较为混乱,究竟反映了什么问题,需要考生研究、梳理。必须仔细阅读,认真审题,找出资料中反映出来的主要问题以及相应的背景、环境、条件等,然后深入思考,分析归纳,理清思路。否则,下面的写作就有可能是南辕北辙。

2.紧扣材料

申论考试中,无论是概括主题,陈述看法,还是最后的论述,都要紧扣给定的资料,切忌脱离给定的资料,任意联想和发挥。这一点,也区别于一般作文,作文可以引经据典,旁征博引。

3.注意限制要求

概括给定资料所反映的主要问题和提出解决问题的对策及可行性方案时,注意限制字数,超过或不足的字数一般不超过要求字数的10%,否则要扣分。另外,回答问题时要力求文字简介,切中要害,要言不烦。

4.考前模拟

临考前做适量的模拟题,其目的有两个:一是为了掌握各类题型的答题角度与答题技巧;二是为了找到实战的感觉,如考试试题的总体设计、考试时间的安排、做题速度的掌握等,以免上考场后会手忙脚乱,这一点对于首次参加公务员录用考试的考生来说显得尤为重要。

五、概括部分的写作

在申论测试中,要求考生对给定的材料的主要内容、主要问题或主题、观点或结果等,用简短的文字进行概括。从多年来中央、国家公务员考试《申论》试卷看,大多有此类型。概括的作用在于准确地把握给定的材料,以便进一步提出对策,着手解决问题。

这部分的写作要求文字精练,简明扼要。必须在仔细阅读,进行整理、归纳以及分析比较的基础上,准确表述。这部分能够充分考查考生的阅读理解能力,分析材料的能力以及文字概括的能力。

例文:给定资料反映了网络给社会生活带来的种种影响,用不超过200字的篇幅对这些影响进行概括。

答卷一

以先进科技为内核的网络发展就像一柄“双刃剑”，给社会生活带来了正面的有利效应和负面不利影响。就其正面和有利之处看，网络以便捷迅速的信息交流与沟通实现了政治(政务与政府工作)、经济、教育等方面的快速发展，加快了社会生活的节奏和人们休闲娱乐多样化的发展，给社会生活提供了便利。与此同时，网络又干扰了人们既有既定的社会生活模式，并在一定程度上造成社会犯罪上升和多发，从而影响了个体生活的安全与整体社会的稳定。

答卷二

该材料反映了网络建设的问题。互联网是20世纪后半叶新科技革命的产物。它的出现和迅速拓展带来了人类信息传播领域的一次革命性飞跃，深深影响着人类生活的各个层面，包括精神层面。互联网作为信息技术革命的产物，具有双重性。对我国社会主义精神文明建设来说，它是一把双刃剑。一方面，互联网的发展和普及有助于我国社会主义精神文明水平的提高；另一方面，由于网络信息传播的全球性、交往行文的虚拟性等特征，它也会给我国社会主义精神文明建设带来巨大的挑战。

答卷三

随着信息网络技术的迅猛发展，信息网络化正逐渐向社会各个领域延伸渗透，影响着人们生活的各个方面。它不仅为我国经济增长提供了新的动力和支撑点，而且为丰富群众文化生活、为党和国家机关改进工作，提供了新的途径和手段。然而，信息网络技术在迅猛发展的同时，也给社会带来了不容忽视的负面影响，给我们政策管理和社会管理提出了新的问题。随着计算机网络技术的飞速发展，网络应用成为中国现代化建设的重要内容，互联网逐步渗透到人们的工作、学习和生活中。但必须看到，网络在改变人们生活方式的同时，也引发了精神文化和道德理念的深层嬗变。面对这种嬗变，如何认识网络道德问题，如何加强网络道德建设，已成为网络建设值得重视的一个问题。

答卷四

一、网民诞生，有越来越多的人使用互联网，将网络融入生活；二、电子商务和电子政务应运而生，为商务和政务提供了更快捷有效的途径；三、网络成为基础设施、远程教育、远程医疗、远程工作等成为可能，人们的生活空间扩大，不再受地域所限；四、成为人们交流和传递信息的重要手段，并以更快捷、更方便的方式服务于人民；五、网络经济初露锋芒，网络在人们心目中和生活中的份额增大，网络经济也逐渐成为重要经济来源；六、伴随网络出现的网络侵权、网络犯罪成为新的犯罪方式。

简析：

答卷一对网络的影响概括得比较全面准确，是一份比较优秀的答卷。

答卷二的概括比较清晰，文章抓住了给定资料的关键问题，并通过现象看到了事物的本质——双刃剑。概括有一定的高度，兼顾了正反两个方面，逻辑比较清晰。但从语言的角度来看，文章的标点符号使用有些不当，有些地方含义不明(两重性)，最后一句话的内在因果逻辑关系有问题。

答卷三的文字通畅，说理清楚，但是没有说到点子上，而是说到网络建设方面去了，虽然网络道德也是一个重要问题，然而从给定的材料来看，是很难顺理成章地概括出网络道德问题的。

答卷四的文字流畅、精练，显示出很强的文字概括能力。给社会生活带来的种种影响既包括正面的也包括负面的影响。但这篇文章只侧重反映了资料的正面影响，而对网络的负面影响却概括不全，特别是对精神文明建设带来的负面没有深入提及，这是一个明显的不足之处。

综上所述，仔细分析给定的材料，会发现网络给社会生活造成的影响，从正负两方面总结，其正面影响有：快捷获取和传递信息、资源共享、远程教育、远程医疗、电子政务、休闲娱乐等。负面影响有：干扰正常生活、大量广告充斥、侵犯个人隐私、网络黑客、不良内容对青少年的影响、网络犯罪等。

六、提出方案部分的写作

提出方案是申论的关键环节，是在前面对准确地把握材料、概括所反映的主要问题的基础上，针对前面的主要问题一一提出相应的解决问题的方案。

这部分的重点是考查考生思维的开阔程度、应变能力和解决问题的能力。写作这部分应注意一定的方法和技巧。

(一)紧扣问题，分清主次，突出重点

针对存在的问题，首先必须找出产生问题的原因，包括直接原因和间接原因，表面原因和根本原因，然后是针对每一个原因“对症下药”，提出良策，形成方案。同时，还要分清主次，突出重点，不可面面俱到。

(二)对策方案要合情、合理、合法

解决问题的方案必须符合社会伦理道德规范，符合国家的法律法规以及党和国家的路线、方针、政策等。

(三)对策方案要具有针对性和可操作性

对策方案要有合理性，还要具有针对性和可操作性。首先，要明确应该由哪个政府部门或职能机构负责处理。落实，不能只是口头呼吁；其次，一定要有解决问题的具体方法和步骤；最后，要顾及到问题解决的必备条件和时效性。

例文:从政府制定政策的角度,就如何克服资料所反映的弊端,提出对策。

答卷一

针对网络发展所带来的用户信息安全、不良广告及因网络而诱发的社会犯罪等问题,从政府政策制定的角度出发,有如下建议:

1. 加快涉及网络安全的法规与规章的制度性建设,对可能造成和产生的网络用户信息交流与沟通方面的安全隐患,应该采取立法、建制的手段,从制度与办法上进行积极预防和全面治理。

2. 清理不健康和诱发并产生负面的恶劣社会行为的网络信息。网络所提供的公共信息应是健康、积极、向上的内容。

3. 对网上影响恶劣和干扰公民正常生产生活秩序的不良商业广告宣传进行限期整治与删除。

4. 对网络与网站建设进行监管、约束与控制,防止网络乱用、网站乱建现象的发生。对已经建立的网络机构与网站信息内容等进行积极、合理、有效的规范与管理,从而降低与扼制因网络使用而导致的社会违法犯罪的发生,保障网络对社会生活的有利影响。

5. 不断完善网络建设的程序与体系。

答卷二

关于加强我国网络建设的问题,提出如下三个方案:

(1)建设网上的马克思主义阵地。鉴于网上是欧美的"信息霸权",国内政治与国际政治的界限趋于模糊,国家政治安全特别是意识形态的安全在很大程度上受到西方国家敌对势力通过网络对我国意识形态渗透。因此,建设马克思主义的网络阵地就很有必要了。

(2)发挥网络的舆论宣传与引导作用。政府可以利用网络对外宣传自己的意识形态,对内起社会舆论的监督和引导作用,以加大对人民群众的思想政治道德教育,提高其识辨能力,抵制西方网络对我国的消极影响。

(3)加强网络法规建设。我国是后起的网络用户大国,近几年已初步建立了我国的网络法规,但还很不完善。应加大网络立法的力度。一是应加快立法速度,以对政府、企业和个人信息数据实行保护;二是应强调采用法制手段制裁处罚网络犯罪;三是应大力培养网络执法人员,及时发现与打击网络犯罪;四是应通过技术手段提高人民群众利用信息的能力,包括技术加密防范措施,信息获取方式技术和信息防御能力等。

答卷三

关于我国网站建设的问题,提出如下方案:

(1)要把互联网作为一项公共基础设施来管理,不能简单地禁止和限制,加强网络文明建设关键在于对上网者进行正确的引导和规范,对经营者建立相应的长效管理机制和切实可行的管理制度。

(2)加快立法,强化管理。禁止未成年人非法定节日到营业性网吧上网活动。

(3)加强网络道德教育,提高网民道德水准。

(4)软硬兼施。“软”就是对网民加强思想道德教育,增强其网上自律意识。“硬”就是通信、文化、公安、工商等部门要进一步理顺关系、各司其职、通力协作,建立联合执法队伍,将“网吧”市场管理纳入法制化、制度化轨道。

(5)实行行业自律。成立网吧从业者协会,制定行业自律规定,出台从业人员自律守则,加强行业管理,自觉维护网络的纯洁性。

简析:

答卷一提出解决问题的五个措施,是针对网络发展带来的一些负面影响提出来的。对问题考虑得较全面,法规建设、监督管理、技术手段、清理整顿几个方面都说到了。解决措施较为具体,也有可操作性。基本符合对策要抓主要矛盾,要有针对性、可行性的要求。

答卷二提出了三个加强我国网络建设的方案。其中,第一个方案与第二个方案比较抽象,可操作性差,从而影响了总体得分;且文字表述有问题。第三个方案中提到了四个措施,比较具体,也切实可行。

答卷三考虑较为全面,既熟悉有关情况,也了解其中问题,还清楚解决问题的对策,按理可得高分。但考生犯了一个常见的低级错误,就是眉毛胡子一把抓,把与给定材料相关与不相关的对策都写出来了。这实际上是分散了得分点,重点不突出,难以给人好印象,而且有的地方还有卖弄之嫌。因此成绩不高。

七、申论作文

这是申论的论述部分,是申论的最后一个环节。一般要求写作一篇 800～1200 字的文章,我们简称为申论作文。要求写作的文体一般为议论文,也有一部分为公文性文章。从 2000 年到 2006 年中央、国家公务员录用考试《申论》试卷来看,仅 2003 年要求写“讲话稿”,2004 年写一份“报告”,其余都是写议论文。即使是写讲话稿、报告,同样要求分析原因,提出全面、明确、可行的对策,文章的主要表达方式还是议论。

申论作文写作的步骤大致如下:审题立意、确立论点、拟定文题、列出提纲、写作正文、修改润色。

申论作文要求观点明确，论证材料充实具体，论述深刻，论证结构严谨，有说服力，语言表述准确、流畅，格式、文字书写规范。

例文：关于网络问题的文章。

【申论作文一】

建设稳定安全正常的网络社会

计算机与网络在当今已经成为大众并不陌生的字眼与概念。据有关方面的说法，在21世纪不懂计算机与网络运用的人就是新型的文盲。适应时代与社会发展要求，人们纷纷坐在计算机前，点击鼠标，进行信息交流与沟通，为我们进入一个网络社会开启了大门。

就目前网络发展给人们带来的社会问题而言，主要是涉及人们社会生活秩序与安全的一系列问题。网络在给人们的社会生活提供了极大便利的同时，也在一定程度上干扰和影响了人们原本无此烦恼的正常生活：网上不良广告，个人隐私泄露。更有因网络犯罪带来的伤害与损失。因此，人们在充分享受网络"甜果"的同时，也明显体会到建设一个稳定、安全、正常、有序的网络社会的必要。

政府在推进建设稳定、安全而正常的网络社会中负有必要而又必然的责任。在扮演决策者与实施者的政府职能上看，要建设安全稳定、有条不紊的网络社会，政府应当首先着眼于网络社会中关于网络信息安全的规范"规则"建设。没有规矩，不成方圆。网络社会的正常有序运行，除配套建设自不待言外，仅就网络本身而言，涉及网络信息安全的规章法规就如拳坛上的围栏一样不可或缺。网络用户上网浏览信息，抑或是进行外向交流，如果有"黑客"挡道，那这种交流是不会成功的。

影响和破坏网络社会安全和稳定的另一隐患是网络诱发的社会违法犯罪行为。网络型犯罪具有不同于一般社会犯罪的特点与社会危害性。据调查，网上黄色不健康信息以及暴露的隐蔽资讯为有犯罪动机甚至是原无犯罪动机的人提供了诱因。鉴于此，政府不可忽视对网络信息、网站建设的管理和监督，而应当采取法制手段与行政手段从立法到执法、从监督到约束与控制，进行全面深入的规范与管理。针对社会主义市场经济条件下网络的社会经济效用，不少商家与网站建设者滥发网上广告，或利用网络便利干扰他人正常生活秩序。这种谋私的做法虽不具严重的社会危害，但如果不予制止，那么部分网民的利益必然得不到保障，整个网络社会的正常秩序也就必然不稳，建设理想的网络社会的责任也就必然存在。

简析：本答卷立意鲜明，文章的题目就揭示了中心论点，贴切、鲜明、精练，论证较有力，逻辑严密，层次条理清楚，文字表达流畅，字数860多字，符合要求。

【申论作文二】

刹住高校毕业生就业率造假歪风

就业率是一所高校毕业生就业状况的直接反映，真实性是它的生命。只有真实可靠的数据，才有利于教育主管部门宏观调控高校教育资源，并据此出台相关政策。如果用造假的方式"提高"就业率，则不仅提高不了学校声誉，而且将影响到教育资源的合理配置。

据《燕赵都市报》7 月 7 日报道，河北省内部分高校为谋求高就业率，竟然说服学生与就业单位签订假就业合同。日前，石家庄某高校两名应届大学毕业生到该报披露了所在学校让毕业生签订假就业合同的内幕。据说，他们班有 10 多人因为没有找到工作而无法签订就业合同，系里老师"积极"为他们奔走，最后都"成功"地与一些单位签订了就业合同。虽然就业合同签了，但同学们却不能到这些单位就业，而且这些单位也不对同学们承担任何责任。没有找到工作，却签订了就业合同，这当然是假合同。而据该报记者调查，签订假就业合同的学生为数不少，普遍存在于该校的大部分院系。

尽管在报道中我们无法判断这类行为在该省的高校中占有多大比例，但可以预料，这样的现象绝对不是个别现象。老师帮助学生联系工作单位本是好事，但如果让学生签订没有任何保障的假就业合同，就实在说不过去了。因为，这不仅有违师德，而且还是名副其实的造假行为。因此，这一现象必须引起我们的足够重视，必须想办法坚决刹住这股歪风。

就业率是一所高校毕业生就业状况的直接反映，真实性是它的生命。只有真实可靠的数据，才有利于教育主管部门宏观调控高校教育资源，并据此出台相关政策。如果用造假的方式"提高"就业率，则不仅提高不了学校声誉，而且将影响到教育资源的合理配置。尽管短期内可能带来一定的效果，但这绝不是长期吸引生源的办法。同时，不准确的就业率将可能误导学生填写报考志愿，虚假信息甚至还可能影响教育主管部门。更重要的是，大学教育本来应该是一方"净土"，如此造假却是对社会诚信的"釜底抽薪"。

危害是显而易见的，但是，一些人为什么还乐此不疲呢？据悉，原因就出在就业率这个指标上。报道说，今年河北省教育部门出台了一份对高校评估的文件，应届毕业生就业率是其中一个重要的评估项目，与明年招生计划直接挂钩。为了吸引更多的生源，校方把提升就业率的意图向各院系布置，院系又通过老师向毕业生做工作。同时，假就业合同"提高"了学校的就业率，却对学生找工作没有什么直接影响，加上签订假就业合同可以使学生档案在学校保留半年，不被打回原籍，对于已就业和未就业的学生都是一个比较好的缓冲，很多未就业的学生和未取得单位证明的就业学生，都在老师的帮助下违心地签订了假就业合同。

由于就业压力加大，近来各高校毕业生一次就业没有到位的人数有所增加，这给学校和学生造成了一定的压力。应当说这是客观事实，同时也是高校毕业生就业制度改革后的必然结果。学生的就业难主要是一个市场问题，市场发生的问题就应该通过市场来解决。提高高校学生的就业率，应该通过密切与人才市场的关系，提高专业的市场吸引度来逐步加以解决。只要学生转变就业观念，政府加大服务力度，学校根据市场需求设置专业和提高教学质量，这样的问题会逐步得到缓解。而那种“安排”学生签订假就业合同，造成学生一次就业率高假象的行为，不仅背离教育规律、违反教育法，而且严重损害社会诚信，可以说是害莫大焉！对此，我们不可不察。

简析：这是一篇摘自网络的述评文章。这种文章是近些年有些省市招考公务员申论考试中要求写作的作文。多半是根据有关媒体报道的事实，做出自己的分析和评价。述评又称记者述评或新闻述评，其特点是融新闻与评论于一体。它有述有评，述评结合，表明作者的立场和主张。从它们的内容和反映的社会生活的性质，大致可以分为工作述评、形势述评、事迹述评。本文就部分高校毕业生就业率造假的事实进行述评，从具体的事件联系到它产生的原因和背景，探索其性质，指出其危害，发人深省，很有说服力。

附录一

国家行政机关公文处理办法

第一章　总 则

第一条　为使国家行政机关(以下简称行政机关)的公文处理工作规范化、制度化、科学化,制定本办法。

第二条　行政机关的公文(包括电报,下同),是行政机关在行政管理过程中形成的具有法定效力和规范体式的文书,是依法行政和进行公务活动的重要工具。

第三条　公文处理指公文的办理、管理、整理(立卷)、归档等一系列相互关联、衔接有序的工作。

第四条　公文处理应当坚持实事求是、精简、高效的原则,做到及时、准确、安全。

第五条　公文处理必须严格执行国家保密法律、法规和其他有关规定,确保国家秘密的安全。

第六条　各级行政机关的负责人应当高度重视公文处理工作,模范遵守本办法并加强对本机关公文处理工作的领导和检查。

第七条　各级行政机关的办公厅(室)是公文处理的管理机构,主管本机关的公文处理工作并指导下级机关的公文处理工作。

第八条　各级行政机关的办公厅(室)应当设立文秘部门或者配备专职人员负责公文处理工作。

第二章　公文种类

第九条　行政机关的公文种类主要有:

（一）命令（令）

适用于依照有关法律公布行政法规和规章，宣布施行重大强制性行政措施，嘉奖有关单位及人员。

（二）决定

适用于对重要事项或者重大行动做出安排，奖惩有关单位及人员，变更或者撤销下级机关不适当的决定事项。

（三）公告

适用于向国内外宣布重要事项或者法定事项。

（四）通告

适用于公布社会各有关方面应当遵守或者周知的事项。

（五）通知

适用于批转下级机关的公文，转发上级机关和不相隶属机关的公文，传达要求下级机关办理和需要有关单位周知或者执行的事项，任免人员。

（六）通报

适用于表彰先进，批评错误，传达重要精神或者情况。

（七）议案

适用于各级人民政府按照法律程序向同级人民代表大会或人民代表大会常务委员会提请审议事项。

（八）报告

适用于向上级机关汇报工作，反映情况，答复上级机关的询问。

（九）请示

适用于向上级机关请求指示、批准。

（十）批复

适用于答复下级机关的请示事项。

（十一）意见

适用于对重要问题提出见解和处理办法。

（十二）函

适用于不相隶属机关之间商洽工作，询问和答复问题，请求批准和答复审批事项。

（十三）会议纪要

适用于记载、传达会议情况和议定事项。

第三章　公文格式

第十条　公文一般由秘密等级和保密期限、紧急程度、发文机关标识、发文字号、签发人、标题、主送机关、正文、附件说明、成文日期、印章、附注、附件、主题词、抄送机关、印发机关和印发日期等部分组成。

(一)涉及国家秘密的公文应当标明密级和保密期限,其中,“绝密”、“机密”级公文还应当标明份数序号。

(二)紧急公文应当根据紧急程度分别标明“特急”、“急件”。其中电报应当分别标明“特提”、“特急”、“加急”、“平急”。

(三)发文机关标识应当使用发文机关全称或者规范化简称;联合行文,主办机关排列在前。

(四)发文字号应当包括机关代字、年份、序号。联合行文,只标明主办机关发文字号。

(五)上行文应当注明签发人、会签人姓名。其中,“请示”应当在附注处注明联系人的姓名和电话。

(六)公文标题应当准确简要地概括公文的主要内容并标明公文种类,一般应当标明发文机关。公文标题中除法规、规章名称加书名号外,一般不用标点符号。

(七)主送机关指公文的主要受理机关,应当使用全称或者规范化简称、统称。

(八)公文如有附件,应当注明附件顺序和名称。

(九)公文除“会议纪要”和以电报形式发出的以外,应当加盖印章。联合上报的公文,由主办机关加盖印章;联合下发的公文,发文机关都应当加盖印章。

(十)成文日期以负责人签发的日期为准,联合行文以最后签发机关负责人的签发日期为准。电报以发出日期为准。

(十一)公文如有附注(需要说明的其他事项),应当加括号标注。

(十二)公文应当标注主题词。上行文按照上级机关的要求标注主题词。

(十三)抄送机关指除主送机关外需要执行或知晓公文的其他机关,应当使用全称或者规范化简称、统称。

(十四)文字从左至右横写、横排。在民族自治地方,可以并用汉字和通用的少数民族文字(按其习惯书写、排版)。

第十一条　公文中各组成部分的标识规则,参照《国家行政机关公文格式》国家标准执行。

第十二条　公文用纸一般采用国际标准 A4 型(210mm×297mm),左侧装订。张贴的公文用纸大小,根据实际需要确定。

第四章　行文规则

第十三条　行文应当确有必要，注重效用。

第十四条　行文关系根据隶属关系和职权范围确定，一般不得越级请示和报告。

第十五条　政府各部门依据部门职权可以相互行文和向下一级政府的相关业务部门行文；除以函的形式商洽工作、询问和答复问题、审批事项外，一般不得向下一级政府正式行文。

部门内设机构除办公厅（室）外不得对外正式行文。

第十六条　同级政府、同级政府各部门、上级政府部门与下一级政府可以联合行文；政府与同级党委和军队机关可以联合行文；政府部门与相应的党组织和军队机关可以联合行文；政府部门与同级人民团体和具有行政职能的事业单位也可以联合行文。

第十七条　属于部门职权范围内的事务，应当由部门自行行文或联合行文。联合行文应当明确主办部门。须经政府审批的事项，经政府同意也可以由部门行文，文中应当注明经政府同意。

第十八条　属于主管部门职权范围内的具体问题，应当直接报送主管部门处理。

第十九条　部门之间对有关问题未经协商一致，不得各自向下行文。如擅自行文，上级机关应当责令纠正或撤销。

第二十条　向下级机关或者本系统的重要行文，应当同时抄送直接上级机关。

第二十一条　“请示”应当一文一事；一般只写一个主送机关，需要同时送其他机关的，应当用抄送形式，但不得抄送其下级机关。“报告”不得夹带请示事项。

第二十二条　除上级机关负责人直接交办的事项外，不得以机关名义向上级机关负责人报送“请示”、“意见”和“报告”。

第二十三条　受双重领导的机关向上级机关行文，应当写明主送机关和抄送机关。上级机关向受双重领导的下级机关行文，必要时应当抄送其另一上级机关。

第五章　发文办理

第二十四条　发文办理指以本机关名义制发公文的过程，包括草拟、审核、签发、复核、缮印、用印、登记、分发等程序。

第二十五条　草拟公文应当做到：

（一）符合国家的法律、法规及其他有关规定。如提出新的政策、规定等，要切实可行并加以说明。

（二）情况确实，观点明确，表述准确，结构严谨，条理清楚，直述不曲，字词规范，标点正确，篇幅力求简短。

（三）公文的文种应当根据行文目的、发文机关的职权和与主送机关的行文关系确定。

（四）拟制紧急公文，应当体现紧急的原因，并根据实际需要确定紧急程度。

（五）人名、地名、数字、引文准确。引用公文应当先引标题，后引发文字号。引用外文应当注明中文含义。日期应当写明具体的年、月、日。

（六）结构层次序数，第一层为“一、”，第二层为“（一）”，第三层为“1.”，第四层为“（1）”。

（七）应当使用国家法定计量单位。

（八）文内使用非规范化简称，应当先用全称并注明简称。使用国际组织外文名称或其缩写形式，应当在第一次出现时注明准确的中文译名。

（九）公文中的数字，除成文日期、部分结构层次序数和在词、词组、惯用语、缩略词、具有修辞色彩语句中作为词素的数字必须使用汉字外，应当使用阿拉伯数字。

第二十六条　拟制公文，对涉及其他部门职权范围内的事项，主办部门应当主动与有关部门协商，取得一致意见后方可行文；如有分歧，主办部门的主要负责人应当出面协调，仍不能取得一致时，主办部门可以列明各方理据，提出建设性意见，并与有关部门会签后报请上级机关协调或裁定。

第二十七条　公文送负责人签发前，应当由办公厅（室）进行审核。审核的重点是：是否确需行文，行文方式是否妥当，是否符合行文规则和拟制公文的有关要求，公文格式是否符合本办法的规定等。

第二十八条　以本机关名义制发的上行文，由主要负责人或者主持工作的负责人签发；以本机关名义制发的下行文或平行文，由主要负责人或者由主要负责人授权的其他负责人签发。

第二十九条　公文正式印制前，文秘部门应当进行复核，重点是：审批、签发手续是否完备，附件材料是否齐全，格式是否统一、规范等。经复核需要对文稿进行实质性修改的，应按程序复审。

第六章　收文办理

第三十条　收文办理指对收到公文的办理过程，包括签收、登记、审核、拟办、批办、承办、催办等程序。

第三十一条　收到下级机关上报的需要办理的公文，文秘部门应当进行审核。审核的重点是：是否应由本机关办理；是否符合行文规则；内容是否符合国家法律、法规及其他有关规定；涉及其他部门或地区职权的事项是否已协商、会签；文种使用、公文格式是否规范。

第三十二条　经审核，对符合本办法规定的公文，文秘部门应当及时提出拟办意见送负责人批示或者交有关部门办理，需要两个以上部门办理的应当明确主办部门。紧急公文，应当明确办理时限。对不符合本办法规定的公文，经办公厅（室）负责人批准后，可以退回呈报单位并说明理由。

第三十三条　承办部门收到交办的公文后应当及时办理，不得延误、推诿。紧急公文应当按时限要求办理，确有困难的，应当及时予以说明。对不属于本单位职权范围或者不宜由本单位办理的，应当及时退回交办的文秘部门并说明理由。

第三十四条　收到上级机关下发或交办的公文，由文秘部门提出拟办意见，送负责人批示后办理。

第三十五条　公文办理中遇有涉及其他部门职权的事项，主办部门应当主动与有关部门协商；如有分歧，主办部门主要负责人要出面协调；如仍不能取得一致，可以报请上级机关协调或裁定。

第三十六条　审批公文时，对有具体请示事项的，主批人应当明确签署意见、姓名和审批日期，其他审批人圈阅视为同意；没有请示事项的，圈阅表示已阅知。

第三十七条　送负责人批示或者交有关部门办理的公文，文秘部门要负责催办，做到紧急公文跟踪催办，重要公文重点催办，一般公文定期催办。

第七章　公文归档

第三十八条　公文办理完毕后，应当根据《中华人民共和国档案法》和其他有关规定，及时整理（立卷）、归档。个人不得保存应当归档的公文。

第三十九条　归档范围内的公文，应当根据其相互联系、特征和保存价值等整理（立卷），要保证归档公文的齐全、完整，能正确反映本机关的主要工作情况，便于保管和利用。

第四十条　联合办理的公文，原件由主办机关整理（立卷）、归档，其他机关保存复制件或其他形式的公文副本。

第四十一条　本机关负责人兼任其他机关职务，在履行所兼职务职责过程中形成的公文，由其兼职机关整理（立卷）、归档。

第四十二条　归档范围内的公文应当确定保管期限，按照有关规定定期向档案部门移交。

第四十三条　拟制、修改和签批公文，书写及所用纸张和字迹材料必须符合存档要求。

第八章　公文管理

第四十四条　公文由文秘部门或专职人员统一收发、审核、用印、归档和销毁。

第四十五条　文秘部门应当建立健全本机关公文处理的有关制度。

第四十六条　上级机关的公文，除绝密级和注明不准翻印的以外，下一级机关经负责人或者办公厅（室）主任批准，可以翻印。翻印时，应当注明翻印的机关、日期、份数和印发范围。

第四十七条　公开发布行政机关公文，必须经发文机关批准。经批准公开发布的公文，同发文机关正式印发的公文具有同等效力。

第四十八条　公文复印件作为正式公文使用时，应当加盖复印机关证明章。

第四十九条　公文被撤销，视作自始不产生效力；公文被废止，视作自废止之日起不产生效力。

第五十条　不具备归档和存查价值的公文，经过鉴别并经办公厅（室）负责人批准，可以销毁。

第五十一条　销毁秘密公文应当到指定场所由二人以上监销，保证不丢失、不漏销。其中，销毁绝密公文（含密码电报）应当进行登记。

第五十二条　机关合并时，全部公文应当随之合并管理。机关撤销时，需要归档的公文整理（立卷）后按有关规定移交档案部门。

工作人员调离工作岗位时，应当将本人暂存、借用的公文按照有关规定移交、清退。

第五十三条　密码电报的使用管理，按照有关规定执行。

第九章　附　则

第五十四条　行政法规、规章方面的公文，依照有关规定处理。外事方面的公文，按照外交部的有关规定处理。

第五十五条　公文处理中涉及电子文件的有关规定另行制定。统一规定发布之前,各级行政机关可以制定本机关或者本地区、本系统的试行规定。

第五十六条　各级行政机关的办公厅(室)对上级机关和本机关下发公文的贯彻落实情况应当进行督促检查并建立督查制度。有关规定另行制定。

第五十七条　本办法自 2001 年 1 月 1 日起施行。1993 年 11 月 21 日国务院办公厅发布,1994 年 1 月 1 日起施行的《国家行政机关公文处理办法》同时废止。

附录二

国务院办公厅关于实施《国家行政机关公文处理办法》涉及的几个具体问题的处理意见

国办函〔2001〕1号

各省、自治区、直辖市人民政府，国务院各部委、各直属机构：

为确保国务院发布的《国家行政机关公文处理办法》(国发〔2000〕23号)的贯彻施行，现就所涉及的几个具体问题提出如下处理意见：

1. 关于“意见”文种的使用。“意见”可以用于上行文、下行文和平行文。作为上行文，应按请示性公文的程序和要求办理。所提意见如涉及其他部门职权范围内的事项，主办部门应当主动与有关部门协商，取得一致意见后方可行文；如有分歧，主办部门的主要负责人应当出面协调；仍不能取得一致时，主办部门可以列明各方理据，提出建设性意见，并与有关部门会签后报请上级机关决定。上级机关应当对下级机关报送的“意见”作出处理或给予答复。作为下行文，文中对贯彻执行有明确要求的，下级机关应遵照执行；无明确要求的，下级机关可参照执行。作为平行文，提出的意见供对方参考。

2. 关于“函”的效力。“函”作为主要文种之一，与其他主要文种同样具有由制发机关权限决定的法定效力。

3. 关于“命令”、“决定”和“通报”三个文种用于奖励时如何区分的问题。各级行政机关应当依据法律的规定和职权，根据奖励的性质、种类、级别、公示范围等具体情况，选择使用相应的文种。

4. 关于部门及其内设机构行文问题。政府各部门(包括议事协调机构)除以函的形式商洽工作、询问和答复问题、审批事项外，一般不得向下一级政府正式行文;如需行文,应报请本级政府批转或由本级政府办公厅(室)转发。因特殊情况确需向下一级政府正式行文的,应当报经本级政府批准,并在文中注明经政府同意。

部门内设机构除办公厅(室)外,不得对外正式行文的含义是:部门内设机构不得向本部门机关以外的其他机关(包括本系统)制发政策性和规范性文件,不得代替部门审批下达应当由部门审批下达的事项;与相应的其他机关进行工作联系确需行文时,只能以函的形式行文。

"函的形式"是指公文格式中区别于"文件格式"的"信函格式"。以"函的形式"行文应注意选择使用与行文方向一致、与公文内容相符的文种。

5.关于联合行文时发文机关的排列顺序和发文字号。行政机关联合行文,主办机关排列在前。行政机关与同级或相应的党的机关、军队机关、人民团体联合行文,按照党、政、军、群的顺序排列。

行政机关之间联合行文,标注主办机关的发文字号;与其他机关联合行文原则上应使用排列在前机关的发文字号,也可以协商确定,但只能标注一个机关的发文字号。

6.关于联合行文的会签。联合行文一般由主办机关首先签署意见,协办单位依次会签。一般不使用复印件会签。

7.关于联合行文的用印。行政机关联合向上行文,为简化手续和提高效率,由主办单位加盖印章即可。

8.关于保密期限的标注问题。涉及国家秘密的公文如有具体保密期限应当明确标注,否则按照《国家秘密保密期限的规定》(国家保密局1990年第2号令)第九条执行,即"凡未标明或者未通知保密期限的国家秘密事项,其保密期限按照绝密级事项三十年、机密级事项二十年、秘密级事项十年认定。"

9.关于"附注"的位置。"附注"的位置在成文日期和印章之下,版记之上。

10.关于"主要负责人"的含义。"主要负责人"指各级行政机关的正职或主持工作的负责人。

11.关于公文用纸采用国际标准A4型问题。各省(区、市)人民政府和国务院各部门已做好准备的,公文用纸可于2001年1月1日起采用国际标准A4型;尚未做好准备的,要积极创造条件尽快采用国际标准A4型。省级以下人民政府及其所属机关和国务院各部门所属单位何时采用国际标准A4型,由各省(区、市)人民政府和国务院各部门自行确定。

国务院办公厅
二〇〇一年一月一日

附录三

国务院公文主题词表
（一九九七年十二月修订）

国务院办公厅秘书局

使用说明

为适应办公现代化的要求，便于计算机检索和管理公文，特编制《国务院公文主题词表》（以下简称词表）。词表主要用于标引国务院、国务院办公厅印发的文件和各地区、各部门上报国务院及其办公厅的文件。

一、编制原则

（一）词表结构务求合乎逻辑，具有较宽的涵盖面，便于使用。

（二）词表体现文档管理一体化的原则，即词表中主题词的区域分类别词可分别作为档案分类中的大类和属类。

二、体系结构

（一）词表共由15类1049个主题，分为主表和附表两大部分，主表有13类751个主题词，附表有2类298个主题词。词表分为三个层次。第一层是对主题词区域的分类，如“综合经济”、“财政、金融”类等。第二层是类别词，即对主题词的具体分类，如“工交、能源、邮电”类中的“工业”、“交通”、“能源”和“邮电”等。第三层是类属词，如“体制”、“职能”、“编制”等。第二层和第三层统称为主题词，用于文件的标引。

（二）1988年12月和1994年4月修订的词表中曾列入本词表中而不再

继续用作标引的主题词,用黑体单列在区域分类的最后部分。

三、标引方法

(一)一份文件的标引,除类别词外最多不超过 5 个主题词。主题词标在文件的抄送栏之上,顶格写。

(二)标引顺序是先标类别词,再标类属词。在标类属词时,先标反映文件内容的词,最后标反映文件形式的词,如《国务院关于加强水土保持工作的通知》,先标类别词"农业",再标类属词"水土保持",最后标上"通知"。

(三)一份文件如有两个以上的主题内容,先集中对一个主题内容进行标引;再对第二个主题内容进行标引。如《国务院关于在若干城市试行国有企业兼并破产和职工再就业有关问题的通知》,先标反映第一个主题内容的类别词"经济管理",再标类属词"企业"、"破产";然后标反映第二个主题内容的类别词"劳动",再标类属词"就业";最后标"通知"。

(四)根据需要,可将不同类的主题词进行组配标引。如《国务院关于"九五"期间深化科学技术体制改革的决定》,可标"科技、体制、改革、决定"。

(五)当词表中找不出准确反映文件主题内容的类属词时,可以在类别中选择适当的词标引。同时将能够准确反映文件内容的词标在类属词的后面,并在该词的后面加"△"以便区别。

(六)列在区域分类最后,用黑体标出的主题词只供检索用,不再用作标引。

(七)附表中的主题词与主表中的主题词具有同等效力,标引方法相同,不同的是,如果附表中所列的国家、地区的实际名称发生了变化,使用本表的各单位可先按照变化后的标准名称进行修改和使用。国务院办公厅秘书局将定期修订附表。

四、词表管理

(一)本词表由国务院办公厅秘书局负责管理和解释,具体工作由档案数据处承办。

(二)本词表自 1998 年 2 月 1 日起执行,1994 年 4 月修订的词表同时废止。

国务院《公文主题词表》

01　综合经济(77 个)

01A 计划

规划　统计　指标　分配　统配　调拨

01B 经济管理

经济　管理　调整　调控　控制　结构　制度　所有制　股份制　责任制
流通　产业　行业　改革　改造　竞争　兼并　开放　开发　协作　资源
土地　资产　资料　产权　物价　价格　投资　招标　经营　生产　转产
项目　产品　质量　承包　租赁　合同　包干　国有　国营　私营　集体
个体　企业　公司　集团　合作社　普查　工商　商标　注册　广告　监督
增产　效益　节约　浪费　破产　亏损　特区　开发区　保税区　展销
展览

商品化　横向联系　第三产业　生产资料

02　工交、能源、邮电(69 个)

02A 工业

冶金　钢铁　地矿　机械　汽车　电子　电器　仪器　仪表　化工　航天
航空　核工　船舶　兵器　军区　轻工　有色金属　盐业　食品　印刷
包装　手工业　纺织　服装　丝绸　设备原料　材料　加工

02B 交通

铁路　公路　桥梁　民航　机场　航线　航道　空中管制　飞机　港口
码头　口岸　车站　车辆　运输　旅客

02C 能源

石油　煤炭　电力　燃料　天然气　煤气　沼气

02D 邮电

通信　电信　邮政　网络　数据

民品　厂矿　空运　三线　通讯　水运　运费

03　旅游、城乡建设、环保(42 个)

03A 旅游

03B 服务业

饮食业　宾馆

03C 城乡建设

城市　乡镇　基建　建设　建筑　建材　勘察　测绘　设计　市政
公用事业　监理　环卫　征地　工程　房地产　房屋　住宅　装修
设施　出让　转让　风景名胜　园林　岛屿

03D 环保

保护区　植物　动物　污染　生态　生物

风景　饭店　城乡　国土　沿海

04　农业、林业、水利、气象(56 个)

04A 农业
农村　农民　农民负担　农场　农垦　粮食　棉花　油料　生猪　蔬菜
糖料　烟草　水产　渔业　水果　经济作物　农副产品　副业　畜牧业
乡镇企业　农膜　种子　化肥　农药　饲料　灾害　以工代赈　扶贫
04B 林业
绿化　木材　森林　草原　防沙治沙
04C 水利
河流　湖泊　滩涂　水库　水域　流域　水土保持　节水　防汛　抗旱
三峡
04D 气象
气候　预报　预测
烟酒　土特产　有机肥　多种经营　牧业
05　财政、金融(57 个)
05A 财政
预算　决算　核算　收支　财务　会计　税务　税率　审计　债务　积累
经费　集资　收费　资金　基金　租金　拨款　利润　补贴　折旧费
附加费　固定资产
05B 金融
银行　货币　黄金　白银　存款　贷款　信贷　贴现　通货膨胀　交易
期货　利率　利息　贴息　外汇　外币　汇率　债券　证券　股票　彩票
信托　保险　赔偿　信用社
现金　留成　流动资金　储蓄　费用　侨汇　折旧率
06　贸易(62 个)
06A 商业
商品　物资　收购　定购　购置　市场　集贸　酒类　副食品　日用品
销售　消费　批发　供应　零售　拍卖　专卖　订货　营业　仓库
储备　储运　货物
06B 外贸
对外援助　军贸　进口　出口　引进　海关　缉私　仲裁　商检　外商
外资　合资　合作　关贸　许可证　驻外企业
**贸易　倒卖　外向型　议购　议售　垄断　经贸　贩运　票证　外经
交易会**
07　外事(42 个)
07A 外交

对外政策　对外关系　领土　领空　领海　外交人员　建交　公约　大使　领事　条约　协定　协议　议定书　备忘录　照会　国际　涉外事务　抗议

07B 外事

国际会议　国际组织　对外宣传　出访　出国　出入境　签证　护照　邀请　来访　谈判　会谈　会见　接见　招待会　宴会　外国人　外宾　对外友协　外国专家　涉外

08　公安、司法、监察(46 个)

08A 公安

警察　武警　警衔　治安　非法组织　安全　保卫　禁毒　消防　防火　检查　扫黄　案件　处罚　户口　证件　事件　危险品　游行　海防　边防　边界　边境

08B 司法

政法　法制　法律　法院　律师　检察　程序　公证　劳改　劳教　监狱

08C 监察

廉政建设　审查　纪检　执法　行贿　受贿　贪污　处分　侦破

09　民政、劳动人事(85 个)

09A 民政

基层政权　选举　行政区划　地名　人口　双拥工作　社会保障　社团　救灾　救济 募捐　婚姻　移民　抚恤　慰问　调解　老龄问题　烈士　纠纷　残疾人　基地　殡费　社区服务

09B 机构

驻外机构　体制　职能　编制　精简　更名

09C 人事

行政人员　干部　公务员　考核　录用　职工　家属　子女　知识分子　专家　参事　院士　文史馆员　履历　聘任　任免　辞退　退职　职称　待遇　离休　退休　交流　安置　调配　模范　表彰　奖励

09D 劳动

就业　失业　招聘　合同制　工人　保护　劳务　第二职业　事故

09E 工资

津贴　奖金　福利　收入

老年　简历　劳资　人才　招工　待业　补助　拥军优属　丧葬　奖惩

10　科、教、文、卫、体(73 个)

10A 科技

科学　技术　科普　科研　鉴定　标准　计量　专利　发明　实验　情报
计算机　自动化　信息　卫星　地震　海洋
10B 教育
学校　教师　招生　学生　培训　毕业　学位　留学　教材　校办企业
10C 文化
文字　文史　文学　语言　艺术　古籍　图书　宣传　广播　电视　电影
出版　版权　报刊　新闻　音像　文物　古迹　纪念物　电子出版物
10D 卫生
医院　中医　医疗　医药　药材　防疫　疾病　计划生育　妇幼保健　检验
检疫
10E 体育
运动员　教练员　运动会　比赛
馆所　院校　校舍　地方志　软科学　社科
11　国防(24 个)
11A 军事
军队　国防　空军　海军　征兵　服役　转业　民兵　预备役　军衔　复员
文职　后勤　装备　战备　作战　训练　防空　军需　武器　弹药　人武
退伍
12　秘书、行政(74 个)
12A 文秘工作
机关　国旗　国徽　机要　印章　信访　督察　保密　公文　档案　会议
文件　秘书　电报　提案　议案　谈话　讲话　总结　批示　汇报　建议
意见　文章　题词　章程　条例　办法　细则　规定　方案　布告　决议
命令　决定　指示　公告　通告　通知　通报　报告　请示　批复　函
会议纪要
12B 行政事务
行政　工作制度　纪念活动　庆典活动　休假　节假日　着装　参观　接待
措施　调查　视察　考察　礼品　馈赠　服务
出席　发言　转发　名单　批准　审批　信函　事务　活动　纪要　督察
13　综合党团(54 个)
13A 党派团体
共产党　民主党派　共青团　团体　工会　协会学会　民间组织　文联
学联　妇女　儿童　基金会
13B 统战

政协　民主人士　爱国人士

13C 民族

民族区域自治　民主事务

13D 宗教

寺庙

13E 侨务

外籍华人　归侨　侨乡

13F 港澳台

香港问题　澳门问题　台湾问题

13G 综合

整顿　形势　社会　精神文明　法人　发展　其他　试点

推广　青年　政治　范围　党派　组织　领导　方针　政策　党风　事业

咨询　中心　清除

附表

01　中国行政区域(54 个)

01A 华北地区

北京　天津　河北　山西　内蒙古

01B 东北地区

辽宁　吉林　黑龙江

01C 华东地区

上海　江苏　浙江　安徽　福建　江西　山东

01D 中南地区

河南　湖北　湖南　广东　广西　海南

01E 西南地区

四川　贵州　云南　西藏　重庆

01F 西北地区

陕西　甘肃　青海　宁夏　新疆

01G 台湾

01H 香港

01I 澳门

哈尔滨　沈阳　大连　青岛　厦门　宁波　武汉　广州　深圳

海南岛　西安　单列市　省市　自治区

02　世界行政区域(244 个)

02A 亚洲

中国　蒙古　朝鲜　韩国　日本　越南　老挝　柬埔寨　缅甸　泰国
马来西亚　新加坡　文莱　菲律宾　印度尼西亚　东帝汶　尼泊尔
锡金　不丹　孟加拉国　印度　斯里兰卡　马尔代夫　哈萨克斯坦
吉尔吉斯斯坦　塔吉克斯坦　乌兹别克斯坦　格鲁吉亚　土库曼斯坦
阿塞拜疆　亚美尼亚　巴基斯坦　阿富汗　伊朗　科威特　沙特阿拉伯
巴林　卡塔尔　阿联酋　阿曼　也门　伊拉克　叙利亚　黎巴嫩　约旦
巴勒斯坦　以色列　塞浦路斯　土耳其

02B 欧洲

冰岛　法罗群岛　丹麦　挪威　瑞典　芬兰　爱沙尼亚　拉脱维亚
立陶宛　俄罗斯　白俄罗斯　乌克兰　摩尔多瓦　波兰　捷克　斯洛伐克
匈牙利　德国　列支敦士登　瑞士　荷兰　奥地利　比利时　卢森堡
英国　爱尔兰　法国　摩纳哥　安道尔　西班牙　葡萄牙　意大利
梵蒂冈　圣马力诺　马耳他　南斯拉夫　斯洛文尼亚　克罗地亚
波黑　马其顿　罗马尼亚　保加利亚　阿尔巴尼亚　希腊

02C 非洲

埃及　利比亚　突尼斯　阿尔及利亚　摩洛哥　西撒哈拉　毛里塔尼亚
塞内加尔　马里　冈比亚　布基纳法索　佛得角　几内亚比绍　几内亚
塞拉利昂　利比里亚　科特迪瓦　加纳　多哥　贝宁　尼泊尔　尼日利亚
喀麦隆　赤道几内亚　乍得　中非　苏丹　埃塞俄比亚　吉布提　索马里
肯尼亚　乌干达　坦桑尼亚　卢旺达　布隆迪　刚果　加蓬　刚果民主共和国
厄立特里亚　圣多美和普林西比　安哥拉　赞比亚　马拉维　莫桑比克
科摩罗　马达加斯加　塞舌尔　毛里求斯　留尼汪　津巴布韦　博茨瓦纳
纳米比亚　南非　斯威士兰　莱索托　圣赫勒拿

02D 大洋洲

澳大利亚　新西兰　巴布亚新几内亚　所罗门群岛　瓦努阿图　新喀里多尼亚
斐济　基里巴斯　瑙鲁　密克罗尼西亚联邦　马绍尔群岛共和国　帕劳
西萨摩亚　美属萨摩亚　北马里亚纳群岛自由联邦　关岛
瓦利斯群岛和富图纳群岛　图瓦卢　纽埃　托克劳　库克群岛　汤加
法属波利尼西亚　皮特凯恩群岛

02E 美洲

格陵兰　加拿大　圣皮埃尔岛和密克隆　美国　百慕大　墨西哥　危地马拉
伯利兹　萨尔瓦多　洪都拉斯　尼加拉瓜　哥斯达黎加　巴拿马　巴哈马
开曼群岛　牙买加　特克斯群岛和凯科斯群岛　古巴　海地　多米尼加

波多黎各　美属维尔京群岛　英属维尔京群岛　圣基茨和尼维斯　安圭拉
安提瓜和巴布达　蒙特塞拉特　瓜德罗普　多米尼克　马提尼克　圣卢西亚
圣文森特和格林纳丁斯　巴巴多斯　特立尼达和多巴哥　荷属安的列斯
阿鲁巴　格林纳达　哥伦比亚　委内瑞拉　圭亚那　苏里南　法属圭亚那
厄瓜多尔　秘鲁　巴西　玻利维亚　智利　阿根廷　巴拉圭　乌拉圭

参考文献

1. 耿巧云,马俊霞. 现代应用文写作. 北京:清华大学出版社,2007.
2. 刘金同,范晓梅. 应用文写作教程. 北京:清华大学出版社,2006.
3. 邹志生. 应用写作教程. 武汉:华中科技大学出版社,2006.
4. 郝维. 应用文写作教程. 北京:商务印书馆,2005.
5. 叶晗. 大学应用写作教程. 杭州:浙江大学出版社,2002.
6. 黄永红. 应用写作. 合肥:中国科学技术大学出版社,2007.
7. 王杰. 应用写作. 北京:机械工业出版社,2007.
8. 王春. 应用文写作. 北京:清华大学出版社,2007.
9. 徐中玉. 应用文写作. 北京:高等教育出版社,2004.
10. 杨文丰. 现代应用文书写作. 北京:中国人民大学出版社,2003.
11. 鲁捷,李久新. 新编财经应用写作. 大连:大连理工大学出版社,2002.
12. 周立. 应用写作与口头表达. 北京:北京工业大学出版社,2006.

图书在版编目(CIP)数据

大学应用文写作教程 / 石秋仙主编. —杭州：浙江大学出版社，2009.8（2017.1 重印）
（应用型本科规划教材）
ISBN 978-7-308-06948-9

Ⅰ.大… Ⅱ.石… Ⅲ.汉语—应用文—写作—高等学校—教材 Ⅳ. H152.3

中国版本图书馆 CIP 数据核字（2009）第 148798 号

大学应用文写作教程
主编 石秋仙

责任编辑 诸葛勤(zhugeq@126.com)
封面设计 刘依群
出版发行 浙江大学出版社
（杭州市天目山路 148 号 邮政编码 310007）
（网址：http://www.zjupress.com）
排　　版 浙江时代出版服务有限公司
印　　刷 杭州丰源印刷有限公司
开　　本 787mm×960mm 1/16
印　　张 18
字　　数 342 千
版 印 次 2009 年 8 月第 1 版 2017 年 1 月第 7 次印刷
书　　号 ISBN 978-7-308-06948-9
定　　价 36.00 元

浙江大学出版社发行中心联系方式：(0571)88925591；http://zjdxcbs.tmall.com